Musikstudium in Deutschland

Aus der Heimatkorrespondenz von Amy Fay

Amy Fay

(Herausgeber: Fay Peirce)

Writat

Diese Ausgabe erschien im Jahr 2024

ISBN: 9789359945613

Herausgegeben von
Writat
E-Mail: info@writat.com

Inhalt

VORBEMERKUNG.

VERHÄLTNISMÄSSIG wenige Bücher über Musik haben die Ehre einer Neuauflage genossen. 21 Auflagen sind eine erstaunliche Zahl für ein Buch zu einem so engen Thema wie „Musikstudium in Deutschland". Der Fall von Miss Amy Fays Band wird umso ungewöhnlicher, wenn man bedenkt, dass ihre Briefe nur für die Heimat und nicht für ein öffentliches Publikum geschrieben wurden und dass ihre Beobachtungen innerhalb von zwanzig Jahren nach der Erstveröffentlichung mehr oder weniger überholt waren.

Das Deutschland der Jahre 1869-1875 unterschied sich erheblich vom Deutschland des Jahres 1900 und ganz sicher vom Deutschland des Jahres 1912, sogar bis hin zu den deutschen Tischmanieren. Das frühere „ Spitzbürgertum ", von dem Miss Fay selbst in hohen Kreisen mit all seinem Pomp und Prunk so unterhaltsame Einblicke gewährt, wurde, zumindest äußerlich, rasch durch die kosmopolitischere Kultur der *Jahrhundertwende ersetzt* , ganz zu schweigen von den Ambitionen auf eine politische, industrielle und kommerzielle „ Weltmacht " in einer Nation, die bis dahin, vielleicht zu romantisch, als Nation der „Denker und Dichter" bekannt war.

Die meisten Helden des Buches sind längst tot, darunter auch Miss Fay, die 1921 verstarb. Noch im Jahr 1890 hätte der Band von Miss Fay dem angehenden Musikstudenten in Deutschland als Orientierungshilfe dienen können In den Jahren unmittelbar vor dem Krieg, als der einzige amerikanische Student ihres Buches, der Deutschland und alles Deutsche verachtete, definitiv im Aufwind war, konnte es diesem Zweck sicherlich nicht mehr dienen. Mit anderen Worten: Ihre persönlichen Beobachtungen waren außer in bestimmten Umgebungsdetails nicht mehr anwendbar und waren in den Bereich der Autobiographie übergegangen, die für die historische Lektüre wertvoll war. Als eigentliches Stück historischer Literatur bezweifle ich, dass das Buch den Krieg überlebt hätte, denn es ist bedauerlicherweise wahr, dass der durchschnittliche amerikanische Musikstudent oder selbst kultivierte Musikliebhaber kein besonderes Interesse an Musikgeschichte als solcher hat.

Hinzu kommt die unbestreitbare Tatsache, dass das „Musikstudium in Deutschland" oder in Frankreich zu einer reinen Frage des persönlichen Geschmacks und der persönlichen Vorliebe geworden war und keine Notwendigkeit darstellte wie in den Tagen von Miss Fays amüsanten Experimenten mit diesem oder jenem renommierten deutschen Lehrer. Ein endloser Strom hervorragender europäischer Künstler und Lehrer war seitdem nach Amerika geströmt, verstärkt durch den ebenso breiten Strom amerikanischer Ureinwohner, die ihr *Metier* im Ausland erlernt hatten. Das

Musikstudium in Amerika wurde somit zu einer einfachen Angelegenheit, und so mancher aufstrebende Virtuose wäre besser beraten gewesen, zu Hause zu bleiben und zu studieren, anstatt sich in ein europäisches Land mit seiner anderen Sprache, seinem anderen Temperament, seiner anderen Lebensweise, seinen anderen Bräuchen usw. zu wagen. Insbesondere Deutschland ist immer noch ein „ wunderbares Heimat der Musik", um eine redaktionelle Bemerkung von Miss Fays Schwester zu zitieren, aber es ist nicht mehr die „einzige wahre Heimat der Musik", und zwar dank Künstlern wie Miss Amy Fay selbst.

Auf die radikale Veränderung der Bedingungen in dieser Hinsicht hinzuweisen, ist eine Sache, eine ganz andere, wie es einige ziemlich fanatische Patrioten tun, zu leugnen, dass Europa, Deutschland eingeschlossen, dem amerikanischen Musikstudenten immer noch etwas bieten kann, was er zu Hause nicht in ganz derselben Weise hat. Eine Debatte über dieses Thema ist sinnlos. Lassen Sie den amerikanischen Musikstudenten irgendwann in seiner Karriere, aber nur wenn er reif für ein weiteres Studium im Ausland ist, ein paar Jahre in Paris, Berlin, Leipzig, München, Wien, Rom oder London verbringen, und er wird mit Gewinn, ob es ihm gefällt oder nicht, jenem undefinierbaren Etwas begegnen, das die alte Welt in Sachen Leben, Kunst und Kunstleben 1870 als etwas ganz Eigenes besaß, heute noch besitzt und noch viele, viele Jahre besitzen wird.

Was verleiht Miss Fays Buch dann seine Lebendigkeit? Was rechtfertigt den Verlag, das Buch für diejenigen zugänglich zu machen, die in Deutschland statt anderswo Musik studieren möchten, oder sogar für diejenigen, die in Amerika Musik studieren?

Natürlich ist da zunächst der Charme von Miss Fays eigener Persönlichkeit, der Charme ihrer Beobachtungen, die sie intim, unterhaltsam und klug zum Ausdruck bringt. Das sorgt für gute Lektüre. Ganz nebenbei erzieht es einen Schüler-Leser zur Aufmerksamkeit, die vielen Musikern leider nicht gelingt, selbst in Fragen der Technik auf dem von ihnen gewählten Instrument. Zweitens wird die Ernsthaftigkeit der Absicht der Autorin, die Entschlossenheit, ihr Verständnis von Kunst und Technik bis an die Grenzen ihrer natürlichen Fähigkeiten zu verbessern, als anregendes Stärkungsmittel für denjenigen wirken, der daran verzweifelt, die oft so abschreckenden Schwierigkeiten jemals zu überwinden Musik. Das Buch wird den Amerikanern Geduld, Geduld und Ausdauer bei Unternehmungen lehren, Eigenschaften, die bei uns nicht allzu häufig vorkommen. Das junge Amerika vergisst allzu oft, dass der *Gradus ad Parnassum* nicht nur steil ist; es ist lang und rau.

Darüber hinaus findet sich in diesen Briefen der Respekt vor der soliden Leistung anderer, diese ehrfurchtsvolle Haltung gegenüber den Großen in der Kunst und gegenüber der Kunst selbst, ohne die kein Musiker, wie talentiert er auch sein mag, jemals die herausragenden Höhen der Kunst erreichen wird. In diesen Briefen liegt der Enthusiasmus der Jugend, der vielleicht manchmal über sein Ziel hinausschießt, für den die meisten von uns aber gerne die kritischere Haltung reiferer Jahre eintauschen würden. Denn früher oder später lernen wir zu schätzen, dass Begeisterung die treibende Kraft und die erfrischende Quelle der Inspiration ist. Aus all diesen Elementen entstanden schließlich auf den Seiten von Miss Fays Briefen so faszinierende Federporträts wie das ihres verehrten Meisters Franz Liszt, des Unvergleichlichen. Als ich die Seiten des Bandes umblätterte, um meine Erinnerungen und Eindrücke davon aufzufrischen, gestehe ich, dass ich einige übersprungen habe, weil ihr Interesse so fern und persönlich schien, aber ich merkte, wie ich jedes Wort in mich aufnahm, das Miss Fay in ihren Kapiteln über Liszt und … zu sagen hatte sein Weimarer Kreis. Ein vergnügliches Erlebnis, das man durchaus jedem ans Herz legen kann, der aus erster Hand Eindrücke von den goldenen Tagen des Pianismus in Deutschland, von der romantischen, ja geradezu legendären Figur Franz Liszts und damit einem Hauch von dem Stoff haben möchte, aus dem Kunstromane stammen gemacht werden, obendrein.

OG SONNECK

VORWORT.

———

Bei der Vorbereitung auf die öffentlichen Briefe, die nur für zu Hause geschrieben wurden, habe ich gehofft, dass einige Leser in ihnen den Charme des Stils finden würden, den die Freunde des Schriftstellers in ihnen vermuten; dass andere die Beschreibung ihrer Meister unter ihren Schülern und insbesondere von Liszt für erhaltenswert halten würden; Während Klavierstudenten für die Information dankbar wären, dass eine Analyse der Klaviertechnik durchgeführt wurde, um die Schwierigkeiten des Instruments erheblich zu verringern.

Wie viel von Herrn Deppes Klavier-„Methode" bei ihm selbst originell ist, müssen Pianisten entscheiden. Dass er zumindest einen unschätzbaren *Überblick* über alle oder die meisten ihrer Geheimnisse gegeben hat, wird meiner Schwester zufolge kein Student des Instruments, der sich fair und gewissenhaft mit der Angelegenheit befasst, leugnen.

M. FAY PEIRCE.

CHICAGO, Dezember 1880.

VORWORT
ZUR ENGLISCHEN AUSGABE.

—

MISS FAYs kleines Buch war in ihrem eigenen Land so beliebt, dass es ein halbes Dutzend Auflagen erlebte, und selbst auf Deutsch, in das es bald nach seinem ersten Erscheinen übersetzt wurde, hatte es großen Erfolg. Es ist seltsam, dass es in England, wo Musik so viel Aufmerksamkeit erregt und wo Werke zu musikalischen Themen beginnen, einen eigenen Zweig der Literatur zu bilden, noch nicht veröffentlicht wurde. Das ist umso bemerkenswerter, als es durchaus lesbar und amüsant ist, was Bücher über Musik zu selten sind. Die Frische und Wahrheit der Briefe ist nicht zu leugnen. Wir können über den Enthusiasmus der Autorin lachen, über die Bereitwilligkeit, mit der sie auf den Ruf jedes neuen Lehrers hin ihre Methoden ändert und alles aufgibt, was sie bereits gelernt hat, über die Gewissheit, mit der jeder neue Künstler als der beste aller Zeiten verkündet wird gehört, und über die glühenden und zuversichtlichen Vorhersagen – die offenbar leider nicht immer realisiert wurden . Aber niemand kann über ihre unbezwingbare Entschlossenheit und den künstlerischen Ernst lachen, mit dem sie das Beste aus jeder ihrer Möglichkeiten macht, oder über die Klarheit und Leichtigkeit, mit der alles (in ausgesuchtem Amerikanisch) beschrieben wird und jede weitere Person, die uns präsentiert wird seine Gewohnheit, wie er lebt. Ein solches Geschenk ist in der Tat ein seltenes und kostbares Geschenk. Wird Miss Fay uns nie mit einem ebenso charmanten wie getreuen Bericht über Musik und Leben in den Staaten beeindrucken? Bisher war das musikalische Amerika für uns ein fast unbekanntes Land, das von den wenigen, die es versucht haben, mit den entgegengesetztesten Worten beschrieben wurde. Ihre Sänger kennen wir bereits gut, und in dieser Hinsicht ist Amerika vielleicht dazu bestimmt, das Italien der Zukunft zu werden, wenn die Künstler nur bereit wären, langsam genug zu lernen. Was jedoch das Thema amerikanische Spieler und Orchester sowie den Geschmack amerikanischer Amateure angeht, ist eine große Neugier zu spüren, und wir empfehlen das Thema der ernsthaften Aufmerksamkeit von jemandem, der so gründlich in der Lage ist, ihm gerecht zu werden.

GEORGE GROVE.

Dezember 1885.

VORWORT

ZUR DEUTSCHEN AUSGABE.

———

Die hervorragende Briefe einer Amerikanerin in die Heimath , die im Original bereits in zweiter Auflage erschienen sind , werden , so hoffen wir , auch dem deutschen Leser nicht Minderjährige Vergnügen , nicht geringere Anregung als dem amerikanischen , da sie in unmittelbarer Frische niedergeschrieben , ein lebendiges Bild von den Beziehungen der Verfasserin zu den "sten musikalische Persönlichkeiten wie Liszt , v. Bülow, Tausig, Joachim usw. bieten .

Wir geben das Buch in Wortgetreuer Übersetzung und haben es nur um diejenigen Briefe gekürzt , die in Deutschland Allzubekanntes behandeln . Hingegen glaubten Wir die Stellen dem Leser nicht vorenthalten zu dürfen , welche schwarz nicht musikalischen Inhalt sind , uns aber zeigen , wie manche unserer deutschen Zu- oder Missstände von Amerikanern beurtheilt werden .

Robert Oppenheim, Verleger.

Berlin, 1882.

IN TAUSIGS WINTERGARTEN.

KAPITEL I.

Ein deutsches Interieur in Berlin. Eine deutsche Party. Joachim. Tausigs Konservatorium.

BERLIN, *3. November 1869* .

Schauen Sie mich endlich in der Bernburger Straße Nr. 26 an! wo ich genau zwei Wochen nach meiner Abreise aus New York ankam. Frau W. und ihre Tochter, Fräulein AW, empfingen mich mit größter Herzlichkeit und Herzlichkeit und sorgten dafür, dass ich mich sofort wohl fühlte. Die deutsche Vorstellung von einem „großen" Raum finde ich ziemlich eigenartig, denn dieser ist nicht größer als zehn oder elf Fuß im Quadrat und eine Ecke davon ist abgeschnitten, so dass der Raum eine unregelmäßige Form hat. Als ich es zum ersten Mal betrat , dachte ich, ich könnte nicht darin bleiben, es kam mir so klein vor, aber als ich es untersuchte, wurde jeder Zentimeter des Raums so geschickt ausgenutzt, dass ich zu dem Schluss gekommen bin, dass es so sein wird sehr bequem. Es ist jedoch nicht die Wohnung, in der „der letzte neue Roman auf dem Tisch liegen wird und in der meine zarten Pantoffelfüße auf dem Samtkissen ruhen werden". NEIN! Vielmehr ist es der strenge Aufenthaltsort der Musen.

Zunächst einmal: Das Zimmer ist makellos sauber und ordentlich. Die Wände sind mit einer schönen neuen Tapete tapeziert, grauer Grund mit blauen Mustern – eine billige Tapete, aber weich und hübsch. In einer Ecke steht mein kleiner Schreibtisch mit drei tiefen Schubladen. Darüber hängt ein großer, schön gerahmter Spiegel. In der anderen Ecke auf derselben Seite steht ein großes Sofa, das nachts zu einem kleinen Bett wird. Neben dem Fußende des Sofas steht an der Wand ein kleiner quadratischer Tisch mit einer Marmorplatte und einem Regal darunter, auf dem ein Waschbecken und eine winzige Seifenschale und ein Becher stehen. In der gegenüberliegenden Ecke thront ein riesiger grauer Porzellanofen, der bis auf wenige Fuß an die Decke heranreicht. Als nächstes kommt ein steifer Stuhl mit Rohrboden auf vier steifen Beinen. Dann kommt die schiefe Ecke des Zimmers, in der ein Klavier stehen soll. Als nächstes gibt es einen kleinen Raum, in dem das dreistöckige Bücherregal hängt, das meine *riesige* Bibliothek enthalten wird. Dann kommt ein breites französisches Fenster mit einer tiefen Fensterbank. An diesem Fenster steht mein Liegestuhl – bei weitem der luxuriöseste im Haus! Dann kommt wieder mein Schreibtisch, und so weiter, *Da Capo* . In der Mitte steht ein hübscher runder Tisch mit einem eingelegten Mittelstück , und darauf sitzt ein Kellner mit einer großen Glasflasche voll Wasser und einem Glas; und dieser Tisch vervollständigt zusammen mit einem weiteren steifen Stuhl die Einrichtung des Zimmers. Meine Vorhänge sind weiß mit einem blauen Rand, und im Fenster hängen zwei Transparente. Mein Handtuchhalter ist an der Wand befestigt und hat ein besticktes Mittelstück . Auf meinem Schreibtisch steht ein schönes Tintenfass, dessen Deckel ein geschnitzter Adler mit ausgebreiteten Flügeln ist, der über einem Nest mit drei Eiern darin thront. Es ist ziemlich groß und sieht unter dem Spiegel äußerst hübsch aus.

Nachdem ich meine Sachen ausgezogen hatte, führten mich Frau W. und ihre Tochter in ihr Wohnzimmer , das ebenso gepflegt und einfach und äußerst sparsam aussah. Auf den Etagen gibt es keine Teppiche, dafür aber große, wenn auch billige Teppiche. Einen so primitiven kleinen Haushalt haben Sie noch nie gesehen – den der Witwe dieses deutschen Anwalts. Wir halten unser Haus zu Hause für klein, aber nachdem *ich* gesehen habe, wie sie hier leben, habe ich das Gefühl, als lebten wir in palastartiger Pracht . *e.* , ungefähr wie es unsere Schneiderinnen auf dem Land taten, und doch ist es ausreichend schön und bequem. Gegenüber von mir liegen zwei sehr hübsche kleine Zimmer, die noch zusammen vermietet werden müssen. Wenn ein Freund von mir sie nehmen könnte, wäre ich vollkommen glücklich.

Nachts ist mein Bett auf dem Sofa gemacht. (Sie schlafen alle auf diesen Sofas.) Die Decke besteht aus einem Federbett und einer Decke. Das klingt ziemlich beeindruckend, aber das Federbett ist eine leichte, warme Decke und sieht etwa fünf Zentimeter dick aus. Es ist viel bequemer als unsere Bettbezüge in Amerika. Nachts verstecke ich mich in meinem Nest und morgens nach dem Frühstück, wenn ich in mein Zimmer zurückkomme – *agramento -presto- change!* – Mein Bett ist in ein Sofa verwandelt, mein Waschbecken steht auf dem Regal, die Seifenschale und meine Kämme und Bürsten sind in der Schublade verstaut; Die Fenster stehen offen, in meinem Ofen knistert ein frisches Feuer, und mein bezauberndes kleines Schlafzimmer verwandelt sich sofort in ein ebenso bezauberndes Wohnzimmer. Wie gefällt Ihnen das Bild?

Heute Morgen sind Frau und Fräulein W. mit mir gegangen, um ein Klavier zu mieten, und sie haben mich auch in den Wintergarten mitgenommen. Tausig ist sechs Wochen frei und gibt Konzerte. Als ich die Treppe hinaufging, hörte ich wunderschönes Spielen. Ehlert, Tausigs Partner, der das Konservatorium leitet und in seiner Abwesenheit seine Schüler unterrichtet, untersuchte mich. Nach dieser langen Reise traute ich mich nicht, etwas Schwierigeres zu versuchen, also spielte ich einfach eine von Bachs Gavotten. Er sagte einige ermutigende Worte und nahm mich vorerst in seine Klasse auf. Ich soll morgen von ein Uhr bis zwei anfangen. Es ist jetzt 22 Uhr und sagen Sie C., dass wir heute fünf Mahlzeiten eingenommen haben, also ist die Aussage von Madame P. ungefähr richtig. Die Küche ist auf dem gleichen Niveau wie im Rest des Lokals – ein wenig nach dem anderen, aber bisher sehr gut. Wir wissen überhaupt nichts über Brötchen in Amerika. Etwas so

Leckeres wie die Brötchen hier habe ich nie als Brot gegessen. Am Morgen gab es eine Tasse Kaffee und Brötchen. Um elf Uhr aßen wir zu Mittag bei einer Tasse Bouillon und einem Brötchen. Um zwei Uhr aßen wir zu Abend, das aus Suppe und dann Hühnern, Kartoffeln, Karotten und Brot bestand, dazu Bier. Um fünf gab es Tee, Kuchen und Toast, und um neun gab es ein Abendessen mit Aufschnitt, gekochten Eiern, Tee und Brot und Butter. Fräulein W. spricht ganz gut Englisch und ist mein Kommunikationsmittel mit ihrer Mutter. Ich beginne morgen mit dem Deutschunterricht bei ihr. Sie schicken Ihnen beide ihre Komplimente, und Sie müssen Ihr Kompliment erwidern. Sie scheinen so freundlich wie möglich zu sein, und ich denke, ich habe großes Glück mit meiner Unterkunft.

Achten Sie darauf, Ihre Briefe an „Care Frau Geheimräthin W." zu richten , da die deutschen Damen bei der Wahl ihrer *Titel sehr genau sind* !

BERLIN, *21. November 1869* .

Seit ich Ihnen geschrieben habe, ist nicht viel Interessantes passiert. Ich bin begeistert von Berlin und genieße es sehr, auch wenn ich hart arbeite. Ich bin so dankbar, dass ich alles genäht habe, bevor ich kam, denn ich habe keine Minute Zeit dafür, und hier kommt es mir so vor, als würden alle Kleider so schrecklich passen. Es würde mich unglücklich machen, so aussehende Kleidung zu tragen, und da ich die Sprache nicht spreche, wäre es enorm schwierig, Anweisungen zu den technischen Details der Schneiderei zu geben. Sagen Sie C., dass es sehr klug ist, seinen Deutsch-Konversationsunterricht bei Madame P. fortzusetzen. Selbst die wenigen, die ich genommen habe, erwiesen sich als große Hilfe für mich, da ich fast alles verstehen kann, was mir gesagt wird, obwohl ich nicht antworten kann. Er sollte eine seiner Lektionen über Einkaufen und Droschkenfahren machen , denn es ist sehr wichtig zu wissen, wie man nach Dingen fragt, und beim Fahren Anweisungen geben zu können. Ich hatte neulich ein sehr lustiges Erlebnis mit einer Droschke , aber es würde zu lange dauern, es aufzuschreiben. Frau W. versteht kein Englisch, und sie wird furchtbar ungeduldig, wenn Fräulein A. und ich es sprechen, und sagt immer „ *Deutsch* " in einem Grabton, so dass ich alles auf Deutsch mit A beginnen und noch einmal sagen muss. s Hilfe.

Als ich mich einigermaßen eingelebt hatte , stellte ich mich mit meinen Briefen bei den Bancrofts , den Bs und den As vor und wurde von allen sehr freundlich und herzlich empfangen. Mrs. Bancroft und Mrs. B. haben seitdem zurückgerufen, und ich war bereits bei einem reizenden Empfang im Haus der letzteren und beim großen amerikanischen Thanksgiving-Dinner im Hotel de Rome, bei dem Mr. Bancroft den Vorsitz führte und sehr nette Reden sowohl auf Englisch als auch auf Deutsch hielt. Ich habe beide Anlässe sehr genossen und einige nette Bekanntschaften gemacht. Ich war auch bei einer deutschen Teeparty mit Frau W. und A. und dort hatte ich „die lustigste Zeit". Es waren nur zwölf eingeladen, aber man hätte aufgrund des Geplappers annehmen können, dass es mindestens hundert waren. Beim amerikanischen Abendessen gab es nichts Vergleichbares zu dem Gesprächslärm, den diese kleine Handvoll aufrechterhielt. Vor dem Abendessen war es ziemlich albern, denn die Männer zogen sich alle in ein Zimmer zurück, wo sie bei geschlossenen Türen saßen, Whist spielten und rauchten. Es gilt als unangemessen, dass Damen außer zu Hause Karten spielen, und ich habe natürlich nicht viel gesagt, aus dem guten Grund, dass ich es *nicht konnte* ! Um zehn Uhr wurde das Abendessen angekündigt, und die Herren kamen und führten uns hinein. Herr J. war mein Partner. Er ist ein entzückender Mann, wenn auch ein älterer, und kennt sich mit unendlich vielen Dingen aus, da er sein ganzes Leben mit Studium und Reisen verbracht hat. Er erscheint mir wie ein Mann mit sehr sensibler Organisation und sehr feinen Gefühlen. Er ist ein großartiger Republikaner und in jeder Hinsicht ein großer Radikaler und hegt eine grenzenlose Bewunderung für Amerika.

Sobald alle mit der gebotenen Form und Zeremonie am Tisch saßen, begannen alle so intensiv zu reden, wie sie konnten, und Sie haben keine Ahnung, was für einen Lärm sie machten und wie dieser gegen Ende mit den starken Trankopfern, die sie hatten, noch lauter wurde . Die Speisekarte war ziemlich merkwürdig. Wir begannen mit heißen Zungenscheiben und einer Soße aus Kastanien, und es war auch sehr lecker. Dann gab es Wildbret und Salzkartoffeln! Dann gab es ein Dessert bestehend aus Obst und leckerem Kuchen. Es gab verschiedene Weinsorten und jeder trank die größte Menge. Der Wirt und die Wirtin sprangen immer wieder auf, gingen zu allen und sagten: „Aber Sie trinken doch nichts", und dann bestanden sie darauf, Ihnen das Glas aufzufüllen. Ich wage nicht daran zu denken, wie oft sie meine Flasche gefüllt haben, aber es schien eine Etikette zu sein, zu trinken, und so tat ich es wie die anderen. Das Mahl endete mit Kaffee, und dann zündeten sich die Herren ihre Zigarren an und waren in einer so überaus fröhlichen Stimmung, dass sie alle anfingen zu singen, und ich sah sogar, wie zwei alte Kerle sich küssten! Das Wild war köstlich und besser als alles, was ich je gegessen habe. Herr J. war der einzige Mann im Raum, der Englisch sprechen konnte, und seitdem zeigt er großes Interesse an mir und leiht mir Bücher. Jeden Sonntag nimmt mich Fran W. mit zum Tee zum Haus ihrer Schwester. Ich gehe gerne hin, weil ich dort so viel Deutsch höre und alle ein tiefes Interesse an meinen Angelegenheiten haben. Sie wissen auf die Minute genau, wann ich einen Brief bekomme, wann ich einen schreibe und jeden Vorfall in meinem täglichen Leben. Es macht ihnen große Freude, einen echten wilden Indianer aus Amerika lebend zu sehen. Ich gehe bald zu einer weiteren deutschen Party und freue mich sehr darauf; Nicht, dass ich bei den Partys hier das gleiche Gefühl habe wie bei mir zu Hause, aber sie sind amüsant, weil sie so ganz anders sind.

In Berlin gibt es so viel zu sehen und zu hören, dass man, wenn man nur das nötige Kleingeld hat, kein Ende nehmen kann. Jeden Abend gibt es Oper und Schauspielhaus , und jeden Abend gibt es wunderschöne Konzerte . Man sagt, die Oper hier sei großartig, die Kulisse herrlich, und sie haben eine wunderbare Balletttruppe. Bisher war ich allerdings nur bei einem Konzert, und das war ein geistliches Konzert. Aber Joachim spielte – und oh, was für einen Ton er aus der Geige herausholt! Ich konnte an nichts anderes denken als an Mrs. Moultons Stimme, als er diese herrlich ergreifenden Töne *seufzte* . Er spielte etwas von Schumann, das mit einer einzigen Note endete, und als er seinen Bogen darüber zog, brachte er so viele Schattierungen hervor, dass es einfach wunderbar war . Ich werde ihn am Sonntagabend wieder hören, wenn er bei Clara Schumanns Konzert spielt. Es wird ein großartiges Konzert, denn sie spielt viel. Ihr zur Seite stehen Joachim, Müller, De Ahna und Joachims Frau, die eine wunderschöne Stimme hat und bezaubernd im ernsten deutschen Stil singt. Joachim selbst ist nicht nur der größte Geiger der Welt, sondern einer der größten, die je gelebt haben. De Ahna ist einer der ersten Geiger in Deutschland und Müller einer der ersten Cellisten. Tatsächlich ist dieses Quartett in Europa unübertroffen – Sie wissen also, was ich erwarte!

Tausig ist von seiner Konzerttournee noch nicht zurückgekehrt und wird auch nicht vor dem 21. Dezember eintreffen. Ich finde Ehlert einen großartigen Lehrer, aber sehr streng, und ich habe Todesangst vor ihm. Nicht, dass er böse wäre, aber er verlangt so viel, und ein so hoffnungsloses Gefühl der Verzweiflung überkommt mich. Seine erste Lektion über Berührung lehrte mich mehr als alle meine anderen Lektionen zusammengenommen – obwohl das natürlich nicht viel bedeutet, da sie „rar gesät" waren. Zurzeit treibe ich in einem Meer von Problemen umher. Die Mädchen in meiner Klasse sind drei, und sie spielen alle so außergewöhnlich gut, dass ich manchmal denke, ich kann sie nie einholen. Ich bin der Schlimmste von allen Schülern in Tausigs Klassen, die ich je gehört habe, bis auf einen, und das ist ein junger Mann. Ich weiß, dass Ehlert glaubt, dass ich Talent habe, aber schließlich muss das Talent vor der *Übung , wie sie diese Leute hatten* , scheitern , denn die meisten von ihnen haben lange studiert und vier bis fünf Stunden am Klavier gesessen Tag.

Es ist sehr interessant im Konservatorium, denn es gibt dort Schüler aus allen Ländern außer Frankreich. Einige von ihnen scheinen mir großartige Musiker zu sein. Am Sonntagmorgen (es tut mir leid, das sagen zu müssen) einmal im Monat oder alle sechs Wochen gibt es eine sogenannte „Musikalische Lesung". Sie findet in einem Pianoforte-Lagerraum statt, und dort spielen alle Schüler der höheren Klassen, also musste ich hingehen. Viele der Mädchen spielten großartig, und ich war erstaunt über ihre Technik und über die künstlerische Art, mit der selbst sehr junge Mädchen die schwierigste

Musik vortrugen, und das alles ohne Noten. Ich bekam schlimme Kopfschmerzen, nur um ihnen zuzuhören. Aber es war herrlich, ihnen dabei zuzusehen. Keine von ihnen hatte die geringste Angst, und sie lachten und plauderten zwischen den Stücken, und als sie an die Reihe kamen, marschierten sie zum Klavier, setzten sich mutig wie Löwen hin und hämmerten so großartig drauflos!

Sie haben keine Ahnung, wie schwierig sie Cramers Studien hier machen. Ehlert lässt mich sie mit einem enormen *Forte spielen* , und zwar so schnell ich kann. Meine Hand wird so müde, dass sie kurz davor ist zu brechen, und dann sage ich, dass ich nicht weitermachen kann. „Aber Sie *müssen* weitermachen", sagt er dann. Dasselbe gilt für die Tonleitern. Es kommt mir vor, als würde ich sie so laut spielen, dass der Himmel erklingt, und er sagt dann: „Aber Sie spielen immer *Piano* ." Und bei all dieser Geschwindigkeit lässt er keine Note aus, und wenn Sie zufällig eine falsche Note anschlagen, sieht er so schockiert aus, dass Sie das Gefühl haben, gleich auf den Boden zu sinken. Seltsamerweise genieße ich die Stunden im *Zusammenspiel* sehr, obwohl alles vom Blatt gelesen wird. Wir setzen uns zu viert an zwei Klaviere und lesen Duette vom Blatt. Lesmann ist ein angenehmer Mann, und er spricht immer so schnell, dass er mich sehr amüsiert. Er zählt und schlägt immer den Takt mit aller Kraft und brüllt einem beim ersten Schlag jedes Taktes ins Ohr: „ *Eins- zwei ! Eins- zwei !* " oder manchmal nur „ *Eins!* ". Wenn wir gelegentlich alle aussteigen, sieht er uns durch seine Brille an, und dann ist es wunderbar anzuhören, wie er uns mit solchen Worten um die Ohren haut. Ich muss immer lachen, obwohl ich gut darauf achte, dass er mich nicht sieht.

Aber Weitzmann, der Harmonielehrer, ist der komischste von allen. Er ist der liebste alte Mann der Welt und es ist unmöglich, dass er böse ist; aber er gibt sich so viel Mühe und Mühe, damit seine Klasse ihn versteht, und er hat die eigenartigste Art zu sprechen, die man sich vorstellen kann, und betont alles, was er sagt, ungeheuer. Ich gehe zu ihm, weil Ehlert sagt, dass ich muss, aber da ich nichts von Musiktheorie weiß (und selbst wenn ich es wüsste, sind die Namen im Deutschen so völlig anders, dass ich nie wüsste, wie sie im Englischen heißen), ist es für mich äußerst schwierig, ihn überhaupt zu verstehen. Er wusste, dass ich Amerikaner bin, und ließ mich ein oder zwei Stunden durchgehen, ohne mir irgendwelche Fragen zu stellen, aber schließlich hat seine deutsche Liebe zur Gründlichkeit die Oberhand gewonnen, und er fängt jetzt an, mich in die Hand zu nehmen. In der letzten Stunde schrieb er einige Akkorde an die Tafel, und nachdem er eine Weile geredet hatte, endete er mit seinem üblichen „ *Verstehen Sie wohl – Ja ?* " an die Klasse, die alle „ *Ja* " riefen, außer mir. Ich bewahrte diskretes Schweigen, da ich dachte, er würde es nicht bemerken, aber plötzlich wandte er sich an mich und sagte: „ *Verstehen* Sie *wohl – Ja?* " Ich war ebenso verwirrt, was ich antworten sollte, wie die Pharisäer, als sie gefragt wurden, ob die Taufe des Johannes vom Himmel oder von Menschen kam. Ich wusste, wenn ich „ *Ja* " sagte, würde er mich um einen Beweis bitten, und wenn ich „ *Nein* " sagte, würde er versuchen, mich aufzuklären, und ich würde ihn nicht verstehen.

Nach kurzem Überlegen kam ich zu dem Schluss, dass die letztere Vorgehensweise die sicherere sei, und sagte daher kühn „ *Nein* ". „ *Kommen Sie hierher!* " sagte er und zu meinem Entsetzen musste ich vor dieser großen Klasse an die Tafel treten. Er redete ein paar Minuten lang auf mich ein, schrieb dann einige Notizen auf den Bassschlüssel, drückte mir die Kreide in die Hand und sagte mir, ich solle schreiben. Ich hatte kein einziges Wort verstanden und nachdem ich ausdruckslos auf die Tafel gestarrt hatte, sagte ich: „ *Ich verstehe.* " *nicht* (Ich verstehe nicht.)" „ *Nein?* „sagte er und ging seine Erklärung noch einmal sorgfältig durch. Diesmal gelang es mir herauszubekommen, dass er wollte, dass ich die Akkordfolge schreibe, die diese Bassnoten anzeigten, und so viele Noten binde, wie ich konnte. Ein zweites Mal legte er die Kreide hin in meine Hände und sagte mir, ich solle die Akkorde schreiben: „Der Himmel weiß, was sie sind!" In meiner Verzweiflung erriet ich jedoch die Namen der Noten mit zitterndem Akzent. Ich rechnete damit, dass eine Kanone auf meinen Kopf abgefeuert würde. Dank meines Glückssterns schrieb ich es an die Tafel, und als mein Verstand geschärft wurde, fand ich die anderen Akkorde davon und schrieb sie alle auf Richtig, ich atmete erleichtert auf, als er mich aus seinen Fängen befreite, und setzte mich, kaum glaubend, dass ich es getan hatte. Ich habe jetzt nicht die geringste Ahnung, wozu er mich gezwungen hat, aber ich nehme an, es wird mir einfallen Da er im Laufe des Jahres kein Wort Englisch versteht, kann ich ihm nichts sagen, es sei denn, ich kann es auf Deutsch sagen, und da er entschlossen ist, mich dazu zu bringen, Harmony zu lernen, wäre es sinnlos, es zu erklären dass ich nicht wusste, wovon er sprach, denn er fing wieder von vorne an und machte *endlos weiter*. Ich habe ein Buch über Musiktheorie, das ich bei Fräulein W. lese. Sie hat auch bei Weitzmann studiert, und wenn ich mit dem Unterricht fertig bin , kann ich ganz problemlos weitermachen. Ich verehre Weitzmann sehr. Er hat das netteste alte Gesicht, das man sich vorstellen kann, und er hämmert so unermüdlich auf seine Schüler ein! Die Professoren, die ich beschrieben habe, sind allesamt gründliche und bekannte Musiker Berlins, und ich frage mich, ob die Leute uns vor meiner Abreise sagen konnten und es auch wirklich zu glauben scheinen, „dass ich an einem amerikanischen Konservatorium genauso gut lernen könnte wie an einem." Deutsches. Verglichen mit der Übung, die ich jetzt erhalte, war mein Unterricht in Boston nur ein Spiel.

KAPITEL II.

Clara Schumann und Joachim. Der amerikanische Minister. Das Museum. Das Konservatorium. Die Oper. Tausig. Weihnachten.

BERLIN, *12. Dezember 1869*.

Ich habe Clara Schumann am Sonntag und auch am Dienstagabend gehört. Sie ist eine ganz wunderbare Künstlerin. Im ersten Konzert spielte sie ein Quartett von Schumann, und Sie können sich vorstellen, wie schön es war, unter der Leitung von Clara Schumann am Klavier, Joachim an der ersten Violine, De Ahna an der zweiten und Müller am Cello. Es war perfekt, und ich war hingerissen. Madame Schumanns Auswahl für die beiden Konzerte war sehr umfangreich und bot eine umfassende Demonstration ihrer Fähigkeiten in jeder Art von Musik. Das Impromptu von Schumann, Op. 90, war exquisit. Es war voller Leidenschaft und sehr schwierig. Das zweite der Lieder ohne Worte von Mendelssohn war die märchenhafteste Aufführung. Es ist eines dieser Stücke, die mit größter Anmut und Geschmeidigkeit vorgetragen werden müssen, und es erfordert die schönste und feinste Technik. Sie spielte es perfekt. Das grandiose Scherzo von Chopin hat sie hervorragend gespielt, aber die großen Oktavpassagen im Bass hat sie meiner Meinung nach etwas zu zurückhaltend gehalten und für meinen Geschmack nicht mutig genug gespielt, obwohl es äußerst kunstvoll war. Clara Schumanns Spiel ist sehr objektiv. Sie scheint sich in die Musik zu stürzen, anstatt sich von ihr beherrschen zu lassen. Sie bereitet einem mit jeder Note, die sie anschlägt, das erlesenste Vergnügen und hat eine wunderbare Auffassungsgabe und Spielvielfalt, aber sie reißt einen selten um.

Beim zweiten Konzert war sie sogar besser als beim ersten, wenn das möglich ist. Sie schien voller Feuer zu sein, und als sie Bach spielte, hätte sie mit Diamanten gekrönt werden sollen! So *edel* Spielen habe ich noch nie gehört. Tatsächlich sind Sie immer wieder beeindruckt von der Vornehmheit und Breite ihres Stils und der Vollständigkeit ihrer Behandlung, und oh, wenn Sie ihre Tonleitern *hören könnten*! Kurz gesagt, ihr Spiel lässt keine Wünsche offen und sie verfügt über alle Qualitäten einer großartigen Künstlerin. Viele Leute sagen, dass Tausig viel besser ist, aber ich kann es nicht glauben. Er hat vielleicht mehr Technik und mehr Kraft, aber sonst bin ich mir nicht sicher. Alle schwärmen von seinem Spiel und ich freue mich schon auf seine Rückkehr, die nächste Woche erwartet wird. Ich schicke Ihnen das Foto von Madame Schumann, das genau wie sie aussieht. Sie ist eine große, sehr deutsch aussehende Frau mit dunklem Haar und prächtigem Hals und Armen. Beim letzten Konzert war sie in schwarzen Samt gekleidet, mit tiefem Ausschnitt und kurzen Ärmeln, und wenn sie kräftige Akkorde anschlug, kamen ihre großen weißen Arme mit einer gewissen Pracht herab.

Joachim hingegen ist einfach großartig und hat eine erstaunliche *Kraft* . Als er sein Solo in Bachs zweiter Chaconne spielte, konnte man kaum glauben, dass es nur eine Violine war. Er hat, wie Madame Schumann, die größte Klangvielfalt, nur dass die Nuancen auf der Violine viel feiner gestaltet werden können als auf dem Klavier.

Ich fand den zweiten Satz von Schumanns Quartett vielleicht so außergewöhnlich wie jeden anderen Teil von Clara Schumanns Darbietung. Er war sehr schnell, sehr *staccato* und durchweg *pianissimo* . Kein Ton entging ihren Fingern, und sie spielte mit so viel Magnetismus, dass man kaum atmen konnte, bis es zu Ende war. Sie wissen, dass nichts schwieriger sein kann, als staccato so leise zu spielen, wenn auch eine großartige Ausführung erforderlich ist. Beide Sonaten für Violine und Klavier, die von Madame Schumann und Joachim gespielt wurden, und insbesondere die in a-Moll von Beethoven, waren göttlich. Beide Teile waren gleichermaßen gut ausgehalten und sie wurden mit so viel Feuer gespielt – als ob einer den anderen inspiriert hätte. Es war eine Reise über den Atlantik wert, nur um diese beiden Aufführungen zu hören.

Die Sing-Akademie, in der alle besten Konzerte stattfinden, ist kein sehr großer Saal, aber er ist wunderschön proportioniert und die Akustik ist perfekt. Die Fresken sind sehr fein und auf der linken Seite stehen die ganze Zeit Logen, die mit ihren scharlachroten und goldenen Kanneluren viel zur Schönheit des Saals beitragen. Clara Schumann ist hier ein großer Favorit und es gab einen solchen Ansturm auf die Sitzplätze, dass, obwohl wir früh unsere Karten kauften, alle guten Parkettplätze weg waren und wir uns Plätze auf der *Estrade holen mussten* , oder auf dem Platz, wo der Chor sitzt – wenn es einen gibt. Aber ich fand es herrlich für ein Klavierkonzert, denn man kann dem Künstler so nahe sein, wie man möchte, und gleichzeitig die Gesichter des Publikums sehen. Ich sah so viele Leute, die ich kannte, und wir verneigten uns immer wieder voreinander.

Man denke nur daran, wie bequem es hier in Bezug auf öffentliche Unterhaltung ist, denn Damen können überall allein hingehen! Man nimmt eine Droschke und wird für fünf Groschen, also etwa fünfzehn Cent, überall hingefahren. Wenn man in den Konzertsaal kommt, zieht man die Robe an, *zieht seine* Sachen aus und übergibt sie der Obhut der Frau, die dort steht. Dann geht man hinein und setzt sich bequem hin, wie man es in einem Salon tun würde , und man wird während des Konzerts nicht in Hut und Mantel geröstet und beim Verlassen gefroren, wie wir es in Amerika tun. Auch sind ihre Programme nicht so unverschämt lang wie unsere, und kurz gesagt, ihre gesamte Art, Konzerte zu geben, ist vernünftiger als bei uns. Ich genieße die Robe immer , denn wenn man Bekannte hat , trifft man sie sicher, und man hat keine Ahnung, wie aufregend es ist, in einer fremden Stadt jemanden zu sehen, den man kennt.

———

BERLIN, 19. Dezember 1869.

Ich nehme an, Sie murmeln Verwünschungen über meinen Kopf, weil ich nicht schreibe, aber ich bin so beschäftigt, dass ich keine Zeit habe, meine Briefe zu beantworten, die sich in erschreckendem Tempo in meinen Händen anhäufen. Diese Woche war ich jeden Abend außer einem aus, sodass ich alle meine Übungen und Deutsch- und Harmoniestunden tagsüber machen musste; und das war zusammen mit meinen anderthalb Stunden täglich im Konservatorium das Allerhöchste, was ich schaffen konnte.

Am Montag ging ich zu einer Party bei Bancroft, die mir außerordentlich gefiel. Es war eine sehr glänzende Angelegenheit und die Toiletten waren hervorragend. Am Eingang wurde ich von einem sehr vornehmen Diener in Livree hereingeführt. Ein zweiter Mann zeigte mir das Ankleidezimmer, wo mein verwirrter Blick zuerst auf einer Menge festlich gekleideter Chinesen ruhte. Ich konnte eine Sekunde lang nicht erkennen, wer sie waren, und dachte mir: „Ist es möglich, dass ich die Einladung falsch verstanden habe und dies eine Maskerade ist?" Ein weiterer Blick zeigte mir, dass sie Chinesen waren, und es stellte sich heraus, dass Mr. Burlingame, der chinesische Minister, dort war und diese Männer zu seinem Gefolge gehörten. Die Damen und Herren hatten dasselbe Ankleidezimmer, was für mich bei Partys eine neue Besonderheit war, und als wir unsere Sachen auszogen, nahm der Diener sie und gab uns eine Eintrittskarte für sie, wie sie es in der Oper tun. Ich schätze, es waren etwa hundert Personen anwesend. Es waren sehr viele hübsche Frauen da, und sie waren wunderschön gekleidet und mit vielen Diamanten und Perlen besetzt. Maisfarben schienen in Mode zu sein, und es gab mehr Seiden dieser Farbe als alle anderen.

Mr. Burlingame schien ein sehr freundlicher, lockerer Mann zu sein. Ich wurde ihm nicht vorgestellt, stand aber einen Teil der Zeit ganz in seiner Nähe. Er betrachtet die Einführung der Chinesen in unser Land als großen Segen und lacht über die Vorstellung, dass es ein Übel sei. Er sagt, der Grund, warum in China keine Eisenbahnen gebaut werden können, ist, dass das ganze Land ein riesiger Friedhof ist und man nicht tiefer graben kann, ohne menschliche Knochen auszugraben, so dass es eine Revolution seitens der Menschen geben würde, wenn es jetzt getan würde, aber es wird allmählich herbeigeführt. Er reist mit einem Gefolge von vierzig Begleitern und sagt, er habe alle seine Verträge hier nach seinen Wünschen arrangiert und Preußen habe versprochen, den Vereinigten Staaten in allem zu folgen, was sie mit China vereinbart haben. Er wird sein Amt in einem Jahr niederlegen und nach Amerika zurückkehren, wo er wieder in die Politik einsteigen möchte. Mr. Bancroft stellte viele der Damen den Chinesen vor, von denen eine Englisch sprechen konnte, und er dolmetschte für die anderen. Es war sehr merkwürdig zu sehen, wie sie sich alle schweigend tief verbeugten, wenn ihnen jemand vorgestellt wurde. Sie trugen die chinesische Tracht – türkische Hosen, weiße Seidenmäntel oder Blusen und rote Turbane, und ihr Haar war zu einem langen Zopf geflochten, der ihnen fast bis zu den Fersen reichte.

Am Donnerstag ging ich zum Abendessen zu Dr. A.. Er scheint hier ein sehr einflussreicher Mann zu sein und ist bei den Amerikanern sehr beliebt. Er hat ein großes Herz, und ich vermute, dass das der Grund dafür ist. Auch Frau A. ist sehr nett. Ich habe dort Herrn Theodore Fay gesehen, der früher unser Pfarrer in der Schweiz war und auch Autor ist. Er ist sehr interessant und der ernsthafteste Christ, den ich je getroffen habe. Er hat die zärtlichsten Sympathien der Welt, und das ist bei einem Mann sehr auffällig. Er hat eine hohe und schöne Stirn und einen gewissen spirituellen Ausdruck, der Sie sofort anspricht und auch berührt. Zumindest macht er auf *mich einen eigenartigen Eindruck* . Er hat etwas völlig anderes als andere Männer, aber ich weiß nicht, was es ist, es sei denn, es ist sein tiefes religiöses Gefühl, das unbewusst zum Vorschein kommt.

Letzte Woche habe ich zum ersten Mal das Museum besucht. Es ist eine der großartigen Sehenswürdigkeiten Berlins, aber es ist so riesig, dass ich nur wenige Räume gesehen habe. Tatsächlich gibt es zwei Museen – ein altes und ein neues . Ich war im neuen. Es ist ein perfektes Schatzhaus, und allein die Böden sind ein Arbeitszimmer. Alle sind mit kleinen farbigen Murmeln eingelegt und jedes hat ein anderes Muster. Einer der schönsten Räume war ein großer, kreisförmiger Raum mit Kuppeldach, um den herum die Götterstatuen aufgestellt waren. In der Mitte stand eine Bronzestatue eines der ehemaligen deutschen Könige in einer römischen Rüstung . Auf halber Höhe des Bodens verlief eine kleine Galerie, in der man stehen und über das Geländer hinunterblicken konnte, und an den Wänden waren Raffaels Cartoons angebracht, die Faksimiles derjenigen im Vatikan sind und alle in Arras gewebt sind . Sie sind ganz wunderbar und man hat das Gefühl, man könnte sie nicht lange genug betrachten. Der Kontrast ist beeindruckend, wenn man nach unten schaut und all die heidnischen Statuen sieht, die auf dem Marmorboden stehen, jede wie eine eigene Sphinx, und wenn man dann nach oben schaut, sieht man alle christlichen Motive von Raffael. Die Statuen sind so kalt und weiß und fern, und die Bilder sind so warm und in hellen Farben . Sie scheinen den Unterschied zwischen der alten und der modernen Religion auszudrücken. Wir gingen durch die Räume mit griechischen und römischen Statuen, von denen es eine immense Zahl gibt, und an den Wänden hängen griechische und italienische Landschaften, allesamt von berühmten Malern geschaffen.

Wir mussten ziemlich eilig durch diese Räume gehen, um einen Blick auf die „ Treppenhalle " zu werfen, wo sich die beiden großen Treppen treffen, die in die oberen Räume des Museums führen. Das ist großartig und voller

Vergoldung und Verzierungen. An jeder Tür steht eine riesige Statue, und an der Wand hängen sechs großartige Bilder von Kaulbach , drei auf jeder Seite. „Das Jüngste Gericht", von dem Sie Fotos gesehen haben, ist eines davon. Ich müsste oft ins Museum gehen, um es richtig zu sehen, aber es ist so weit weg, dass ich keine Zeit dafür habe. Berlin ist eine sehr große Stadt und die Entfernungen sind genauso groß wie in New York.

Bei der letzten „Lesung" im Konservatorium spielten die vier besten Schüler zuletzt. Einer von ihnen war ein Amerikaner aus San Francisco, ein gewisser Herr Trenkel , der aber deutsche Eltern hat. Er spielt vorzüglich und hat eine ebenso poetische musikalische Auffassung wie Dresel, aber auch eine wunderschöne Technik. Er ist ein durch und durch künstlerischer Künstler, und das sieht man ihm auch an, denn er ist dunkel und blass und sehr auffällig. Ich sehe ihm immer gern beim Spielen zu, denn er lässt seine dunklen Augen hängen, und seine hohe blasse Stirn ist zurückgeworfen und hebt sich so gut von seinen schwarzen Brauen ab. Sein Gesichtsausdruck ist sehr ernst und sein Benehmen sehr ruhig, und er strahlt eine Art Faszination aus. Er ist ein besonderer Liebling von Tausig.

Nachdem er gespielt hatte, kam eine junge Dame, die seit zwei Jahren Schülerin von Bülows ist. Sie spielt prächtig, und ich hätte mir vor Neid die Haare raufen können, als sie aufstand, und Ehlert ging zu ihr, schüttelte ihr die Hand und sagte ihr vor der ganzen Schule, dass sie „ *echtes* Talent" habe. Nach ihr kam *mein* Liebling, das kleine Fräulein Timanoff , das sich hinsetzte und es noch besser machte. Sie ist eine kleine Russin, erst fünfzehn, und trägt noch kurze Kleider. Sie hat fast weißes Haar, es ist so hell, und sie kämmt es glatt nach hinten und trägt es in zwei langen Zöpfen auf dem Rücken, was sie sehr kindlich aussehen lässt. Es ist wirklich wunderbar, sie zu sehen! Sie nimmt ihren Platz mit größtem Selbstvertrauen ein und spielt mit der ganzen Kühnheit einer Künstlerin.

Fast alle Schüler in Tausigs Klasse studieren, um öffentlich zu spielen, und ich denke, er wäre sehr stolz auf alle, die ich gehört habe. Es gibt viele Schüler im Konservatorium, aber er unterrichtet nur die Fortgeschrittenen. Er ist erst am Samstag nach Berlin zurückgekehrt, und ich habe ihn noch nicht gesehen, obwohl ich es kaum erwarten kann, denn alle Deutschen sind ganz verrückt nach seinem Spiel. Die Mädchen in seiner Klasse haben Todesangst vor ihm, und wenn er wütend wird , sagt er ihnen, sie spielten „wie ein Nashorn", und macht viele andere kleine, ebenso nette Bemerkungen.

———

BERLIN, 11. Januar 1870 .

Seit meinem letzten Brief habe ich mich ganz zurückgezogen und nichts von der heiteren Welt gesehen. Ich war zweimal in der Oper – einmal bei „

Fantaska ", einem großen Ballett, und das zweite Mal bei „ *Trovatore* ". Das Opernhaus hier ist großartig, und ich wünschte, ich könnte jede Woche dorthin gehen. Es ist äußerst schwierig, Karten zu bekommen, da die reichen Juden es schaffen, das Monopol darauf zu erringen, und das Opernhaus ist jeden Abend überfüllt. Es ist das prächtigste Gebäude und so exquisit bemalt! Alle Köpfe und Figuren der Musen und Porträts von Komponisten und Dichtern, die es schmücken, sind so weich und so schön gemacht. Sogar der Vorhang ist bezaubernd. Er stellt das Meer dar, und große Seeungeheuer schwimmen mit Nymphen und Amoren und allen möglichen Dingen herum, und eine liebliche Nymphe schwebt in der Luft mit einem dünnen, hauchdünnen Schleier, der hinter ihr herzieht. Die Kulissen und Kleider sind großartig, und ich hätte nie gedacht, dass ihnen etwas gleicht. Auch das Orchester spielt göttlich.

Der Gesang ist das Einzige, was verbessert werden könnte. Die Lucca, die große Attraktion, ist ein hübsches kleines Geschöpf, aber ich fand ihre Stimme nicht bemerkenswert. Die Berliner verehren sie, und wann immer Lucca singt, gibt es einen Ansturm auf die Karten. Wachtel und Niemann sind die Starsänger unter den Männern. Niemann habe ich nicht gehört, aber von Wachtel sollten wir in Amerika nicht schwärmen. Ich bin mir nicht sicher, ob die Deutschen wirklich wissen, was der beste Gesang ist. Sie haben die wunderbarsten Chöre, aber wenn es um Solisten geht , haben sie keine wirklich großartigen – wie Parepa und Adelaide Phillips; zumindest ist das mein Urteil, nachdem ich die besten Sänger in Berlin gehört habe, obwohl ich mir da nicht zu sicher sein will, da die Stimme nicht mein „Instrument" ist. Alles andere ist so weit von dem entfernt, was wir zu Hause haben, dass ich vielleicht unbewusst erwarte, dass der Höhepunkt von allem – der Sologesang – auch proportional besser ist.

Sie haben hier jedoch wunderschöne Balletttänzer. Es gibt ein kleines Wesen namens Fräulein David, das eine wunderbare Künstlerin ist. Sie macht solche Schritte, dass man sich nach ihr umdreht. Sie ist federleicht und so unglaublich anmutig, dass es einen fast fesselt, wenn man sie zur bezaubernden Ballettmusik umherschweben sieht. Es gab vier andere, fast ebenso gute Tänzerinnen, die alle genau gleich gekleidet waren und weiße, mit rosa Satin besetzte Kleider trugen. Sie kamen zuerst heraus und tanzten alle zusammen, manchmal getrennt und manchmal eine Figur in der Mitte der Bühne bildend. Dann sprang plötzlich der kleine David, der in Weiß und Blau gekleidet war, nach vorne. Die anderen lösten sich sofort auf und zogen sich an den Bühnenrand zurück, und sie führte einen wundervollen *Pas seul* aus . Dann zog *sie* sich zurück, und die anderen kamen wieder nach vorne, und so ging es weiter. Es war absolut wunderschön. Schließlich tanzten sie alle zusammen und machten alles genau gleich, obwohl der kleine David sich immer tiefer bücken und die „Positionen" (wie wir bei Dio Lewis zu sagen pflegten) besser einnehmen konnte als alle anderen.

Am Freitag werde ich Rubinstein spielen hören. Ich nehme an, er wird ein wunderschönes Konzert geben, da er und Bülow, Tausig und Clara Schumann jetzt die großen Berühmtheiten am Klavier sind, nachdem Liszt aufgehört hat, in der Öffentlichkeit zu spielen. Nachdem unsere Unterrichtsstunde gestern zu Ende war, verabschiedete sich Ehlert und ließ uns auf TAUSIG warten – meine Liebe! –, der uns alle spielen hören sollte. Er kam sehr spät und gerade bevor es Zeit war, seine eigene Unterrichtsstunde zu halten. Er sieht genau so aus wie auf dem Foto, das ich Ihnen geschickt habe, aber er ist wirklich sehr klein – eigentlich zu klein, um gut auszusehen –, aber er hat einen bemerkenswert lebhaften Augenausdruck. Er kam herein, sah uns kaum an und ohne sich auch nur die Mühe zu machen, sich zu verbeugen, drehte er sich zu mir um und sagte gebieterisch: „ *Spielen Sie mir etwas vor* . (Spiel mir etwas vor.)" Ich stand auf und spielte zuerst eine *Etüde* , und dann fragte er nach den Tonleitern, und nachdem ich ein paar gespielt hatte, sagte er mir, ich hätte „Talent" und solle zu seinem Unterricht kommen, und ich würde viel lernen. Ich ging dementsprechend am nächsten Nachmittag hin. Es waren nur zwei Mädchen in der Klasse, aber sie waren beide weit fortgeschritten. Ich hatte noch nie eine von ihnen spielen gehört. Die zweite spielte ein furchtbar schwieriges Konzert von Chopin, das ich einmal von Mills gehört hatte. Es ist exquisit schön, und sie hat es sehr gut gemacht. Von Zeit zu Zeit riss Tausig sie vom Stuhl und spielte selbst, und er ist in der Tat ein wahres Wunder! Wenn, wie man sagt, Liszts Triller „wie das Zwitschern eines Vogels" ist, dann ist seiner genauso. Es ist nicht überraschend, dass er so gefeiert wird, und ich sehne mich danach, ihn im Konzert zu hören, wo er seinen Fähigkeiten voll gerecht wird. Er begeistert einen bis ins Mark. Er ist von seiner Frau geschieden, und ich halte es für nicht unwahrscheinlich, dass sie nicht mit ihm leben könnte. ihn, denn er sieht so hochmütig und despotisch aus wie Luzifer, obwohl er, wenn er will , *eine sehr gewinnende Art mit ihm hat. Sein Spiel wird als unvergleichlich* bezeichnet .

Ich habe ein sehr schönes Weihnachtsfest verbracht. Die Familie hatte einen hübschen kleinen Weihnachtsbaum und wir haben uns gegenseitig Geschenke gemacht. Es war bezaubernd, in der Woche davor auf die Straße zu gehen. Die Deutschen feiern Weihnachten am liebsten, die Straßen sind voller Weihnachtsbäume, die Geschäfte sind vollgestopft mit schönen Dingen und entlang der Bürgersteige sind kleine Buden mit Spielzeug aufgebaut. Es gibt spezielle Kuchen und Süßigkeiten, die nur zu dieser Jahreszeit zubereitet werden.

KAPITEL III.

Tausig und Rubinstein. Tausigs Schüler. Die Bancrofts . Ein deutscher Radikaler.

BERLIN, *8. Februar 1870* .

Ich habe sowohl Rubinstein als auch Tausig im Konzert gehört, seit ich das letzte Mal geschrieben habe. Sie sind beide wunderbar, aber auf ganz unterschiedliche Weise. Rubinstein hat die größte Spielkraft und *Hingabe* , die man sich vorstellen kann, und ist äußerst aufregend. Ich habe noch nie einen Mann gesehen, dem das Spielen so einfach vorkam. Es ist, als ob er sich nur mit dem Klavier vergnügte und damit machen könnte, was er wollte. Tausig hingegen ist äußerst zurückhaltend und nicht ganz enthusiastisch genug, aber er ist absolut *perfekt* und spielt mit größtem Ausdruck. Er zeichnet sich durch Anmut und Feinheit in der Ausführung aus, scheint aber in einem Konzertsaal seine Kraft zurückzuhalten, was sehr einzigartig ist, denn wenn er im Konservatorium vor seinen Klassen spielt , scheint er voller Leidenschaft zu sein. Seine Auffassung ist so raffiniert, dass sie manchmal etwas zu übertrieben ist, während Rubinstein gelegentlich zu voreilig ist. Ich habe mich noch nicht entschieden, was mir am besten gefällt, aber meiner Meinung nach ist Clara Schumann in ihrer Gesamtheit beiden überlegen, obwohl sie nicht über deren unbegrenzte Technik verfügt.

Das war Tausigs Programm :

1.		Sonate Op. 53,	Beethoven.
2.	A.	Bourrée,	Bach.
	B.	Presto Scherzando,	Mendelssohn .
	C.	Barkarole Op. 60,	}
	D.	Ballade Op. 47,	}Chopin .
	e.	Zwei Mazurken Op. 59 bis 33,	}
	F.	Aufforderung zum Tanz,	Weber.
3.		Kreisleriana Op. 16, 8 Phantasie Stücke ,	Schumann.
4.	A.	Ständchen von Shakespeare nach Schubert,	} Liszt.

B.   Ungarisch Rhapsodie ,   }

Tausigs Oktavspiel ist das außergewöhnlichste, das ich je gehört habe. Der letzte große Effekt in seinem Programm war in der Rhapsodie von Liszt, in einer Oktavvariation. Er spielte sie zuerst so *pianissimo* , dass man sie gerade noch hören konnte, und dann wiederholte er die Variation und spielte sie enorm *forte* . Es war kolossal! Seine Tonleitern übertreffen die von Clara Schumann, und es scheint, als würde er mit samtigen Fingern spielen, so sanft ist sein Anschlag. Er spielte die große C-Dur-Sonate von Beethoven – Moscheles ' Lieblingsstimme, wissen Sie. Seine Konzeption war nicht brillant, wie ich erwartet hatte, sondern sehr ruhig und verträumt, und besonders den ersten Satz spielte er sehr *piano* . Er spielte ihn wunderschön, aber mit dem letzten Satz war ich nicht ganz zufrieden, denn ich erwartete, dass er mit diesen leidenschaftlichen Trillern einen großartigen Höhepunkt schaffen würde, was er aber nicht tat. Chopin spielt er göttlich, und diese kleine Bourrée von Bach, die ich immer spielte, war magisch. Er spielte sie blitzschnell und machte sie vollkommen bezaubernd.

Insgesamt ist er ein großartiger Mann. Aber Clara Schumann stellt immer sofort *eine Verbindung* zu Ihnen her. Tausig und Rubinstein beeinflussen Sie nicht so wie sie, und deshalb denke ich, dass sie die bessere Dolmetscherin ist, obwohl ich mir vorstellen kann, dass die Deutschen mir nicht zustimmen würden. Tausig hat so eine kleine Hand, dass ich mich wundere, dass er sich seine immense Virtuosität aneignen konnte. Er ist erst dreißig Jahre alt und viel jünger als Rubinstein oder Bülow.

Am Tag nach Tausigs Konzert ging ich wie üblich hin, um ihm bei seiner Unterrichtsstunde für seine beste Klasse von Mädchen zuzuhören. Ich kam kurz vor der Stunde dort an, und die Mädchen warteten im Ankleideraum darauf, dass die jungen Männer mit ihrer Unterrichtsstunde fertig waren. Sie sprachen über das Konzert. „War es nicht schön?", sagte der kleine Timanoff zu mir. „Ich habe die ganze Nacht danach nicht geschlafen!" – ein Anflug von Gefühl, der mich bei dieser kleinen Person völlig überraschte und mir ein gewisses Gewissen machte, da ich selbst tief und fest geschlafen hatte. „Ich habe heute schon fünf Stunden geübt", fügte sie hinzu. In diesem Moment kamen die jungen Männer aus dem Klassenzimmer und wir gingen hinein. Tausig stand neben dem Klavier. „Fangen Sie an!", sagte er zu Timanoff , noch kürzer als sonst. „Ich hoffe, Sie haben mir *diesmal eine Etüde mitgebracht* ." Er besteht immer auf einer Etüde zusätzlich zu dem Stück. Timanoff bejahte dies und begann, Chopins *Etüden aufzuschlagen* . Sie spielte die großartige a-Moll-Etüde „Winterwind" und zwar ganz großartig, indem sie mit größter Brillanz und „Go" begann. Ich war vollkommen verblüfft über eine solche Leistung eines solchen Kindes und erwartete, dass Tausig vor Bewunderung ausrufen würde. Nicht so Rhadamanthus. Er hörte sie sich ohne Kommentar oder Korrektur an und bemerkte, als Timanoff fertig war, einfach sehr gelassen: „Also! Haben Sie auch die *nächste* Etüde genommen?" als ob das großartige a-Moll nicht genug für eine Mahlzeit wäre! Es ist zunächst acht Seiten lang und lässt den Schwierigkeitsgrad durchgehend nicht nach. Später jedoch sagte er den jungen Männern, dass er es selbst „nicht besser hätte machen können".

Tausig ist so hastig und ungeduldig, dass es eine furchtbare Tortur sein muss, an seinen Kursen teilzunehmen. Er duldet nicht die geringste Schuld. Als ich das letzte Mal in seinen Kurs ging, um ihm beim Unterrichten zuzuhören, war er schrecklich. Fräulein H. begann, und sie hat ein bemerkenswertes Talent und ist mir weit überlegen. Sie wollte nicht genug *Klavier spielen* , um ihm zu gefallen, und schließlich stampfte er mit dem Fuß auf sie, riss ihre Hand vom Klavier und sagte: „ *Spielen* Sie *Klavier* oder nicht, denn wenn nicht, kommen wir nicht weiter?" Das zweite Mädchen setzte sich und spielte ein paar Zeilen. Er ließ sie mehrere Male von vorne beginnen, kam schließlich herauf, nahm ihr die Noten weg und knallte sie auf das Klavier. „Sie haben das wochenlang studiert und können keine einzige Note davon spielen; üben Sie es einen Monat lang, und dann können Sie es mir wieder bringen", sagte er.

Die dritte war Fräulein Timanoff , die meiner Meinung nach ein kleines Genie ist. Sie brachte eine Sonate von Schubert mit – die schöne in a-Moll – und seinem Verhalten nach muss Tausig ein besonderes Gefühl für diese bestimmte Sonate haben. Timanoff begann, es in ihrer üblichen flinken Art vorzutragen, nachdem sie es seit der letzten Unterrichtsstunde offensichtlich jede Minute geübt hatte, wenn sie nicht schlief. Sie war noch nicht weit auf der ersten Seite, als er sie unterbrach und anfing, sich über den Ausdruck Gedanken zu machen. Sie fing noch einmal an, aber dieses Mal hatte sie kein besseres Glück. Ein drittes Mal, aber er war immer noch unzufrieden, obwohl er zuließ, dass sie noch ein wenig weitermachte. Er stoppte sie jeden Moment auf die verlockendste und ärgerlichste Weise. Wenn ich es gewesen wäre, hätte ich geweint, aber Timanoff ist völlig gebrochen und hat nur bis zu den Spitzen ihrer kleinen Ohren tiefe Rötungen. Von einer Apfelblüte verwandelte sie sich in eine Nelke. Tausig wurde immer wilder und ließ sie vor Ungeduld ganze Seiten überspringen. "Spiele hier!" sagte er im gebieterischsten Ton und zeigte auf eine halbe oder ganze Seite weiter unten. „Das kann ich nicht hören! – Gehen Sie weiter! – Es ist zu schade, dass man ihm zuhört!" Schließlich schlug er die Musik mit dem Handrücken an und rief verzweifelt: „ *Kind, es liegt.* " *eine Seele darin . Weiss du nicht es liegt eine* SEELE *darin* ? (Kind, da ist eine Seele in dem Stück. Weißt du nicht, dass da eine *Seele* drin ist?)" Für den kleinen Timanoff , der keine Seele hat und der nicht erfahren genug ist, um eine zu fälschen, vermittelte diese Rede offensichtlich nichts Besonderes Sie lief so gelassen weiter wie immer, bis Tausig es nicht mehr ertragen konnte, und hielt die Musik still. Ich war sehr enttäuscht, denn sie war neu für mich, und ich hörte gerne Timanoffs kleine Finger über die Tasten klimpern. oder nein „Seele." Sie hat eine äußerst genaue und feine Art, alles zu machen, und irgendwie wünsche ich mir in ihrem gesunden kleinen Gehirn kaum *Seele* !

Zuletzt spielte Fräulein L., und sie allein passte zu Tausig. Sie ist eine Schwedin und die beste Gelehrte, die er hat, aber sie hat so furchtbar hässliche Hände und hält sie so schrecklich, dass ich, wenn ich sie ansehe , keinen Spaß daran haben kann, wie sie spielt. Tausig lobt sie immer sehr und sie ist enorm ehrgeizig.

Tausig hat ein bezauberndes Gesicht, voller Ausdruck und sehr einfühlsam. Er ist extrem scharfsichtig und hat Augen im Hinterkopf, glaube ich. Er ist jedoch viel zu klein und zu despotisch, um faszinierend zu sein, obwohl er eine Art fesselnde Art hat, wenn er gut gelaunt ist.

Es tat mir furchtbar leid, vom Tod des armen Gottschalk zu hören. Er hatte ein goldenes Gespür und war, glaube ich, jedem anderen auf der Welt ebenbürtig. Aber was für eine romantische Art zu sterben! – bewusstlos an seinem Instrument zu verfallen, während er „ *La Morte* "spielte . Es war sehr seltsam. Wenn in den Papieren noch etwas über ihn steht, müssen Sie es mir schicken, denn die Verliebtheit, die ich und 99.999 andere amerikanische Mädchen einst für ihn empfanden, schwingt immer noch in meiner Brust mit!

Am Samstagabend besuchte ich zum ersten Mal die Berliner Symphonie-Kapelle. Es besteht nur aus Künstlern und ist die großartigste Musik, die man sich vorstellen kann. De Ahna zum Beispiel ist einer der Geiger, und er steht nicht weit hinter Joachim. Wir haben keine Vorstellung von einem solchen Orchester in Amerika. [A] Das Philharmonic of New York kommt dem nahe, ist aber noch in weiter Ferne. Dieses Orchester ist so perfekt und spielt so präzise, dass man gar nicht merkt, dass es überhaupt Interpreten gibt. Es ist einfach eine große Klangwelle, die glatt wie Glas über Sie hinwegrollt. Da die Konzertsäle hier viel kleiner sind, ist die Musik viel lauter, und jeder spielt nicht nur *Piano* und *Forte* , wo es markiert ist, sondern er schöpft den *Ton* aus seiner Geige. Sie haben daher das größte Pathos in den leisen Teilen und überwältigende Kraft in den lauten. Wo großer Ausdruck gefragt ist , hört der Dirigent fast auf, den Takt zu schlagen, und es scheint, als hätten die Interpreten ihn *nach Belieben genommen* ; Aber sie verstehen sich so gut, dass sie wie ein Mann spielen. Es ist *zu* ekstatisch! Den größten Unterschied habe ich beim Hornspiel beobachtet. Anstatt wie zu Hause monoton und immer mit der gleichen Lautstärke einzusteigen, beginnt es hier, wenn es solo ist, rund, sanft und voll und moduliert dann sanft, bis der Ton zu seufzen scheint sich selbst aus und verklingt schließlich mit einem kleinen Tremolo, das vollkommen schmelzend ist. So einen Effekt habe ich noch nie gehört. Wenn

die Trompeten erklingen, ist es wie der Knall des Untergangs, und Sie sollten
hören, wie sie die Trommeln spielen. Ich *war nie* zufrieden mit der Art und
Weise, wie sie in New York und Boston die Trommeln schlagen, denn es
schien immer so, als ob sie glaubten, das Pergament würde zerbrechen. Hier
schlagen sie manchmal so scharf, dass es mich erschreckt, obwohl das
natürlich nicht oft vorkommt. Aber es verstärkt den Akzent ungemein und
lässt das Herz höher schlagen, das kann ich Ihnen sagen. Sie spielten
Schuberts große Symphonie und Beethovens in H-Dur, und ich konnte
meinen eigenen Ohren kaum trauen, den Unterschied zwischen diesem und
unserem Orchester zu erkennen. Es ist so groß wie zwischen —— und
Tausig.

BERLIN, *4. März 1870* .

Tausig reist heute zu einer Konzertreise nach Russland und wird erst am 1.
Mai zurückkehren. Von den sechs Monaten war er etwa zweieinhalb in
Berlin! Da ich jedoch noch nicht in seiner Klasse bin, betrifft mich das nicht
sehr, aber ich denke, seine Schüler wären über so lange Abwesenheiten
verärgert. Das ist das Schlimmste daran, einen so großen Künstler als Meister
zu haben. Ich glaube jedoch, dass wir im Sommer keine Ferien haben und
dass er versprochen hat, von Mai bis November hier zu bleiben und nicht
wegzugehen. Ehlert und Tausig hatten einen großen Streit und Ehlert wird
das Konservatorium im April verlassen. Das tut mir sehr leid, denn er ist ein
bewundernswerter Lehrer und ich mag ihn sehr.

Am Sonntag hatten wir eine weitere musikalische Lesung, bei der ich spielte,
aber alle Konservatoriumsklassen waren da und alle Lehrer, auch Tausig, also
war es eine ziemlich harte Tortur. Die Mädchen sagten, ich sei totenbleich
geworden, als ich mich ans Klavier setzte, und das ist auch gut so, denn hier
kann man nichts spielen, was die Schüler nicht selbst gespielt haben oder
perfekt beherrschen, also kritisieren sie einen gnadenlos. Tausig spielt so
großartig, dass man im Voraus weiß, dass etwas in seinen Augen nie mehr als
verhältnismäßig gut sein kann. Fräulein L. ist die einzige seiner Schülerinnen,
die so spielt, wie es ihm passt. Ich selbst mag ihr Spiel nicht so sehr, weil es
klingt, als hätte sie versucht, ihn genau nachzuahmen – was sie
wahrscheinlich auch tut. Es wirkt nicht spontan und sie ist ein affektiertes
Wesen. Alle am Konservatorium halten „große Stücke" von ihr, und ich
nehme an, sie *ist* ganz außergewöhnlich; aber ich bevorzuge Fräulein
Timanoff – „ *die kleine Person* ", wie Tausig sie nennt – und sie ist in der Tat
eine „kleine Person". Am Sonntag spielte Fräulein L. den ersten Teil einer
Sonate von Chopin, und Tausig war ganz entzückt von ihrer Darbietung. Ich
glaubte, er würde sie umarmen, so ungestüm sprang er auf und lief zu ihr
hinüber. Er erklärte, man könne es nicht besser spielen, und sagte, er würde
danach nichts mehr hören, und so wurde die Schule entlassen, obwohl
mehrere nicht gespielt hatten, die das erwarteten.

Tausig hat eine Schülerin, die ein ganz besonderes Mädchen ist – das Fräulein H., das ich Ihnen bereits erwähnt habe und das bei Bülow studiert hat. Sie ist halb Französin und halb Deutsche und spricht beide Sprachen. Sie ist voller Talent und kann nicht älter als achtzehn sein, aber sie ist der intensivste Charakter und ein perfektes Kind der Natur. Man kann nicht anders, als über alles zu lächeln, was sie tut, weil sie alles so hart und so unbewusst angeht. Wenn die anderen Mädchen spielen, verschränkt sie die Arme und spielt die ganze Zeit mit den Fingern an den Seiten, und wenn sie an die Reihe kommt, greift sie nach ihren Noten, springt auf und eilt so schnell sie kann zum Klavier. Sie hat nicht die geringste Schüchternheit, und als Tausig am Sonntag ihren Namen rief, brachte er kaum die Worte heraus, als sie zur großen Belustigung der Klasse „ *Ja* “ sagte *(denn keiner von uns antwortete auf unsere Namen) und rannte* zum Klavier.

Sie setzte sich mit halb schiefem Stuhl hin, fast auf der Seite, aber sie hielt nie inne, um sich zurechtzurücken, sondern stürmte ein Präludium aus ihrem Kopf und spielte dann ihr Stück. Als sie fertig war, änderte sie nicht ihre Miene, sondern war wieder auf ihrem Platz, bevor man „Jack Robinson“ sagen konnte. Sie ist so leidenschaftlich wie Tausig, und deshalb machen sie während ihrer Unterrichtsstunde normalerweise eine Szene. Er ist immer entweder halb amüsiert über sie oder sehr wütend und ist furchtbar streng mit ihr. Wenn er mit dem Fuß aufstampft, verzieht sie das Gesicht, und das Blut schießt ihr in den Kopf, und ich glaube, sie würde ihn schlagen, wenn sie es wagte. Sie spielt immer so ungestüm wie alles andere, und dann hält er sich die Ohren zu und sagt ihr, sie mache zu viel „ *Spectakel* “ (sein Lieblingsausdruck). Dann beginnt sie zwei- oder dreimal von vorne, aber immer auf die gleiche Weise. Er schnappt sich die Noten vom Klavier und sagt ihr, das ist genug. Dann bricht die Klasse in Gelächter aus, und sie geht zu ihrem Platz und weint. Aber sie ist zu stolz, um den anderen Mädchen zu zeigen, wie sie sich die Augen wischt, und so sitzt sie aufrecht und versucht, unbekümmert auszusehen, aber die Tränen rinnen ihr eine nach der anderen über die Wangen und tropfen ihr die ganze restliche Stunde über vom Kinn. Nachdem sie zwei Stunden lang ein Stück gelernt hat, kommt sie zur dritten, und schließlich hat sie es geschafft, es ausreichend herunterzuspielen, und dann spielt sie es prächtig. Sie ist ein wildes Geschöpf. Die Mädchen erzählen mir, dass sie sich einmal mit solcher Gewalt an das Klavier (einen Konzertflügel) gesetzt hat, dass sie das Instrument zur Seite gestoßen hat, und mit solcher Vehemenz zu spielen begann, dass ihr hinten der Ärmel aus dem Kleid platzte! Sie will Künstlerin werden, und ich sagte ihr, dass sie nach Amerika kommen müsse, um Konzerte zu geben. Sie sagte „ *Ja* “ und wollte sofort wissen, wo ich wohne, damit sie mich besuchen könne. Ich glaube, sie wird eine hervorragende Konzertsängerin abgeben, denn sie ist immer begeistert von einem Publikum und hat eine enorme Kraft. Ich bin im Vergleich zu ihrer Kraft ein kleines Baby. Vielleicht wird sie mit zehn Jahren in der Lage sein, sich in Grenzen zu halten und wie Fräulein L. Licht und Schatten einzusetzen.

Seit ich das letzte Mal geschrieben habe, war ich wieder bei Rubinstein. Er ist der größte Sensationsspieler, den ich kenne, und hat, wie Gottschalk, alle möglichen eigenen Tricks drauf. Sein großes Ziel ist es, eine *Wirkung zu erzielen* , daher ist es furchtbar aufregend, ihm zuzuhören, und bei seinem letzten Konzert verursachte mir das erste Stück, das er spielte – eine grandiose Komposition von Schubert – so heftige Kopfschmerzen, dass ich dem Rest der Aufführung nicht mit Vergnügen zuhören konnte. Er hat einen gigantischen Geist in sich und ist äußerst poetisch und originell, aber für ein ganzes Konzert ist er zu viel. Geben Sie mir Rubinstein für ein paar Stücke, aber Tausig für einen ganzen Abend. Rubinstein ist es egal, wie viele Noten er verfehlt, vorausgesetzt, er kann seine Vorstellung zum Ausdruck bringen und sie lebendig genug machen. Tausig trifft *jede* Note mit sturer Genauigkeit, und vielleicht macht ihn gerade seine Perfektion manchmal ein wenig kalt. Rubinstein spielte Schuberts Erlkönig, arrangiert von Liszt, *herrlich* . Das Kind war so verängstigt, dass seine Hände über das ganze Klavier flogen und es vor Angst kreischen ließen. Es war so, dass man erstarren musste, als man es hörte.

Ehren von Washingtons Geburtstag auf einer Party bei Mrs. Bancroft und hatte eine schöne Zeit, wie immer, wenn ich dort bin. Bismarck war anwesend und trug einen mit Sternen und Orden verzierten Mantel. Er ist ein großartig aussehender Mann, groß und imposant. Niemand könnte freundlicher sein als Mr. Bancroft. Er und Mrs. Bancroft leben in einem wunderschönen Haus, das geschmackvoll eingerichtet und voller schöner Bilder und Dinge ist, und sie unterhalten sie auf äußerst charmante Weise. Sie scheinen ihr Möglichstes für die Amerikaner in Berlin zu tun, und ich bin sehr stolz auf unseren Minister. Sein Ruf als unser nationaler Historiker, seine deutsche Kultur und seine frühen deutschen Verbindungen machen ihn zu einem bewundernswerten Vertreter unseres Landes in diesem hochmütigen Königreich, und ich habe gehört, dass er bei seinen selbstzufriedenen Bürgern sehr beliebt ist. Was Mrs. Bancroft betrifft, könnte sie kaum eleganter oder besser für die Position geeignet sein. Herr Bancroft ist ein leidenschaftlicher Musikliebhaber und weiß, was gute Musik ist – was natürlich eine zusätzliche Bezeichnung für *meine* hohe Meinung ist!

Neulich hat Herr J. mich eingeladen, einen Spaziergang durch den Thier - Garten zu machen und mir das Schlittschuhlaufen anzusehen. Es war das erste Mal, dass ich dort war, obwohl es nicht weit von uns entfernt ist, und ich war begeistert. Es ist ein natürlicher Wald mit wunderschönen Spaziergängen und Wegen und hier und da Statuen. Wir haben uns das Eislaufen angeschaut und es war ein wunderschöner Anblick. Die Band spielte und meine Damen und Herren liefen im Takt des Walzers. Viele

Damen laufen sehr elegant und gehen mit den Händen in den Muffen mit, wobei sie erst zur einen und dann zur anderen Seite schwanken. Es ist die Gnade selbst. Kutschen und Pferde tänzelten langsam um den Teich herum, und schließlich kamen der Prinz und die königliche Prinzessin vorbei, gezogen von zwei prächtigen schwarzen Pferden.

Die Kutsche hielt an und sie stiegen aus, um zu Fuß zu gehen. „Jetzt", sagte ich zu Herrn J., „müssen Sie Ihren Hut abnehmen" – denn jeder zieht seinen Hut vor dem Kronprinzen. Als sie an uns vorbeigingen , nahm er ihn tatsächlich ab, wurde dabei aber bis über beide Ohren rot, was ich ziemlich merkwürdig fand, bis er in einem halb beschämten Ton sagte: „Das ist das erste Mal in meinem Leben, dass ich meinen Hut vor einem Prinzen abgenommen habe." „Nun, warum haben Sie das getan?", fragte ich. „Weil Sie es mir gesagt haben", sagte er. Er ist ein so glühender Republikaner, dass selbst so eine kleine Ehrerbietung ihn nervte! Ich habe es ihm jedenfalls nur im Scherz gesagt , aber ich war sehr amüsiert, wie er es aufnahm. Er schwärmt immer von den Vereinigten Staaten und sagt, wir seien das großartigste Land der Welt. Er ist ein seltsamer Mann, und Sie sollten seine Religionstheorie hören. Er legt die Bibel völlig beiseite – wie die meisten kultivierten deutschen Männer. Wir sprachen eines Abends darüber, und er sagte: „Wir wollen nicht über diesen *Dummkopf* Peter sprechen, dieser dumme Fischer, der er war! Wir wollen zu Paul übergehen, der ein Mann mit einiger Bildung war." David nennt er „diesen Schurken David usw." Natürlich halte ich an meinem eigenen Glauben fest, aber ich muss lachen, wenn ich ihm zuhöre, es klingt so lächerlich. Die Welt hatte nie einen Anfang, sagt er, und es gibt keine Auferstehung. Wir leben nur zum Wohle der nächsten Generation, und deshalb ist es notwendig, ein gutes Leben zu führen. Wir erben das Ergebnis der Arbeit unseres Vaters , und unsere Kinder werden unseres erben. So werden wir weitermachen, bis die Menschheit einen Zustand der Vollkommenheit erreicht. „Und was dann?", sagte ich. Oh – dann, das wusste er nicht. Vielleicht würde die Welt explodieren und in Meteoriten explodieren. „Wir *wissen* ", sagte er, „dass es verlorene Sterne gibt. Gelegentlich verschwindet ein Stern und wir können nicht sagen, was aus ihm geworden ist; und vielleicht wird die Erde zu einem Wanderstern oder einem Kometen. Die Abstände zwischen den Sternen sind so groß, dass man von einer umherwandernden Welt ausgehen könnte – und ich glaube, in diesen Regionen gibt es keine Polizei", schloss er achselzuckend. „Glauben Sie *das wirklich* , Herr J.?", fragte ich. „Oh", sagte er, „wir wollen nicht über *Glauben sprechen. Jetzt spekulieren* wir !" Er ist ein entzückender Gesellschafter und ich finde, er ist äußerst gewissenhaft. Obwohl er sich nicht zum christlichen Glauben bekennt, handelt er nach christlichen Grundsätzen.

KAPITEL IV.

Oper und Oratorium in Berlin. Ein typischer Amerikaner. Preußische Grobheit. Konservatoriumswechsel. Ostern.

BERLIN, *20. März 1870* .

Am Mittwoch luden mich die Bancrofts freundlicherweise ein, mit ihnen in die Oper zu gehen. Sie kamen in ihrer Kutsche, mit zwei Pferden und Lakaien, es war also sehr lustig, und wir kegelten schnell durch Unter den Linden (den Broadway von Berlin), ganz anders als das Tempo, mit dem ich normalerweise in einer Droschke entlangkrieche . Sie hatten natürlich feine Operngläser, und wir nahmen unsere Plätze gerade ein, als die Ouvertüre beginnen sollte, so dass alles bezaubernd war, außer dass sie statt Lohengrin, den wir erwartet hatten, die Oper in Faust geändert hatten, was Ich hatte es in der Woche zuvor gehört. Faust ist jedoch eine faszinierende Oper, und sie wird hier wunderschön dargestellt, auch wenn die Deutschen daran festhalten, dass es sich um Gounods Faust und nicht um Goethes handelt.

hier bin, gehe ich mit großer Leidenschaft in die Oper, denn alles ist so großartig gemacht, und sie haben das Orchester der Symphoniekapelle, das so großartig ist, dass es nicht besser sein könnte. Schade, dass die Sänger nicht gleich gut sind, aber ich glaube nicht, dass Deutschland das Land der großen Stimmen ist. Allerdings singen die Männer hervorragend, und die Primadonnen haben viel Talent und *spielen* wunderbar. Die Primadonna war bei dieser Gelegenheit Mallinger, der Rivale von Lucca. Besonders gut ist sie als Margaretta. Niemann und Wachtel sind die großen Sängermänner. Wachtel war früher Kutscher, aber er hat eine schöne Stimme. Seine schauspielerische Leistung ist nicht bemerkenswert, aber Niemann ist großartig und er singt und spielt wunderbar. Er ist sehr groß und blond, mit hellem Schnurrbart und goldenem Haar, das einen edlen Kopf krönt, in Wahrheit ein normaler Wikinger. Als er in seinem purpurroten Samtmantel und seiner purpurroten Mütze mit weißem Federbusch herauskommt und anfängt, Margaretta diese köstlichen Liebeslieder zu singen, ist er vollkommen bezaubernd! Er und Mallinger stürzen sich in die lange Liebesszene, die den dritten Akt ausfüllt, und spielen sie großartig. Es war das erste Mal, dass ich eine gut gemachte Liebesszene gesehen habe. Der vierte Akt ist am beeindruckendsten. Der Vorhang hebt sich und zeigt das Innere einer Kirche. Die Kerzen brennen auf dem Altar und die Priester und Ministranten stehen in der richtigen Reihenfolge davor. Die Orgel spielt eine Fuge und alle Bauern kommen herein und knien nieder. Dann kommt die arme Margaretta herein, um Zuflucht zu suchen, aber als sie niederkniet, um zu beten, ertönt eine Stimme, die ihr sagt, dass es für sie weder Zuflucht noch Hoffnung im Himmel oder auf der Erde gibt.

Mallinger macht diese Szene so gut, dass sie die Natur selbst darstellt. Als die Stimme gehört wird, schreit sie auf, schwankt einen Moment und fällt dann bewusstlos zu Boden, und oh, *so* natürlich, dass man völlig davon mitgerissen wird. Die Orgel beginnt mit der Fuge und der Vorhang fällt. Der Kontrast zwischen den beiden Akten macht es umso wirkungsvoller, denn im dritten ist alles Liebe, Blumen und schmachtende Musik, und im vierten wird plötzlich an die Heiligkeit und Strenge der Kirche erinnert; Auch nach dem Orchester macht diese gedämpfte Fuge auf der Orgel einen sehr eigenartigen Eindruck. Im fünften Akt ist Margaretta im Gefängnis und Faust und Mephistopheles kommen, um sie zu retten. Dies ist eine beeindruckende Szene, denn zunächst zögert sie und denkt, sie würde mit ihnen gehen, dann schweifen ihre Gedanken ab und sie erinnert sich wie in einer Vision an die glücklichen Szenen früherer Tage. Sie drängen sie immer wieder und versuchen, sie mit sich fortzureißen, aber schließlich befreit sie sich von ihnen und schreit: „Dir, o Gott, gehört meine Seele", fällt sie auf ihre Strohhalme und stirbt. Dann ändert sich die Szene und man sieht vier Engel, die nach und nach in den Himmel schweben und ihren toten Körper stützen, während der Chor singt:

„Christus ist erstanden

Aus Tod und Banden

Frieden und Heil verkeisst

Aller Welt er, die ihn Priester ." [B]

Damit endet die Oper, die durchweg sehr spannend ist. Ich werde das Original lesen, sobald ich ein bisschen besser Deutsch kann, damit ich nicht mit einem Wörterbuch lesen muss. Ich fange gerade an, Goethe ohne Wörterbuch zu lesen, und finde, er ist der hinreißendste Schriftsteller. Es hätte nie einen Mann geben können, der Frauen so gut verstand wie er! Seine weiblichen Charaktere sind absolut hinreißend, aber er schmeichelt seinem eigenen Geschlecht nicht sehr und macht sie in der Liebe im Allgemeinen zu dem, was sie sind: schwach und unentschlossen.

Ich traf neulich bei einem Abendessen einen sehr angenehmen jungen Landsmann – einen Herrn P. – und einen großen Gegensatz zu Goethes unkontrollierten Helden. Er war der typische Amerikaner, dachte ich. Hellwach, aufgeweckt, mit einem scharfen Blick fürs Geschäft, sehr republikanisch, mit einer herzlichen Verachtung für Titel und großem Respekt für Frauen, praktisch und klar im Kopf. Als der Wein herumgereicht wurde, lehnte er ihn ab und sagte, er habe in seinem Leben noch nie ein Glas Wein getrunken oder Tabak angerührt. Ich war so amüsiert, denn er sah so jung aus. Ich sagte mir: „Wahrscheinlich sind Sie gerade von der Uni und reisen noch, bevor Sie sich in einem Beruf niederlassen." Nach einer Weile sagte er etwas über seine Frau. Ich war ein wenig überrascht, dachte aber trotzdem: „Vielleicht sind Sie erst seit ein paar Monaten verheiratet." Etwas später erwähnte er seine Kinder. Ich war noch mehr überrascht, dachte aber, er könne nicht mehr als zwei haben; aber als Mrs. B. ihn fragte, wie viele er habe, und er sagte: „Drei lebende und zwei tote", und sehr ernst hinzufügte: „Ich bin zweimal kinderlos geblieben", konnte ich mir ein lautes Lachen kaum verkneifen, denn ich hatte ihn für etwa einundzwanzig gehalten, und diese Enthüllungen über eine Ehefrau und zahlreiche Kinder schienen mir zu absurd! – Aber es war auch sehr schön, einen so vorbildlichen Landsmann zu sehen. Es sind solche Männer, die Amerika groß machen.

Nach dem Abendessen ging ich mit meiner Gastgeberin in Mendelssohns Oratorium der Pauluskirche. Es ist ein großartiges Werk, insgesamt ein wenig langweilig, aber mit wunderbar schönen eingestreuten Nummern. Es gibt mehrere schöne Choräle darin. Ich war jedoch von der Aufführung enttäuscht, denn erstens gibt es in der Sing-Akademie keine Orgel, und ich halte die Wirkung der Orgel und der Trommeln für unverzichtbar für ein Oratorium; und zweitens schienen mir die Soli alle gleichgültig gesungen zu sein. Die Chöre waren jedoch fehlerlos. Hier versteht man, wie man einen Chor einstudiert! Nächsten Freitag gehe ich zu Haydns „Jahreszeiten", die ich in Boston nie gehört habe.

Deutschland ist ein großartiger Ort für Vögel und Blumen. Den ganzen Winter lang haben wir hier Unmengen von frech aussehenden kleinen Spatzen, und sie haben den diebischsten Gesichtsausdruck, wenn sie nach einem Krümel herabfliegen. Manchmal lege ich Krümel auf mein Fensterbrett, und nach kurzer Zeit werden sie sie bestimmt sehen. Dann stehen sie auf der gegenüberliegenden Dachkante und schauen lange von einer Seite zur anderen, wie Vögel es tun. Schließlich entscheiden sie sich, stürzen sich auf das Fensterbrett, strecken ihre Köpfe, werfen einen kühnen Blick, um zu sehen, ob ich in der Nähe bin, und schnappen sich dann einen Krümel und fliegen damit davon. Sie können ihre eigene Kühnheit nie überwinden und geben immer ein Zwitschern von sich, wenn sie mit dem Krümel davonfliegen; ob es ein Zeichen des Triumphs über ihren Erfolg oder ein Ausdruck der Nervosität ist, kann ich nicht sagen. An einem kalten Tag kam ich an einem Baum vorbei, auf jedem Zweig davon ein Vogel war. Sie hielten bestimmt eine politische Versammlung ab, denn sie plapperten alle aufs aufgeregteste miteinander, und jeder von ihnen hatte die Brust herausgestreckt und seine Federn waren gesträubt. Sie waren „furchtbar schlau!"

Am Dienstag ging ich zu Borsigs Gewächshaus. Er ist hier ein ungemein reicher Mann, der sich auf Blumen spezialisiert hat. Er wohnt etwas außerhalb von Berlin und hat hier die größten Wintergärten. Die Innenseite des Portikus, der zu ihnen führt, ist ganz mit Efeu bedeckt, der an der

Innenseite der Wände emporkriecht und sie vollständig bedeckt. Als wir hineinkamen, waren die Blumen in perfekten *Bänken* entlang der gesamten Länge des Gewächshauses angeordnet, sodass man eine durchgehende Linie leuchtender Farben sah , und oh – der Duft! Die Hyazinthen dominierten in allen Schattierungen, obwohl es viele andere Blumen gab, von denen viele für mich neu waren. Überall an den Seiten des Gewächshauses waren Kamelien wie Ranken gepflanzt, und Hunderte von weißen und rosa Blüten hingen von ihnen ab. In der Mitte des Gewächshauses befand sich ein Beet aus reichhaltiger Erde, das mit einer kleinen zarten Pflanze bedeckt und in Abständen mit Azaleenbüschen bepflanzt war, die so mit Blüten bedeckt waren, dass man die Blätter kaum sehen konnte. An einem Ende befand sich ein sehr großer Käfig voller leuchtender Vögel, und am anderen Ende befand sich ein wunderschöner Brunnen aus weißem Marmor – Venus und Amor, die auf drei Muscheln ruhten. Am meisten beeindruckten mich jedoch die Baumfarne, die ich noch nie zuvor gesehen hatte. Sie waren vollkommen prachtvoll und auf der höchsten Seite des Gewächshauses angeordnet, zusammen mit vielen anderen seltenen Pflanzen, die auf kunstvolle Art und Weise vermischt waren. Nachdem wir mit der Betrachtung der Blumen fertig waren, gingen wir in ein zweites Haus, wo Palmen, Farne, Kakteen und alles andere standen Es wachsen allerlei merkwürdige Dinge, aber alle haben den gleichen Geschmack. Es war ein wunderschöner Anblick, und ich hatte noch nie eine Vorstellung vom Garten Eden. Ich muss versuchen, einen Topf vom „Veilchen der Alpen" mit nach Hause zu nehmen. Es ist die zarteste kleine Blume und sieht aus, als ob sie auf einem hohen, kalten Berg wächst.

BERLIN, *1. April 1870* .

Heute ist Aprilscherztag und der erste richtige Frühlingsmonat hat begonnen. Ich habe noch niemanden zum Narren gehalten, aber sobald das Abendessen fertig ist, werde ich zum Fenster rennen und rufen: „Da geht der König!" Natürlich werden sie alle herbeirennen, um ihn zu sehen, und dann werde ich es an der ganzen Familie auf einmal auslassen. Ich werde warten, bis der „ kleine Hans", der Sohn von Frau W., nach Hause kommt. Ich nenne ihn spöttisch den „Kleinen", denn in Wirklichkeit ist er riesig. Ich war sehr beeindruckt von der Größe der Leute hier. In der Regel sind sie viel größer als Amerikaner, und manchmal trifft man auf der Straße auf perfekte Riesen. Die preußischen Männer sind in ihrem Straßenverhalten gegenüber Frauen oft halb unverschämt und stoßen einen manchmal fast vom Bürgersteig, weil sie einen einfach nicht sehen wollen. Ich nehme an, diese Arroganz ist einer der Vorteile ihrer militärischen Ausbildung! Sie *werden* die Mitte des Weges haben, wo die Steinplatten liegen, egal, in was *man* hineintreten muss!

Ich habe mir vor ein paar Abenden Haydns Jahreszeiten angehört, und es ist ein überaus bezauberndes Werk – eine so glückliche Kombination aus Ernst und Heiterkeit! Er schrieb es, als er siebzig Jahre alt war, und es ist so beliebt, dass es sehr schwierig ist, eine Karte dafür zu bekommen. Der *Salon war bis auf den letzten Platz gefüllt, so dass ich in der Loge* Platz nehmen musste , wo es ziemlich wenige Plätze gibt, obwohl ich auch früh gekommen war. Das Werk wird wie ein Oratorium gesungen, in Arien, Rezitativen und Chören, und ist mit bezaubernden kleinen Liedern durchsetzt. Es stellt die vier Jahreszeiten dar, und jedem Teil geht eine kleine Ouvertüre voraus, die dem Übergang jeder Jahreszeit in die nächste entspricht. Die Rezitative werden von Hanna und Lucas gesungen, die ein Liebespaar sind, und von Simon, der anscheinend ein Freund der beiden ist. Der Herbst ist der schönste der vier Teile, denn er stellt zunächst die Freude der Landbevölkerung über die Ernten und Früchte dar. Dann folgt ein herrlicher Chor zum Lob der Industrie. Danach folgt ein kleiner Liebesdialog zwischen Hanna und Lucas, dann eine Beschreibung einer Jagd, dann ein Tanz; zuletzt wird der Wein gebracht, und das Ganze endet mit einem großartigen Chor zum Lob des Weines. Der Tanz ist zu schön für alles, denn der ganze Chor singt einen Walzer, und es ist die fröhlichste, hinreißendste Komposition, die man sich vorstellen kann. Die Chöre sind hier so großartig einstudiert, dass sie den Ausdruck auf sehr lebendige Weise wiedergeben und wunderschöne Effekte erzeugen. Alle Stimmen sind vollkommen präzise und gut ausgewogen. Aber die Solosänger sind, wie ich in früheren Briefen bemerkt habe, größtenteils gewöhnlich.

Ich hatte gestern meine letzte Unterrichtsstunde bei Ehlert. Es tut mir sehr leid, dass er und Tausig sich gestritten haben , denn er ist ein großartiger Lehrer. Er hat mir viel beigebracht, und zwar genau die Dinge, die ich wissen wollte und nicht selbst herausfinden konnte. Zum Beispiel die Drehungen und Wendungen der Hände, die Künstler haben, ihre Art, die Akkorde anzuschlagen, und viele andere kleine technische Details, die man nur lernen kann, wenn man einen Meister hat. Er schien immer große Freude daran zu haben, mich zu unterrichten, und ich bin ihm für seine Ermutigung sehr dankbar. Ich finde, Tausig verhält sich sehr merkwürdig, wenn er so lange weg ist. Er kommt erst am 1. Mai zurück, und den ganzen Monat lang werden wir von einem seiner besten Schüler unterrichtet, bis er zurückkommt und einen anderen Lehrer engagiert. Er hat gerade Konzerte in St. Petersburg gegeben, und mir wurde gesagt, dass er bei einem einzigen Konzert sechstausend Rubel verdient hat. Sie sind dort in großer Begeisterung für ihn.

Gestern Abend ging ich mit Herrn B., um Bachs Passionsmusik zu hören. Etwas Vergleichbares zum letzten Refrain habe ich noch nie von Stimmen gehört. Ich hatte das Gefühl, dass es ewig so weitergehen sollte, und ich konnte es nicht ertragen, dass es endete. Der Choral „O heiliges Haupt, jetzt verwundet" ist daraus entnommen und kommt zweimal vor; das zweite Mal mit anderen Harmonien und ohne Begleitung. Es ist das Erlesenste; man hat das Gefühl, als würde man am liebsten sterben, wenn man es hört. Aber der letzte Refrain trägt einen direkt in den Himmel. Es beginnt:

„Wir sitzen in Tränen da

Und rufe zu dir im Grab,

Ruhe sanft – ruhe sanft.“

Es stellt den Rest unseres Erlösers dar , nachdem der Stein vor dem Grab gerollt wurde, und es ist *göttlich* . Alle im Chor waren schwarz gekleidet, und fast alle im Publikum, Sie können sich also vorstellen, was für eine düstere Szene es war. Das ist hier Brauch, und am Karfreitag, wenn das berühmte „Tod Jesu“ von Graun aufgeführt wird, tragen sie ausnahmslos Schwarz.

———

BERLIN, 24. April 1870 .

Ich habe am Ostersonntag an euch alle gedacht und mich gefragt, was für eine Musik ihr habt. Ich ging nicht in die englische Kirche, wie es meine Gewohnheit ist, sondern in den Dom, die hier die große Kirche ist und in die sich der gesamte Hofstaat begibt. Es ist eine äußerst hässliche Kirche und ähnelt einem unserer alten Versammlungshäuser der Kongregation. Aber sie haben einen großartigen Chor von zweihundert Männern und Knaben, der in ganz Europa gefeiert wird. Haupt (der ehemalige Meister von Herrn JK Paine) ist der Organist, und natürlich haben sie eine sehr große Orgel. Da Ostern war, wusste ich, dass die Musik großartig sein würde, also ließ ich AW mit mir dorthin gehen, sehr gegen ihren Willen, denn sie erklärte, wir würden keinen Sitzplatz bekommen. Die Deutschen machen sich nicht oft die Mühe, in die Kirche zu gehen, aber an einem Feiertag kommen sie in Scharen.

Wir erreichten die Kirche nur zwanzig Minuten vor Beginn des Gottesdienstes, und ich muss gestehen, dass ich ziemlich entmutigt war, als ich die Menschenmassen sah, die nicht nur hineingingen, sondern auch hinausgingen und keine Hoffnung hatten, in die Kirche zu gelangen. Ich beschloss jedoch, weiterzugehen und zu sehen, wie die Chancen standen, und mit großer Mühe gelangten wir die Treppe hinauf . Es gibt eine Lobby, die um die ganze Kirche herumführt, genau wie in der Boston Music Hall. Alle Türen zwischen der Galerie und der Lobby waren offen, und jede war vollgestopft mit Menschen. Ich dachte, das Beste, was wir tun könnten, wäre, dort zu stehen, bis wir müde würden, der Musik zuzuhören und dann zu gehen. Schließlich kam der Küster vorbei, und A. fragte ihn, ob er uns nicht zwei Plätze geben könne; er zuckte mit den Schultern und sagte: „Ja, wenn Sie durch die Menge gehen wollen.“ Wir sagten mutig, dass wir das tun würden, obwohl es fast hoffnungslos aussah, und bahnten uns dann unseren Weg durch, gefolgt von gemurmelten Verwünschungen. Schließlich schloss der Küster eine Tür auf und gab uns zwei ausgezeichnete Plätze, und es gab reichlich Platz für ein Dutzend weitere Leute; aber ich zweifle nicht daran, dass er sie verjagte, so wie er es mit uns gemacht hätte, wenn er gekonnt hätte. Er schloss uns ein, und da saßen wir ganz bequem.

Um zehn Uhr begann der Chor einen Psalm zu singen. Sie sitzen direkt über dem Altarraum und sind durch ein vergoldetes Rahmenwerk vollständig vor der Gemeinde verborgen. Sie haben einen Leiter, der sie dirigiert, und sie singen in perfekter Taktung und Melodie, ganz ohne Begleitung. Die Stimmen sind eher zart und sanft als laut, und sie verweben sich auf wundervolle Weise. Es gibt sehr viele verschiedene Teile, und die Stimmen schlagen immer wieder von verschiedenen Stellen aus ein, was einen köstlichen Effekt erzeugt und sie wie einen Engelschor weit oben am Himmel klingen lässt. Nachdem sie den Psalm beendet hatten, ertönte aus der Orgel ein gewaltiger Akkord, so groß, dass man zusammenzuckte, und spielte dann einen Choral, und es gab auch Posaunen, die die Melodie übernahmen. Dann sang die ganze Gemeinde den Choral und der Chor schwieg. Sie können sich nicht vorstellen, wie einfach es ist zu singen, wenn die Posaunen leiten, und die Wirkung der Orgel ist überwältigend, besonders bei diesen großartigen alten Chorälen. Ich konnte es kaum ertragen, es war so aufregend.

Da es Ostersonntag war, gab es viel Musik, die abwechselnd vom Chor und der Gemeinde dargeboten wurde; Aber im Allgemeinen singt der Domchor nur einen Psalm vor Beginn des Gottesdienstes, und deshalb mache ich mir selten die Mühe, dorthin zu gehen. Der Rest der Musik ist ausschließlich gemeinschaftlich und nur bei großen Anlässen gibt es Posaunen. Wir saßen nah am Altarraum, und auf dem Altar unter uns brannten die großen Wachskerzen, und der lutherische Geistliche las das Deutsche vor, so dass es ziemlich lateinisch klang. Ich war ziemlich überrascht zu sehen, wie ähnlich lateinisches Deutsch klingen *konnte* , denn es hat diese langen, rollenden Wörter und ist genauso pompös. Insgesamt machte es einen seltsamen, aber großartigen Eindruck. Ich dachte, wenn sie nur ihren Chor im Altarraum und in weißen Gewändern gehabt hätten , wäre es viel schöner gewesen, aber vielleicht hätte die Musik nicht so gut geklungen wie damals, als die Sänger über ihnen saßen. Die Berliner Kirchen sehen alle so aus, als ob die Religion hier aussterben würde, so alt und kahl und ungepflegt und so zahlreich. Sie werden nur durch die großen Orgelschlösser entschädigt, die sie im Allgemeinen haben; und es ist schwierig, hier den Organistenposten zu bekommen. Dazu muss man ein erfahrener und bekannter Musiker sein. Sie singen im Gottesdienst keine Gesänge, sondern nur Choräle.

Heute Abend findet das letzte Royal Symphony Concert dieser Saison statt, und natürlich werde ich hingehen. Dieses wunderbare Orchester reißt mich völlig mit. Es ist einfach wunderbar , wie sie spielen! So viel Ausdruck, so viel

Elan! Letzte Woche habe ich sie Beethovens Leonora-Ouvertüre auf eine Weise spielen hören, die mich geradezu elektrisiert hat. Diese Ouvertüre fasst die Oper Fidelio zusammen, und an einer Stelle, als der Held gerade hingerichtet werden soll, hört man den Ton eines Posthorns, das seine Hinrichtung ankündigt. Sie spielen es so leise, dass man es genau so wahrnimmt, als käme es aus weiter Entfernung, und man kann nicht glauben, dass es vom Orchester kommt. Es lässt einen an „die schwach blasenden Hörner des Elfenlandes" denken.

Tausig wird diese Woche zurück erwartet, und er ist tatsächlich lange genug weg. Er wird jeden Montag den besten Schülern, die nicht in seiner Klasse sind, eine Lektion erteilen, und da ich an der Spitze dieser Klasse stehe, hoffe ich, jede Woche eine Lektion von ihm zu bekommen. Das würde mir besser passen als zwei, da er so furchtbar anspruchsvoll ist, und es wird mir Zeit geben, ein Stück gut zu lernen. Dann sollte ich meinen regulären Unterricht neben Herrn Beringer erhalten, oder wem auch immer er Ehlerts Platz einnehmen wird. Beringer, ein junger Mann von etwa fünfundzwanzig Jahren, hat sich als hervorragender Lehrer herausgestellt, und ich lerne viel von ihm. Er spielt selbst wunderbar und ist ein großer Favorit von Tausig. Er ist schon so lange bei ihm, dass er seine Methode hervorragend lehrt und mir Stücke gibt, die er mit ihm studiert hat. Ich glaube, er wird im Oktober im Gewandhaus in Leipzig auftreten und sich danach in London niederlassen.

KAPITEL V.

Der Thier -Garten. Eine militärische Rezension. Charlottenburg. Tausig. Berlin im Sommer. Potsdam und Babelsberg.

BERLIN, *5. Juni 1870* .

Wir hatten diesen Frühling das schlechteste Wetter, aber jetzt sieht Berlin einfach herrlich aus. An die Häuser sind hier zahlreiche Gärten angeschlossen. Alles blüht und duftet nach Flieder und Apfelblüten. Die Straßen sind mit Linden und Rosskastanienbäumen bepflanzt, und in der eleganten Straße, die an den Thier -Garten grenzt, haben alle Häuser kleine Rasenflächen davor, die mit dem herrlichsten grünen Gras bedeckt sind, und aus denen dichte Blumenbänke emporragen . Die Sträucher werden entsprechend ihrer Höhe dicht nebeneinander und hintereinander gepflanzt, und während sie alle blühen, sieht man diese großen Farbmassen . Es ist wie ein riesiger Blumenstrauß, der vor Ihnen wächst.

Der Thier -Garten ist wunderschön. Es ist so reizvoll, auf diesen nicht umzäunten Wald mitten im Herzen einer riesigen Stadt zu stoßen, mit Straßen und Wegen, die durchzogen sind und alle, so weit das Auge reicht, von leuchtendem Grün überzogen sind. Wenn man sieht, wie die fröhlichen Kutschen schnell durch die Gegend fahren und die Damen und Herren zu Pferd zwischen den Bäumen umherblicken, ist das sehr romantisch.

Der Bruder von Frau W., „Onkel S." wie ich ihn nenne, kündigte neulich an, dass er uns nach Charlottenburg bringen würde. Mir war schon oft gesagt worden, dass ich dorthin gehen und mir das „Mausoleum" ansehen müsse, aber wie Sie wissen, bitte ich nie um Erklärungen, und dies brachte mir keine besondere Idee, und ich begann diesen Ausflug in meinem üblichen Zustand seliger Unwissenheit. Wir nahmen zwei Droschken für unsere Gruppe und schlängelten uns langsam durch den Thiergarten und die Charlottenburger Straße entlang, bis wir an unserem Bestimmungsort ankamen. Dies wurde von weitem durch eine absurde Statue angekündigt, die auf einem Zeh auf dem Schlossdach balanciert, das vor dem Park mit dem Mausoleum steht.

Als wir ausstiegen, gingen wir als erstes in einen kleinen Biergarten in der Nähe, um Kaffee zu trinken. Es war ein perfekter Nachmittag und die Bäume und Blumen erstrahlten in ihrer ganzen Junipracht. Wir setzten uns an einen dieser herrlichen Tische, die es in Deutschland immer unter den Bäumen gibt. Der Kaffee wurde bald serviert, heiß und stark, und Onkel S. holte eine Zigarre heraus, um seinen Genuss abzurunden. Dann begannen wir zu schlendern. Wir gingen durch ein Tor in das Gelände rund um das Schloss, und nachdem wir durch die Orangerie gegangen waren, gelangten wir in einen Garten, der sich bald in einen wunderschönen Park voller prächtiger

Bäume und mit Blumenbeeten, die ein Stück entlang in den glatten Rasen geschnitten waren, ausbreitete Grenzen der Alleen. Wir bogen nach rechts ab (statt nach links, was uns direkt zum Mausoleum geführt hätte), um zuerst die Blumen, dann den Fluss und dann den Teich zu sehen, in dem die Karpfen gehalten werden.

Die Deutschen verstehen es auf jeden Fall, Parks perfekt anzulegen. Sie sind nicht *zu* streng gehalten und alles hat einen Hauch von Natur. Dieser Charlottenburger Park ist besonders faszinierend. Eine dichte Allee grenzt an die Spree , die an dieser Stelle breit ist und düster und lautlos dahinströmt. Die Äste der Bäume überragen den Bach und schließen sich auch über den Weg hinweg zusammen, sodass vor und hinter Ihnen eine grüne Allee entsteht. Wir trafen sehr wenige Menschen, eigentlich kaum jemanden, und der Gesang der Vögel war das einzige Geräusch, das die alles durchdringende Ruhe durchbrach. Der Weg verließ schließlich den Fluss und wir kamen auf eine freie Stelle, von der aus man durch einen kleinen Schnitt in den Bäumen einen schönen Blick auf die Burg hatte. Wir setzten uns auf eine Bank und sahen uns eine Weile um und gingen dann auf die Brücke, die über den Teich führt, in dem die Karpfen gehalten werden. Die Deutschen füttern diese Karpfen immer gewissenhaft, und das ist ein fester Bestandteil des Ausflugs. Die Fische sind sehr alt, viele von ihnen, und wir sahen einige graue alte Kerle, die träge an die Oberfläche stiegen und sich herabließen, die Kuchenstückchen zu verschlingen, die wir ihnen zugeworfen hatten. Offensichtlich waren sie an ein gutes Leben gewöhnt und hielten es, wie alle Edelmänner, für ihre Pflicht!

Schließlich kamen wir allmählich zum Mausoleum. Eine Allee aus Hemlocktannen führte dorthin – „Trauerbäume " , wie die Deutschen sie nennen, und es war ein exquisiter Hauch von Gefühl, *diese* Allee aus diesen dunklen, düsteren immergrünen Pflanzen zu gestalten. Zuerst siehst du nichts, denn die Allee ist lang, und du biegst fröhlich und lächelnd in sie ein, unter dem Einfluss der Vögel, Bäume und Blumen, die frisch auf dich wirken. Aber die herabhängenden Äste der düsteren Hemlocktanne beginnen bald zu wirken, und das Gefühl, das einen überkommt, wenn man etwa auf halber Höhe ist, ist sicherlich eigenartig. Es scheint, als würde man zwischen einer Reihe großer und stiller *Wächter hindurchgehen* , die über die Wohnstätte des Todes wachen!

Unwillkürlich beginnen Sie, aus Edgar Poes eindringlichem Gedicht zu wiederholen:

„Dann beruhigte ich Psyche und küsste sie,

Und überwand ihre Skrupel und ihre Schwermut,

Und vertrieb ihre Skrupel und Trübsinn,

Und wir kamen bis zum Ende der Aussicht

Bis wir zur Tür eines Grabes kamen;

Und ich sagte: „Was steht geschrieben, süße Schwester,

An der Tür dieses sagenumwobenen Grabes?'

Und sie sagte: Ulalume , Ulalume ,

„Es ist die Gruft deines verlorenen Ulalume .'"

Und so bleibt *Ihr* Blick auch an einer Tür am Ende *dieser* Aussicht hängen, die immer näher kommt, bis schließlich das Mausoleum in Form eines kleinen griechischen Tempels aus poliertem braunem Marmor um sie herum Gestalt annimmt. Davor liegt ein kleiner Blumengarten, und er würde schon einladend genug aussehen, wenn man nicht wüsste, was er ist. Zwei Beamte stehen bereit, Sie zu empfangen und die Stufen hinaufzuführen.

Innerhalb dieser Mauern liegt ein königliches Paar begraben – König Friedrich Wilhelm III. und seine schöne Frau Luisa, die den Schikanen Napoleons I. so gelassen standgehalten hat und zu der die Preußen eine so ritterliche Zuneigung hegen. Sie sind unter dem vorderen Teil des Tempels begraben, und zwei Platten im Bürgersteig markieren ihre Ruheplätze. Diese werden von oben durch ein mit blauem Glas gefülltes Fenster im Dach beleuchtet, das ein gedämpftes und feierliches Licht in den Marmorraum wirft. Man geht an ihnen vorbei zum anderen Ende des Tempels, der eine kreuzförmige Form hat, steigt eine Stufe zwischen den Säulen hinauf und dort, im kleinen weißen Querschiff, liegen auf zwei schneebedeckten Marmorsofas die skulpturalen Formen der Seite des toten Königs und der toten Königin Seite an Seite. Obwohl diese Wohnung durch Seitenfenster aus schlichtem Glas hoch oben an den Wänden beleuchtet wird, so dass sie von weißem Tageslicht durchflutet wird, wird das bläuliche Licht aus dem Außenraum gerade so stark reflektiert, dass die Feinheit des Marmors noch verstärkt wird verleihen allem einen überirdischen Aspekt.

Königin Luisa wurde für ihre Schönheit gefeiert und der Bildhauer Rauch, der sie kannte und verehrte, hat all das in den Stein eingehauen. Da lag sie, als würde sie schlafen, ihr Kopf drückte leicht auf das Kissen, ihre Füße waren übereinander gekreuzt und die Umrisse ihrer exquisiten Gestalt waren von dem dünnen, gewebeartigen Vorhang zwar verschleiert, aber nicht verborgen. Es bedeckte sogar die kleinen Füße, aber sie schienen sich durch den Musselin umso zierlicher zu definieren. In ihrem Gesicht ist kein Ausdruck des Todes zu erkennen. Sie wirkt eher wie eine hübsche „Königin des Mai", die mit geschlossenen Augen auf ihrem Blumenbeet liegt. Einige kritisierten die Statue wegen des völligen Fehlens der „ *beauté de la mort* “. Es hat keinen verklärten oder verklärten Anschein. Es ist einfach das einer schönen Frau in tiefer Ruhe. Aber es scheint mir, dass dies eine Frage des Geschmacks ist und dass der Künstler das vollkommene Recht hatte, sie so darzustellen, wie er sie am meisten empfand. Die Statue des Königs ist in voller Uniform gekleidet und sieht auch sehr beeindruckend aus, wenn er dort in der ganzen Würde der Männlichkeit und des Königtums liegt und von der Drapierung seines Militärumhangs umhüllt wird. Seine Gesichtszüge sind zart und regelmäßig und er ist ein passendes Gegenstück zu seiner liebenswerten Gemahlin. An der Rückwand steht auf einigen Stufen ein Altar, und es ist eine unendliche Faszination, sich dagegen zu lehnen und auf die beiden erhabenen Gestalten herabzublicken, die so still vor einem ausgestreckt sind. Auf beiden Seiten der Statuen stehen prächtige hohe Kandelaber aus weißem Marmor von sehr reichem und schönem Design, und passende Inschriften aus der deutschen Bibel verlaufen rund um die geschnitzten und mit Windeln verzierten Marmorwände. Insgesamt ist dieser Gartenpark mit seinem Fluss, seinem Mausoleum, seiner Schierlingsallee und seinen herrlichen Statuen des Königs und der Königin eine der exquisitesten und idealsten Vorstellungen, die man sich vorstellen kann. Als wir zurückkamen, war es kurz vor Sonnenuntergang. Der Abendwind seufzte durch die hohen Bäume und die wogenden Gräser. Ein undefinierbarer Einfluss lag in der Luft. Das Übernatürliche schien uns zu umhüllen, und instinktiv beeilten wir uns ein wenig, während wir unsere Schritte zurückverfolgten.

Als wir aus der Hemlock Avenue kamen, wirkte Onkel S. meiner Meinung nach ziemlich erleichtert, denn der Gedanke an ein zukünftiges Leben ist für ihn nicht besonders sympathisch! Nachdem er mich gefragt hatte, ob ich das Mausoleum nicht fände „ *sehr.* “ „ *Schön* “ und nachdem er sich vergewissert hatte, dass ich das auch *dachte*, stellte er sein Gleichgewicht wieder her, indem er eine weitere Zigarre hervorholte, die er sich anzündete, und wir machten uns gemächlich auf den Weg durch den Garten zu unseren Droschken und fuhren nach Hause. Es war ziemlich dunkel Als wir durch den Thier -Garten kamen , schien es wie ein Wald. Die Sterne leuchteten durch die Zweige über uns und ihr beruhigendes Licht gab einem schönen Tag den letzten poetischen Touch.

———

BERLIN, 26. Juni 1870 .

Letzte Woche war der Kaiser von Österreich hier und zu seinen Ehren veranstalteten sie eine Parade . Die B.'s nahmen mich in ihrer Kutsche mit, um es zu sehen. Wir fuhren zu einer großen Ebene außerhalb der Stadt und sahen dort eine Scheinschlacht und alle Manöver einer Armee – wie sie vor-

und zurückging, wie sie sich formierte und aufstellte. Es gab ständiges Musketen- und Artilleriefeuer, und es war sehr aufregend. Der Feind war nur eine Einbildung, aber die angreifende Partei verhielt sich so, als ob es einen gäbe, und schließlich endete die Eroberung im Sturm, indem die angreifende Partei mit einem anhaltenden Jubelruf, oder vielmehr Schrei, von einem Ende her voranstürmte der Linien zueinander. Dann trennten sie sich alle, die Musikkapellen spielten die russische Hymne, der König und der Kaiser bestiegen Pferde und führten eine große Kavallerieeinheit los, und wir ratterten alle nach Hause – Kutschen und Pferde alle zusammen. Es war ein toller Anblick und ich habe es sehr genossen.

Ich werde nächsten Montag vor Tausig spielen und habe sehr fleißig gelernt. Beim letzten Mal lobte er mich sehr und sagte, er würde mich bald in seine reguläre Klasse aufnehmen; aber er ist so ein skurriles Geschöpf, dass man sich nicht viel auf ihn verlassen kann. Zwei der Mädchen haben ihr Studium bei ihm fast abgeschlossen und werden bald Konzerte geben. Ich spiele Scarlatti, mit dem er *sehr* wählerisch ist, und erwarte, dass mir der Kopf abgerissen wird. Zwei seiner Schüler spielen die gleichen Stücke wie ich, und er erzählte einer von ihnen, dass sie „wie ein Nussknacker" spielte. Er ist manchmal sehr lustig. Neulich spielte ihm einer der jungen Männer die Pastoralsonate vor. Tausig seufzte und sagte: „Das *sollte* ein Rosengarten sein, aber während du es spielst, sehe ich nur Kartoffelpflanzen." Scarlatti ist bezaubernde Musik. Er schreibt *en suite* wie Bach, ist aber noch uriger und humorvoller .

Ich finde Berlin sehr angenehm, sogar im Sommer. Die meisten der besseren Häuser haben Balkone oder Erkerfenster und um jedes davon ist ein kleiner Rahmen voller Erde, in den Reseda, Kapuzinerkresse, Geranien usw. gepflanzt sind, die über den Rand hängen, und wenn man von der Straße aufblickt, scheint es, als wären die Häuser mit Blumen geschmückt. An vielen von ihnen ist Geißblatt so gezogen, dass jedes Fenster von einem dunkelgrünen Rahmen umgeben ist. Alle schönen Straßen haben hübsche kleine Vorgärten, in denen Rosen gepflanzt sind, und ich habe noch nie etwas Vergleichbares gesehen. Die Zweige sind zu einem dicken, geraden Stamm geschnitten, der an einem Stock festgebunden ist. Sie werden sehr hoch, und jeder ist mit einem Knoten prächtiger Rosen gekrönt. Jeder Garten sieht aus wie ein kleiner Rosengarten, und die Rosen haben jede erdenkliche Farbschattierung . Jeder Amerikaner, der hierher kommt, muss über den Mangel an Schönheit in den Städten, die er zu Hause zurückgelassen hat, erstaunt sein; und es ist wirklich beschämend, dass unsere Leute, obwohl es ihnen so viel besser geht und so viele von ihnen jedes Jahr diese europäische Kultur erleben, trotzdem nicht dieselben Dinge in unser Land bringen. Nehmen wir zum Beispiel die Fifth Avenue oder die Beacon Street, und man sieht auf ihrer gesamten Länge nichts als ein wenig grünes Gras und hier und da einen Geißblattstrauch, während sie hier mit Blumen und allen möglichen schönen Dingen geschmückt wären.

Am Donnerstag wurde eine kleine Dreiergruppe, mich eingeschlossen, zusammengestellt, um mich nach Potsdam zu bringen. Das Museum, Charlottenburg und Potsdam sind, wie Mr. TB sagt, „die drei Sehenswürdigkeiten Berlins". Ich habe Ihnen über die ersten beiden geschrieben, und Sie erhalten nun die dritte. Potsdam ist sechzehn Meilen von hier entfernt, und die Zugfahrt dorthin dauerte ungefähr so lange wie von Boston nach Lynn. Es ist die königliche Sommerresidenz. Als wir ankamen, kauften wir eine große Menge Kirschen und setzten uns dann in eine Kutsche, um durch die Stadt nach Charlottenhof zu fahren . Hier stiegen wir aus und gingen in einen herrlichen Park voller prächtiger alter Bäume. Das erste, was wir sahen, war ein wunderschönes kleines Gebäude im pompejanischen Stil. Hier wohnte Humboldt im Sommer mit dem letzten König und der letzten Königin. Wir gingen hinein und fanden es das süßeste kleine Plätzchen, das man sich vorstellen kann. Als wir die Tür öffneten, war statt einer Halle ein kleiner Hof mit einem Brunnen darin und zwei niedrigen, breiten Treppen (aus Marmor, glaube ich), die ins Hauptgeschoss hinaufführten. Die Wände waren zart getönt und rundherum mit pompejanischen Motiven bemalt. Die Fenster bestanden aus einer Art dünnem, durchsichtigem Buntglas, durch das das Licht leicht eindringen konnte, und waren ebenfalls im pompejanischen Stil gehalten, mit Streitwagen, Pferden, Göttinnen usw. Die Räume gingen alle ineinander über, aber wir mussten sie so hastig durchqueren, dass ich sie nicht im Detail betrachten konnte. Die Wände waren mit schönen Bildern bedeckt, und es gab Tische mit kostbaren Marmoreinlagen und allerlei schönen Dingen. Wir sahen den Tisch und Stuhl, an dem der König immer saß, so wie er ihn mit seinen Papieren und Zeichnungen zurückgelassen hatte; und das Boudoir der Königin mit ihren Schreibutensilien und ihren Nähsachen. Von ihrem Fenster aus blickte man rechts auf einen Brunnen, und links war ein langer, mit Weinreben bedeckter Bogengang, der zu einem Rosengarten führte.

Wir öffneten eine Tür und gingen durch diesen Bogengang, und nachdem wir uns die Blumen angesehen hatten, gingen wir weiter durch den Park, bis wir zu einem anderen Haus kamen, das ebenfalls pompejanisch oder griechisch war, ich konnte nicht genau sagen, was von beidem. Es war nur zum Baden gebaut. Die Böden waren alle aus Stein, und es war so kühl und frisch, wie es nur sein konnte. Das Bad selbst war ein großer halbrunder Raum, in den man über Stufen hinabstieg. Es war groß genug, um darin zu schwimmen. Diese alten Leute verstanden es ziemlich gut, es sich bequem zu machen, nicht wahr? Dort stand eine alte Badewanne auf einem Sockel aus irgendeinem Edelstein, den Humboldt auf eine halbe Million Taler geschätzt hatte. Draußen war natürlich ein hübscher kleiner Garten, und eines der schönsten Dinge, die ich sah, war eine Menge jener Blumen, die nur an kühlen, feuchten Orten wachsen und unter einem Sonnendach geschützt waren. Das Sonnendach war kreisförmig und reichte an drei Seiten bis zum Boden, so dass man die Blumen nur sehen konnte, wenn man direkt davor stand. Es gab jede Menge Frauenschuh in allen Schattierungen, jeder mit einer anderen Farbe herrlich gesprenkelt , und dahinter wuchsen andere Blumen in regelmäßigen Abstufungen und alle in leuchtenden Farbtönen. Es schien, als ob sie alle unter einer großen Shaker-Haube eingebettet waren, und sie sahen so schüchtern und bezaubernd aus wie nur möglich. Ich fand, das war eine bezaubernde Idee.

Nachdem wir diesen Ort verlassen hatten , gingen wir weiter, bis wir nach Sans Souci kamen, das einzig zum Wohle der Orangenbäume gebaut wurde – um ihnen im Winter Schutz zu bieten. Zumindest war dies der Vorwand. Im Sonnenschein wirkt es besonders blendend, wenn man es von unten betrachtet. Terrasse erhebt sich über Terrasse, und an der Spitze erhebt sich dieses luftige weiße Gebäude leicht in den Himmel, mit Galerien und Türmen, Statuengruppen, Kolonnaden, Springbrunnen, Blumen und allen erdenklichen Vorrichtungen, die es einer Fee ähneln lassen Palast wie möglich. Die großen, kräftigen Orangenbäume stehen in den Gärten in großen grünen Töpfen in Reihen. Viele von ihnen blühten und verbreiteten ihren schweren Duft in der Luft. Man konnte seinen Blick nicht dorthin richten, wo *etwas* war, das sie nicht verhaften und überraschen sollte. Hier habe ich eine andere Möglichkeit gesehen, Rosen zu erziehen. Auf dem grünen Rasen lief eine bestimmte niedrig wachsende Sorte entlang, deren Zweige sie mit einer Art hölzerner Haarnadel in die Erde stecken, damit sie nicht sichtbar sind. Dadurch liegen sie vollkommen flach und das Gras ist *im wahrsten Sinne des Wortes* mit einem „Teppich bedeckt". Es war reizend. Nachdem wir das Äußere des Palastes ausreichend bewundert hatten, stiegen wir die Treppen hinauf, die zu den Terrassen führen, und gingen hinein. Draußen waren die langen Galerien, in denen die Orangenbäume standen, und dann gingen wir in die großen und edlen Räume. Zuerst kam das, das den Bildern Raffaels gewidmet ist. Kopien davon hängen an den Wänden. Nachdem wir sie lange angeschaut hatten, schauten wir uns die anderen Wohnungen an, die alle auf außergewöhnliche Weise eingerichtet waren, aber ich warf einen zu hastigen Blick auf sie, um mich überhaupt an sie zu erinnern. Ich erinnere mich nur daran, dass einer ganz aus Malachit und Gold bestand.

Als nächstes besichtigten wir den ursprünglich „Sans Souci" genannten Palast, in dem Friedrich der Große lebte. Wir sahen die Bänke, auf denen seine armen Pagen im Korridor sitzen mussten, und die absichtlich so schmal gemacht waren, um zu verhindern, dass sie während des Dienstes einschliefen. Dort steht der Sessel, in dem er starb, und die Büste Karls Ich glaube, es war nur eine kleine Bosheit von Fredericks Seite, und tatsächlich hatte er ein so schlechtes Herz, dass mich keine seiner Reliquien im Geringsten interessierte.

alles gesehen hatten, gingen wir in ein kleines Restaurant am Fuße von Sans Souci, wo wir Bier und Kaffee tranken und Kuchen aßen, an einem kleinen Tisch unter den Bäumen sitzend. Diese Art, wie die Deutschen im Sommer draußen essen, ist meiner Meinung nach ganz entzückend. Ich legte einen frischen Vorrat Kirschen an, obwohl ich bereits eine riesige Menge gegessen hatte, aber sie sahen so schön aus, in kleinen Pyramiden auf einem Weinblatt aufgehäuft, wie die Kanonenkugeln im Arsenal von Cambridge, dass ich ihnen nicht widerstehen konnte. Ich habe an dich gedacht, seit die Kirschsaison begonnen hat. Sie sind hier so unglaublich billig, dass man für zwei Groschen (ungefähr sechs Cent) so viel kaufen kann, wie zwei Personen auf einmal essen können. Wir fuhren von Sans Souci nach Fingstenberg, von wo aus man nur einen Blick auf das Land hat. Die Landschaft war vollkommen flach, hatte aber den Charme einer ruhigen Kultivierung. Sie war grün mit wunderschönen Bäumen, und der Fluss schlängelte sich mit weißen Segeln gesprenkelt dahin, und in allen Richtungen drehten sich Windmühlen. Nachdem wir Fingstenberg verlassen hatten , fuhren wir zu einem Gasthof, wo wir zu Abend aßen. Auch das wurde im Freien serviert. Es war etwa sechs Uhr abends und wir waren alle sehr hungrig, daher genoss wir diesen Teil des Programms sehr.

Als wir unser Kotelett und unsere grünen Erbsen aufgegessen hatten, stiegen wir wieder in die Kutsche und fuhren nach Babelsberg. Dies ist ein kleiner Rückzugsort, der der Königin gehört und wo die königliche Familie im Sommer manchmal ein paar Wochen verbringt. Wir gingen durch einen herrlichen Park, dessen Gelände links anstieg und rechts abfiel. Nachdem wir den Windungen der Straße ein langes Stück gefolgt waren, erreichten wir schließlich das kleine Schloss, das auf einem Hügel thront und von Bäumen umgeben ist. Ein schick aussehendes Dienstmädchen führte uns hindurch, und ich war hier mehr beeindruckt als von allem, was ich zuvor gesehen hatte. Wie Balzac sagt: „Wer sagt, ein Haus sei ‚wie ein Palast‘, sollte zuerst eines sehen" – obwohl, wie Herr J. bemerkte, „Babelsberg kein Palast ist, sondern eher wie das Haus eines englischen Edelmanns". Es ist nur ein ruhiger kleiner Rückzugsort, aber die Schönheit, mit der alles eingerichtet ist, ist ganz unbeschreiblich. Jedes Fenster ist so angeordnet, dass man nicht hinausschauen kann, ohne etwas Erlesenes vor sich zu haben. Hier wird es ein kleines Mosaik aus seltenen Blumen sein; dort ein Brunnen usw. Und dann die Bronzen, die Bilder, die seltenen alten Glas- und Porzellanstücke , die tausend merkwürdigen und schönen Kunstgegenstände, die man immer wieder sehen muss, um sie wirklich erfassen zu können. Auch in diesen Schlössern gibt es unzählige kleine Winkel und Nischen, in denen nur zwei oder drei Personen sitzen und sich unterhalten können. Hübsche kleine Nischen zum Genießen.

Ich betrat den großen Salon und stellte mir eine elegante Menschenansammlung vor, mit allen Möglichkeiten zur Unterhaltung. Es war ein runder Raum und groß genug, um darin bequem Deutsch zu tanzen. Wir gingen die Treppen hinauf und durch die verschiedenen Gemächer. Ich ging in das Zimmer der Prinzessin Royal und „betrachtete meine königliche Gestalt" im prächtigen Spiegel und rückte meinen Schleier neben ihrem Toilettenglas zurecht – das ich sie beneidete, das kann ich Ihnen versichern, denn es glänzte wie Silber. Wir sahen den Stock Friedrichs des Großen mit einem darauf liegenden Löwen – den, den er einmal schüttelte und jemanden erschreckte – (jetzt wissen Sie es, nicht wahr?) Zuletzt gingen wir hinauf in den Turm, und nachdem wir die schwindelerregende Treppe hinaufgestiegen waren, standen wir lange auf den Balkonen und blickten über den herrlichen Park auf dem Land. Insgesamt war ich von Babelsberg entzückt, und jetzt kann ich es mir nur noch als Rückzugsort für meine alten Tage wünschen. Ich glaube, ich werde mich dort als Diener bewerben, denn das muss eine wunderbare Lage sein. Die königliche Familie ist nur für kurze Zeit dort, und die Dienerschaft hat diese exquisite Wohnung, die immer in perfekter Ordnung gehalten wird, das ganze restliche Jahr über und hat nichts anderes zu tun, als Besucher hineinzuführen und Halbtaler einzunehmen!

Nachdem wir Babelsberg verlassen hatten, nahmen wir eine Kutsche und fuhren zum Bahnhof, wo wir gegen halb zehn in die Waggons stiegen und nach Berlin zurückfuhren. Herr J. war äußerst freundlich und hatte sich den ganzen Tag für uns eingesetzt. Wir hatten eine absolut perfekte Zeit und ich genoss jede Minute davon, kam aber, wie gewöhnlich, in der schlechtesten Stimmung zurück. Es scheint so schwer, dass man nie *alle* Elemente vollkommenen Glücks zusammenbringen kann! Hier in Babelsberg war alles so schön, dass man kaum glauben konnte, dass es jemals einen „Sündenfall" gegeben hatte. Es schien, als *müssten die Leute* dort glücklich sein, und doch wurde mir gesagt, dass die Königin sehr unglücklich ist. Ich nehme an, weil sie einen so treulosen alten Ehemann hat.

KAPITEL VI.

Der Krieg. Deutsche Mahlzeiten. Frauen und Männer. Tausigs Lehrtätigkeit. Tausig gibt sein Konservatorium auf. Dresden. Kullak.

BERLIN, *23. Juli 1870* .

Das große Thema im Moment ist natürlich dieser schreckliche Krieg, der gerade zwischen Preußen und Frankreich erklärt wurde, und alle sind in wildester Aufregung darüber. Er brach so plötzlich aus, dass erst eine Woche vergangen ist, seit er beschlossen wurde, und seitdem wird die Einberufung fortgesetzt, und die Straßen sind voller Regimenter und Pferdeherden, Kanonen und aller Kriegsgeräte. Die Züge fahren ständig voll mit Soldaten ab, und die Bahnhöfe sind ständig Schauplatz weinender Frauen aller Klassen, die kommen, um den letzten ihrer Lieben zu sehen. Es herrscht ein solcher Sturm der Entrüstung gegen Napoleon, dass man nichts als Flüche gegen ihn hört. Ich stehe ganz auf der Seite Deutschlands und bin gespannt auf das Ergebnis, denn zwischen zwei so großen Nationen und mit so viel auf dem Spiel wird es ein gewaltiger Kampf werden.

Uns ist bald ein Urlaub versprochen, in dem ich eine Pause vom Üben habe und nur drei Stunden am Tag üben kann, statt fünf oder sechs. Denken Sie nicht, dass ich außergewöhnliche Fortschritte mache, weil ich so viel übe. Ich finde, dass die Stärkung und der Ausgleich der Finger ein furchtbar langsamer Prozess ist und dass es viel mehr Zeit braucht, um einen Schritt vorwärts zu machen, als ich erwartet hatte. Sie wissen vielleicht, wie etwas gespielt werden *sollte* , aber es ist eine andere Sache, Ihre Hände so zu trainieren, dass sie Ihrem Willen gehorchen. Manchmal bin ich sehr ermutigt und habe das Gefühl, ich sollte „sofort, wenn nicht früher" ein Künstler sein, und manchmal verfalle ich in tiefste Verzweiflung. Ich weiß nicht, ob SJ nicht Recht hatte, nichts zu versuchen, denn es ist ein schrecklicher Sog, wenn man *einmal* mit dem Lernen beginnt!

Ich wünschte, S. könnte hierher kommen und einen Winter hier verbringen. Ich bin sicher, es wäre großartig für ihre Gesundheit. Die Deutschen haben die großartige Vorstellung, dass man sich „ *stärken* " muss. Deshalb essen sie alle paar Stunden. Wenn man ankommt , fühlt man sich die ganze Zeit zum Platzen vollgestopft, denn man isst natürlich bei jeder Mahlzeit herzhaft, denn da wir in Amerika nur dreimal am Tag essen, sind wir daran gewöhnt, viel auf einmal zu sich zu nehmen. Hier gibt es fünf Mahlzeiten am Tag, und man muss lernen, immer nur ein bisschen zu sich zu nehmen. Aber es ist eine ziemlich gute Idee, denn man stärkt sich ständig und sein Körper wird nie so stark beansprucht, dass man hungrig wird! Die deutschen Frauen sind in der Regel rundliche Pummelchen, und das ist wahrscheinlich eine Folge dieser ständigen „Stärkung". Man hat reichlich Gelegenheit, ihren Zustand zu beobachten, denn sie haben ihre Kleider im Allgemeinen „ *ausgeschnitten* (quadratischer Hals)“, wie sie es nennen, um Kragen zu sparen, und man sieht sie mit vorne offenen Kleidern durch die Straßen schlendern. Sie sind nicht schön – unregelmäßige Gesichtszüge und ein schmutziger Teint sind die Regel. Am schlimmsten ist, dass sie ihre Zähne vernachlässigen. Sie machen den Amerikanern ständig Komplimente für das, was sie unsere „schönen griechischen Nasen“ nennen, und tatsächlich ist mir, da sie so viel darüber gesagt haben, aufgefallen, dass fast alle Amerikaner gerade und angemessen proportionierte Nasen *haben* . – Man sieht jedoch sehr viele schöne *Männer* auf der Straße – viel mehr als bei uns zu Hause. Vielleicht liegt es daran, dass die preußische Uniform sie so hervorstechen lässt, und ihre blonden Bärte und Schnurrbärte verleihen ihnen ein *distingué-* Aussehen.

Nach dem, was Sie mir über den Schock unseres geschätzten Freundes über die Reise von B. aus dem Westen in Begleitung von Herrn S. erzählen, glaube ich, dass die „Konventionalitäten“ in Amerika zu stark Einzug halten, und das wird auch der Fall sein Es wird nicht mehr viele Jahre dauern, bis sie dort so streng sind wie hier, wo junge Menschen unterschiedlichen Geschlechts nie etwas voneinander sehen können. Ich halte es für ein schockierendes System, wie die Deutschen damit umgehen. Junge Damen und Herren sehen sich nur auf Partys, und ein junger Mann darf niemals ein Mädchen besuchen, sondern muss sie immer im Beisein der ganzen Familie sehen. Ich frage mich nur, wie Ehen überhaupt gehandhabt werden, denn die Geschlechter scheinen ziemlich isoliert voneinander zu leben. Die Folge ist, dass die Mädchen eine Menge Unsinn im Kopf haben, und was die Männer betrifft, weiß ich nicht, was sie denken, denn seitdem ich hier bin, habe ich keinen nennenswerten Mist gesehen. Sie können sich vorstellen, dass ich mit meiner koedukativen Ausbildung und meinen Ideen dem Moralsystem von Fräulein W. eine Reihe von Schocks versetzt habe. Sie war sozusagen ihr ganzes Leben lang eingezäunt und war daher verblüfft über die kühne Haltung, die ich vertrete. Ich kann nicht widerstehen, ihr ab und zu eine Sensation zu bereiten, also zeige ich einen starken Gesichtsausdruck. Wissen Sie, da ich so viel von der Welt gesehen habe , bin ich zu dem Schluss gekommen, dass das Prinzip Neuenglands, Töchtern von Anfang an beizubringen, unabhängig zu sein und auf sich selbst zu achten, ausgezeichnet ist. Ich habe das Übel dieses deutschen Systems gesehen, das es Kindern nie erlaubt, selbstständig zu denken. Es *macht* sie so mürrisch. Ein fast dreißigjähriges Mädchen hier wird nicht wissen, wo es das Einfachste kaufen kann, und auf seine Mutter genauso wenig verzichten wie auf ein Baby. Der beste Plan ist der altmodische amerikanische, nämlich: Geben Sie Ihren Kindern ein „strenges Pflichtgefühl“ und verlassen Sie sie dann auf sich selbst.

———

BERLIN, *6. August 1870* .

Bis gestern hatte ich keinen Urlaub, denn ich kam endlich in Tausigs Klasse, also musste ich sehr viel üben. Er war so freundlich zu mir, wie er nur zu irgendjemandem sein kann, aber er ist der anstrengendste und ärgerlichste Lehrer, den man sich vorstellen kann. Es ist sein Prinzip, Sie so hart wie möglich zu behandeln und zu brüskieren, selbst wenn es keinen Anlass dafür gibt, und Sie können sich glücklich schätzen, wenn er Sie nicht dem Gespött der ganzen Klasse aussetzt. Ich wurde in die Klasse von Fräulein Timanoff gesteckt , die so weit fortgeschritten ist, dass Tausig ihr sagte, er würde ihr nicht mehr lange Unterricht geben, denn sie wüsste genug, um den Abschluss zu machen. Sie können sich vorstellen, was für eine Tortur meine erste Stunde für mich war. Ich brachte ihm ein langes und schwieriges Scherzo von Chopin mit, das ich einen Monat lang sorgfältig geübt hatte und gut kannte. Stellen Sie sich vor, wie leicht es mir fiel, es zu spielen, als er über mir stand und die ganze Zeit auf Deutsch rief: „Furchtbar! Schockierend! Grauenhaft! O Gott! O Gott!" Ich spielte es auch wirklich gut und machte trotz ihm weiter, aber meine Nerven waren völlig angespannt und aufs Äußerste aufgeregt, und als ich fertig war und er mir meine Noten gab und sagte: „Ganz und gar nicht schlecht" (sehr schmeichelhaft für ihn), stürzte ich aus dem Zimmer und brach in Tränen aus. Er folgte mir sofort und sagte kühl: „Warum weinst du, Kind? Dein Spiel war gar nicht schlecht." Ich sagte ihm, dass es „für mich unmöglich sei, etwas dagegen zu tun, wenn er so redet", aber er schien sich nicht bewusst zu sein, dass er etwas gesagt hatte.

Und um nun zu zeigen, dass wir alle unsere Probleme haben und dieser Schlag Schlag auf Schlag fällt – ich möchte Ihnen sagen, dass Tausig uns in unserer letzten Unterrichtsstunde mitgeteilt hat, dass er *niemandem eine weitere Unterrichtsstunde geben würde* und dass das Konservatorium geschlossen werden würde am ersten Oktober!! Das ist für mich die *schrecklichste* Enttäuschung, denn gerade als ich so weit gearbeitet habe, dass ich bereit bin, von seinen Lektionen zu profitieren, verschwindet er! Ich nehme an, dass er Berlin inzwischen verlassen hat oder dass er es sehr bald verlassen wird, aber er wollte nicht sagen, wann oder wohin er ging, und sagte nur, dass er weggehen würde und nicht wüsste, wann er zurückkommen würde. oder was würde aus ihm werden. Natürlich *weiß* er es, aber er möchte nicht mit Bewerbungen von Stipendiaten für Privatstunden geplagt werden. Ich habe gehört, dass er nur zwei seiner Schüler behalten würde, und dass einer eine Prinzessin und der andere eine Gräfin war.

Er ist ein perfekter Stein. Ich ging zu ihm nach Hause, um zu sehen, ob ich ihn überreden könnte, mir Privatunterricht zu geben. Er kam ins Zimmer und sprach mich auf seine schärfste Art an: „ *Nun, was ist das ?* (Nun, was ist das?)" Ich stellte bald fest, dass auf ihn kein Eindruck zu machen war. Er sagte nur, dass er mir sein Urteil mitteilen würde, wenn er zufällig in Berlin wäre, wenn ich zu ihm käme und ihm vorspiele. Aber ich sollte es nie wagen, das zu tun, denn höchstwahrscheinlich wäre er schlecht gelaunt und würde mich wegschicken – er ist so ein schwieriges Thema. Ich sagte ihm, dass es meiner Meinung nach sehr schwer sei, nachdem ich den ganzen Weg zurückgelegt hatte und so viel Geld ausgegeben hatte, nur um Unterricht bei ihm zu erhalten, dass ich ohne Unterricht zurückgehen müsste. Er sagte, es täte ihm sehr leid, aber die meisten seiner Schüler kämen von weit her und er könne mir keine besondere Gunst erweisen. Er fragte mich, warum ich darauf bestanden habe, Unterricht bei ihm zu nehmen, und sagte, dass sowohl Kullak als auch Bendel so gut unterrichten wie er. Tatsache ist, dass er ein kapriziöses Genie ist, völlig verwöhnt und unreguliert, und der Wintergarten für ihn nur ein Spielzeug ist. Er hat sich eine Zeit lang damit amüsiert, und jetzt hat er es satt und mag es nicht, daran gebunden zu sein, und so erbricht er es. Geld spielt für ihn keine Rolle.

Es scheint tatsächlich fast genauso schwierig zu sein, in Europa einen *großen* Lehrer zu finden wie in Amerika. Tausig ist der einzige berühmte Lehrer, und jetzt hat er aufgegeben. Er riet mir eher, Unterricht bei Bendel zu nehmen, der hier ansässiger Künstler und Schüler von Liszt ist.

Tausigs Weggang hat mich schrecklich gelitten. Ich habe vor zwei Wochen zum ersten Mal davon gehört und konnte nicht schlafen oder so. Mein einziger Trost ist, dass ich, wie HC sagt, „bis auf die Knochen abgenutzt" gewesen wäre, wenn ich bei ihm geblieben wäre, denn alle seine Schüler außer dem kleinen Timanoff, der mit seinen rundlichen fünfzehn Jahren so dünn wie Bohnenstangen aussieht. Aber – „die Bitterkeit des Todes ist vorbei!" Wenn man in einer Richtung aufgehalten wird, bleibt einem nichts anderes übrig, als in eine andere zu gehen. Aber es scheint, als ob je mehr man versucht, etwas zu erreichen, desto dickere Hindernisse und Schwierigkeiten um einen herum auftauchen, wie die Zähne des Drachens. Ich denke, ich werde zum Schluss zu Kullak gehen. Er war hier vor Tausig Hofpianist und hat enorme Erfahrung als Lehrer. Tatsächlich hat Professor JK Paine mir empfohlen, zu ihm zu gehen, wie Sie sich erinnern. Wenn ich das tue, hoffe ich, dass mir ein besseres Schicksal bevorsteht als dem armen jungen N., dem Professor Paine ebenfalls empfohlen hat, zu Kullak zu gehen. Er konnte die Brüskierung und die Einschüchterungsversuche, die man ihm in Kullaks Wintergarten zuteil werden ließ, nicht ertragen – oder zumindest nicht *verstehen – und aus tiefer Melancholie wurde er schließlich verzweifelt und beging tatsächlich Selbstmord!*

Die Deutschen können das Blau nicht verstehen. Sie sind selbst nie blauäugig, und sie erwarten von dir, dass du immer deinen Gleichmut bewahrst, und quälen dich zu Tode, um zu wissen: „Was ist los?" wenn nichts los ist, außer dass Sie sich vor allem verabscheuen. Stimmungen sind für sie völlig unverständlich. Sie fühlen sich das ganze Jahr über jeden Tag gleich.

Ich nehme an, C. hat Ihnen unseren Besuch in Dresden ausführlich beschrieben und wie schön wir die Zeit dort verbracht haben. Es waren wirklich poetische fünf Tage, da für uns beide alles neu war. Wir waren von vielen Dingen in Dresden ziemlich überrascht. Zunächst einmal hat uns die Schönheit der Stadt sehr beeindruckt, und wir beide bemerkten, wie merkwürdig es war, dass von all den Leuten, die wir kennen und die dort gewesen sind, niemand davon gesprochen hat. Die Brühlsche Terrasse ist die schönste Promenade, die man sich vorstellen kann. Sie verläuft am Ufer der Elbe entlang, die hier ziemlich breit und schön ist, und ich fühlte mich immer wie verzaubert, sobald wir die breite Treppe hinaufgestiegen waren, die dorthin führt. Wir tranken immer im Freien Tee und hörten einer Musikkapelle zu. Die Deutschen leben im Sommer einfach im Freien, und das ist absolut faszinierend. Sie haben überall diese Gärten voller Bäume, unter denen kleine Tische, Stühle und Fußschemel stehen; und dort kann man sitzen und sich das Abendessen oder den Tee servieren lassen. Nachts werden sie alle mit Gas beleuchtet.

Es kam uns wie ein Märchenland vor, als wir dort in Dresden saßen. Die Abende waren mild und mild, die Perfektion des Sommerwetters. Die Terrasse liegt recht hoch über dem Fluss und man kann weithin auf und ab blicken. Die Stadt liegt links unter Ihnen und die Türme ragen so hübsch in die Höhe – genau wie auf einem Bild. Über allem liegt der Hauch einer jahrhundertealten Kultur, und die sanfte und entspannte Atmosphäre wiegt die Seele zur Ruhe. Wir gingen immer zu Fuß, bis wir zum Belvidere kamen, einem großen Restaurant mit einer umlaufenden Galerie im Obergeschoss. Es gab eine Musikkapelle, und hier saßen wir, tranken unseren Tee und verbrachten immer zwei oder drei Stunden. Das Mondlicht, der Fluss, der entlangfließt und von wunderschönen Brücken überspannt ist, die Tausenden von Lampen, die sich darin spiegeln und über dem Wasser und unter den Bögen zittern, die Unendlichkeit kleiner Dampfer und Werfer, die hin und her segeln und strahlend erleuchtet sind, die Musik und Die Menschenmassen, die langsam vorbeiziehen, versetzen einen in einen köstlichen und verwirrten Zustand, und man hat das Gefühl, als wäre diese Welt der Himmel!

Am Tag nach unserer Ankunft gingen wir natürlich in die Gemäldegalerie, und hier war ich völlig überrascht. Nichts, was man liest oder hört, gibt einem die geringste Vorstellung von der Großartigkeit der Bilder dort. Ich wusste vorher nie, was ein Bild ist. Die Sanftheit und Fülle der Farben und ihre exquisite Schönheit muss man gesehen haben, um sie zu verstehen. Die Sixtinische Madonna erfüllt einen mit Verzückung. Sie ist vollkommen herrlich, und man kann sich nicht vorstellen, wie der menschliche Geist sie sich ausgedacht haben kann. Man sieht, was für ein Höhenflug es war, wenn man all die anderen Madonnen in der Galerie betrachtet, von denen viele wunderbar sind. Aber diese hier überragt sie alle. Die meisten Madonnen sehen so steif oder so alt oder so matronenhaft oder so ausdruckslos aus, oder bestenfalls, wie in Corregios Anbetung der Hirten (ein großartiges Bild), wird die Verzückung der Mutter nur im Gesicht ausgedrückt. In der Sixtinischen Madonna sieht die Jungfrau so jung und unschuldig aus – so jungfräulich – nicht wie eine verheiratete Frau mittleren Alters. Die großen, weit geöffneten blauen Augen haben einen feuchten Ausdruck, als hätten sie viele Tränen geweint, und doch eine solche Unschuld, dass man an ein Baby denken muss, das man nach einem heftigen Schreianfall getröstet hat. Die majestätische Haltung und die vollkommene Ruhe des Gesichts, auf dem ein Ausdruck des Wartens , der unbeschreiblichen Erwartung liegt, sind sehr auffallend. Mr. TB sagt, es habe für ihn ausgesehen, als sei sie überwältigt von der enormen Würde, die ihr zuteil wurde, und verlor sich dennoch in der Ehrfurcht davor – was ich für eine exquisite Idee halte. Der heilige Sixtus, der rechts von der Jungfrau kniet, hat einen Ausdruck besorgter Besorgnis in seinen Zügen. Er tritt offensichtlich bei ihr für die Gemeinde ein, der er seine rechte Hand entgegenstreckt, denn dieses Bild sollte über einem Altar hängen. Der einzige Fehler, der an dem Bild zu finden ist, ist meiner Meinung nach das Gesicht der Heiligen Barbara, die links kniet. Sie blickt liebevoll auf die Sünder unter ihnen herab, aber mit einem leichten Selbstbewusstsein . Die beiden Engel darunter sind exquisit. Ihre kleinen runden Gesichter haben einen erhabenen Ausdruck, als ob ihre Augen das erhabene Paar, dem sie zugewandt sind, vollständig erfassen würden. Der Hintergrund des Bildes – alle Gesichter der Engel, wolkig gemalt – verleiht dieser erstaunlichen Schöpfung den letzten Schliff. Aber Sie müssen es sehen, um es zu begreifen.

Seit meiner Rückkehr habe ich mich endlich entschlossen, Privatunterricht bei Kullak zu nehmen. Kullak ist ein sehr gefeierter Lehrer und spielt selbst hervorragend, wie man mir sagt, obwohl er keine Konzerte mehr gibt. Er war hier früher Hofpianist und hat so viel Erfahrung im Unterrichten, dass ich mir viel von ihm erhoffe, obwohl ich nicht glaube, dass er unserem kleinen Tausig das Wasser reichen kann, so kapriziös und unkontrolliert er auch ist. Nie werde ich vergessen, wie eisern *er* über diesen Mädchen stand, die Hand geballt, entschlossen, sie dazu *zu bringen* ! Kein Wunder, dass sie so spielten! Sie trauten sich nicht, es nicht zu tun. Er sagte einem aus der Klasse , „es steckte *in* mir, und er könnte es aus mir herausprügeln, wenn er sich dafür entschieden hätte, bei mir zu bleiben." Und ich weiß, dass er es konnte – und das ist es, was mich ablenkt!

Aber denken Sie nur, was für ein Verhalten er an den Tag legte, sein Konservatorium mitten in den Ferien auf diese Weise zu verlassen, ohne auch nur seine Lehrer zu informieren! Er überließ alles Beringer. Viele der Schüler sind sehr arm und haben große Anstrengungen unternommen, um hierher zu kommen und seine Methode zu lernen. Er ging wie der Blitz, weil ihm das Unterrichten plötzlich zu viel wurde, und er hat keiner Menschenseele erzählt, wohin er ging oder wie lange er wegbleiben wollte. Er schrieb an Bechstein, den großen Klavierbauer hier: „Ich gehe weg – weg – weg." Mehr wollte er nicht sagen. Herr Beringer war wegen geschäftlicher Angelegenheiten im Zusammenhang mit dem Konservatorium bei ihm zu Hause, aber er wurde weggeflogen, und seine Haushälterin sagte Beringer, dass sowohl Briefe als auch Telegramme für Tausig gekommen seien und sie nicht wüsste, wohin sie sie schicken sollte. Haben Sie jemals von einem so launischen Geschöpf gehört? Ich war so wütend auf ihn, dass ich nach der ersten Woche aufhörte, über seine Abreise zu trauern. Auf diese großen Genies kann man sich nicht verlassen, aber ich hoffe, dass man mehr aus ihm herausholen kann, da Kullak sein Geschäft nicht aufs Spielen, sondern aufs Unterrichten konzentriert. Jedenfalls wird er diese langen Abwesenheiten nicht verpassen.

Ich studiere gerade mein erstes Konzert. Es ist Beethovens c-Moll und es ist außerordentlich schön. Herr Beringer sagt mir, dass zwei Jahre zu kurz sind, um ein Künstler zu werden; und tatsächlich weiß man nicht, wie extrem schwierig es ist, bis man es versucht. Er selbst spielt hervorragend und wird im Oktober im Gewandhaus in Leipzig *debütieren* . Dort ist das beste Orchester Deutschlands. Tausig hat diesen Sommer fünf Künstler aus seinem Konservatorium hervorgebracht. Die Zeit wird zeigen, ob einer von ihnen erstklassig wird.

Tante H. hatte recht, als sie dachte, dies würde einer der schrecklichsten Kriege aller Zeiten werden, aber sie brauchte sich meinetwegen keine Sorgen zu machen. Die Preußen gewinnen alles und drängen mit aller Kraft nach Paris . Sie haben gerade Chalons eingenommen . Die Schlachten waren *schrecklich* und auf beiden Seiten wurden unzählige Menschen getötet und verwundet. Sie haben wirklich auf Leben und Tod gekämpft. Der Geist der beiden Völker scheint mir völlig verschieden zu sein. Die Franzosen scheinen nur von einem wahnsinnigen Durst nach Ruhm besessen zu sein und legen eine Blutrünstigkeit an den Tag, die absolut entsetzlich ist. In den Zeitungen liest man die abstoßendsten Geschichten darüber, wie sie nach der Schlacht auf dem Schlachtfeld herumschleichen und die verwundeten Preußen töten und ausrauben, ihnen die Zunge herausschneiden und die Augen ausstechen. Die Preußen sind jetzt jedoch so in Alarmbereitschaft, dass ich hoffe, dass so etwas nur selten passieren kann. Ein Preuße schreibt, er habe verwundet auf dem Schlachtfeld gelegen, und ein anderer Mann sei nicht weit entfernt in derselben hilflosen Lage gewesen, als ein alter Franzose herankam und dem anderen Mann mit einer Axt den Kopf abschlug. Der erste schrie laut um Hilfe, als eine Gruppe Preußen herbeieilte, ihn rettete, den alten Mann einholte und erschoss. Wir hören jeden Tag etwas Schreckliches. O.s

Cousine, die gerade so alt ist wie ich und seit drei Jahren verheiratet ist, hat ihren Mann verloren, ihr Lieblingsbruder wurde von drei Kugeln tödlich verwundet und liegt im Krankenhaus, und ihr zweiter Bruder hat in jedes Bein einen Schuss und sie wissen nicht, ob er je wieder laufen kann. Er ist ein junger Bursche von neunzehn Jahren.

In den ersten Tagen nach der Kriegserklärung hatte ich das Gefühl, dass keine Strafe für Napoleon zu hart sein könnte. Die Leute gaben einfach alles auf und standen den ganzen Tag auf beiden Seiten der Bahngleise auf den Straßen. Die Züge fuhren alle fünfzehn Minuten vorbei, vollgestopft mit tapferen Kerlen, die loszogen, um unter einem bloßen Vorwand ihr Leben zu verlieren. Dann gab es während der Vorbeifahrt ununterbrochenen Jubel, alle Frauen weinten und die Männer verfluchten Napoleon. Die Preußen scheinen keine Rachegefühle zu haben, sondern betrachten die Franzosen als eine Bande von Wahnsinnigen, die sie zur Vernunft bringen müssen. Der Hass auf Napoleon ist grenzenlos. Sie betrachten ihn als den Führer eines Volkes, das er vorsätzlich geblendet hat, und sind entschlossen, ihm, wenn möglich, ein Ende zu bereiten. Die preußische Armee ist so hervorragend, dass man sich kaum vorstellen kann, dass sie besiegt werden kann. Jeder unter einem bestimmten Alter muss eingezogen werden, und niemand darf sich Ersatz kaufen. Also ist jeder interessiert. Bismarck hat zwei Söhne, die einfache Soldaten sind, und alle Minister zusammen haben zwölf Söhne im Krieg. Wenn der König und der Kronprinz dann bei der Armee sind, ist die Begeisterung groß. Der Kronprinz hat sich ausgezeichnet und scheint über große militärische Fähigkeiten zu verfügen. Der König war sehr wütend auf Prinz Friedrich Carl, weil er in der letzten Schlacht ein Regiment so bloßstellte, dass es vollständig niedergemäht wurde. Nur zwei oder drei Männer entkamen. Aber man muss für die armen Franzosen stöhnen, wenn man diese schrecklichen großen Kanonen vorbeiziehen sieht. Die größten wurden für den Sturm auf Metz bestellt, und jede einzelne erfordert 24 Pferde, um sie zu ziehen!

MIT KULLAK.

Kapitel VII.

Ziehen um. Deutsche Häuser und Abendessen. Der Krieg. Die Gefangennahme
Napoleons. Kullaks und Tausigs Lehre.Joachim. Wagner. Tausig's
Playing.Deutsche Etikette.

BERLIN, 29. September 1870.

die Königgrätzer Straße Nr. 30 zu richten , da wir in drei Tagen umziehen. Die Leute, die im Stockwerk unter uns wohnen, würden es nicht ertragen, wenn ich täglich fünf oder sechs Stunden übe, und so hat Frau W. sich nach einer anderen Unterkunft umgesehen. Die deutschen Häuser sind so unbequem, wie man es sich nur vorstellen kann. Nur die neuesten haben Gas- und Wasseranschlüsse oder auch nur die üblichen Annehmlichkeiten, die *jedes* Haus bei uns hat. Keine Teppiche auf den Böden, steife Stühle mit gerader Lehne, herzlich wenig Feuer bei kaltem Wetter usw. Die Zimmer haben keine Schränke, und man muss immer einen großen, klobigen Kleiderschrank mit Holzstiften darin haben, statt Haken, so dass, wenn man ein Kleid herunternimmt, auch alle anderen herunterfallen. Kurz gesagt, die Deutschen sind fünfzig Jahre hinter uns. Natürlich haben die Reichen prächtige Häuser, aber ich spreche jetzt von Leuten in gewöhnlichen Verhältnissen. Ich blicke oft zurück auf den soliden Komfort der Häuser in Cambridge. Ich denke, die Leute verstehen dort ziemlich gut, wie man lebt. Ich werde ein gutes Abendessen genießen, wenn ich nach Hause komme, denn dies ist das Land, in dem das, was wir „Familienessen" nennen, unbekannt ist. Sie haben fünfmal am Tag *Teile* einer Mahlzeit, aber nie eine ganze. Das Fleisch ist furchtbar und ich kann nie sagen, von welcher Art Tier es wächst. Sie geben mir zwei gekochte Eier zum Abendessen, also schaffe ich es, zu überleben, aber oh! *Ist* das Beefsteak im Land der Träume verschwunden? Und *ist* Truthahn nur die Erfindung meiner verwirrten Fantasie? Sie haben köstliches Brot und Butter, aber „der Mensch kann nicht vom Brot allein leben." Mr. F. sagt, dass dort, wo *er* Bretter, die sie ihm geben: „Birnensuppe, und Kirschsuppe, und Pflaumensuppe!"

Alles hier ist traurig über diesen schrecklichen Krieg. Sie haben keine Ahnung, wie furchtbar er ist. Die Männer auf beiden Seiten werden gerade zu Tausenden abgeschlachtet. Haben die Preußen nicht einen großartigen Feldzug geführt , das muss ich sagen? Ich finde es erstaunlich, was sie geleistet haben. Die Franzosen hatten nicht den geringsten Erfolg und mussten eine gewaltige Festung nach der anderen aufgeben. Man erwartet, dass Metz in etwa acht Tagen kapituliert. Es ist ein furchterregender Ort und man glaubte, er sei uneinnehmbar. Immer wieder haben die armen Franzosen versucht, sich durch die preußische Armee zu schlagen, und genauso oft wurden sie in die Stadt zurückgedrängt. Schließlich werden sie aufgeben müssen. Ihre Generäle müssen beschämend sein, denn sie haben auf Leben und Tod gekämpft, aber sie können gegen diese furchterregenden Preußen keinen Fortschritt machen. Die deutschen Zeitungen sagen zum einen, dass die Franzosen zu hoch schießen. Sie sind keine so geübten Schützen wie die Deutschen, und ihre Kugeln fliegen über die Köpfe des Feindes hinweg. Die Franzosen sind jedoch ein wildes Volk, und Grausamkeit liegt ihnen im Blut. Man liest die schrecklichsten Dinge, aber der menschlichen Natur zuliebe bleibt zu hoffen, dass das Schlimmste davon nicht wahr ist.

Ich glaube, ich habe Ihnen seit der Gefangennahme Kaiser Napoleons, von der Sie natürlich sofort erfuhren, nicht mehr geschrieben. Die Deutschen waren, wie Sie sich vorstellen können, von der glorreichen Nachricht völlig hingerissen und konnten ihr eigenes Glück kaum fassen. Als ich am 3. September zum Frühstück herauskam, rief mir Frau W. mit vor Triumph und Aufregung strahlendem Gesicht hinter der Zeitung zu: „ *Der Kaiser Napoleon ist gefangen* . (Kaiser Napoleon ist gefangen.)" „ *Nein!* " sagte ich, denn es schien mir unmöglich, dass etwas so Großes und Unerwartetes geschehen *konnte* . „*Es ist wahr*", sagte sie; „sehen Sie sich diese Zeitung an, die ich gerade bestellt habe." In dem Moment, als ich sah, dass Frau W. sich der ungewöhnlichen Extravaganz schuldig gemacht hatte, die Morgenzeitung zu kaufen, war mir klar, dass Napoleon gefangen genommen worden sein *musste* . Normalerweise bekommen wir die Zeitung erst, wenn sie einen Tag alt ist, und Frau W. bringt sie dann vorsichtig in ihrer geräumigen Tasche von ihrem Bruder nach Hause. Er abonniert sie, und nachdem seine Familie sie durchgelesen hat, leiht sie sie uns - eine sparsame Vereinbarung, zu der sie sich oft selbst gratuliert.

an diesem Tag in Berlin wenig gearbeitet oder Geschäfte abgewickelt wurden ! Nachdem ich meinen Kaffee ausgetrunken hatte, stellte ich mich ans Fenster und sah zu, wie die Menschen durch die Straßen strömten. Mit freudvollen Gesichtern strömten alle die Unter den Linden entlang am Schloss vorbei. Die Straßenjungen beteiligten sich aktiv an der allgemeinen Heiterkeit und waren so allgegenwärtig, wie Jungen es immer sind, wenn etwas Außergewöhnliches passiert. Sie hatten die geniale Idee, auf das Reiterstandbild Friedrichs des Großen zu klettern, das direkt gegenüber den Schlossfenstern steht. Die Kronprinzessin, die herausschaute, ließ ihnen sofort verkünden, dass derjenige, der zuerst oben ankam, einen silbernen Becher und einige Geldstücke erhalten sollte. Das war alles, was die Jungs brauchten. Sie gingen davon, kämpfend und übereinander herabstürzend wie ein Bienenschwarm. Schließlich sicherte sich ein kleiner Bengel die begehrte Position und wurde anschließend zum Palastfenster gerufen, um den Preis entgegenzunehmen . – Wenn die Kronprinzessin übrigens mehr zu solchen kleinen Großzügigkeitsbeweisen geneigt wäre, würde sie bei ihnen beliebter sein weit weg, denn die Deutschen beschimpfen sie, weil sie zu sparsam sei. Sie sind selbst die größtmöglichen Ökonomen , aber sie verachten diese Eigenschaft von Ausländern!

Am Abend gab es zu Ehren des Sieges eine große Beleuchtung, und natürlich kamen wir alle vorbei, um uns das anzusehen. So eine Zeit wie wir! Die ganze Stadt erstrahlte im Licht, und alle großen Firmen hatten vor ihren Geschäftssitzen etwas Brillantes und Auffälliges aufgestellt. Sterne, Adler, Kreuze (nach dem berühmten „Eisernen Kreuz" Preußens) neben unzähligen Kerzen brannten in alle Richtungen, und alle Kutschen und Droschken Berlins krochen langsam durch die Straßen, stark behindert durch das dichte Gedränge Fußgänger drängen sich hindurch. Alle Privathäuser waren mit Kerzen beleuchtet und Tausende von Fahnen wehten. Über jedem öffentlichen Gebäude und Bahnhof und auf allen öffentlichen Plätzen befanden sich Transparente, in denen die materielle Gestalt Germaniens *weithin* blühte, sich auf ihren Schild stützte und sentimental ins Leere blickte. Aber „Germania" macht mir immer Spaß. Es scheint eine Art Anerkennung des weiblichen Elements zu sein.

Wir fuhren in einer Droschke , wie andere Leute auch, die vorgeschriebene Runde um das Rath-Haus und wurden oft durch das Gedränge zum Stehen gebracht. Dann waren wir das Ziel aller kleinen Jungen, die in unserer Nachbarschaft standen . Der „Berlinger Junge" ist für sein Talent zur Schlagfertigkeit fast so berühmt wie der Pariser „Gamin". „Seien Sie vorsichtig!" sagte einer zu mir, „Sie fallen bestimmt heraus, Ihr Wagen fährt so schnell." Dies war als doppelter Sarkasmus gemeint, denn erstens saßen wir überhaupt nicht in einem Wagen, sondern in einer Droschke zweiter Klasse , und zweitens standen wir schon seit einer halben Stunde stocksteif da und es war keine Aussicht, in der nächsten halben Stunde loszufahren. Viele weitere solcher kleinen Reden wurden an uns gerichtet, die wir vorgaben, nicht zu hören, obwohl wir uns insgeheim sehr amüsierten . – Es war ein seltsames Gefühl, nachts auf die Straße gestellt zu werden, mit diesem grellen Licht, diesen Menschenmassen und dieser unterdrückten Aufregung in der Luft. Ich dachte, es vermittelt eine Vorstellung vom Tag des Jüngsten Gerichts.

Die Frauen sind äußerst patriotisch und aufopferungsvoll und scheinen sich mit Leib und Seele in den Krieg zu stürzen. Angesichts der Katholizität des weiblichen Geschlechts konnten sie jedoch nicht umhin, einen Blick auf die *französischen* Gefangenen zu werfen, als diese ankamen, sondern gingen zum Bahnhof, um sie bei ihrer Ankunft zu beobachten, und bescherten ihnen viele kleine Gastfreundschaften wie Zigarren und Mittagessen usw., worüber sich die Zeitungen patriotisch empörten und sich in vielen Sarkasmen über den „warmen und mitfühlenden" Empfang äußerten, den die deutschen Frauen ihren Feinden entgegenbrachten. Genauso viele Frauen gehen in die

Krankenpflege wie in unserem eigenen Krieg. Ich kenne eine junge Dame, die ihre ganze Zeit in den Krankenhäusern unter den verwundeten Soldaten verbringt, die ständig mit Krankenwagen weitertransportiert werden. Ihr Name ist Fräulein Hezekiel und sie hat eine Auszeichnung der Regierung erhalten.

Gleich nachdem ich Ihnen das letzte Mal geschrieben habe, ging ich zu Kullak, wie ich Ihnen gesagt hatte, und engagierte ihn, um mir einmal pro Woche Privatunterricht zu geben. Er sieht aus wie etwa fünfzig und ist bezaubernd. Ich bin entzückt von ihm. Er spielt großartig und ist ein großartiger Lehrer, aber er gibt mir ungeheuer viel zu tun, und ich habe das Gefühl, als ob ein Berg von Musik die ganze Zeit auf meinem Kopf laste. Er ist so beschäftigt, dass ich meinen Unterricht von sieben bis acht Uhr abends nehmen muss.

Tausigs Konservatorium schließt am 1. Oktober, und es tut mir sehr leid, denn meine drei großen Freunde, Herr Trenkel , Herr Weber und Herr Beringer, gehen alle weg, und ich werde ohne sie schrecklich einsam sein. Weber ist sehr gutaussehend und hat die prächtigste Stirn, die ich je gesehen habe. Er komponiert wie ein Engel und ist außerdem in jeder Hinsicht bemerkenswert klug. Ich weiß, dass er eines Tages berühmt sein wird , und er gehört zur Musik der Zukunft. Beringer ist poetisch, leidenschaftlich und lebhaft. Er hat goldenes Haar und goldene Augen, möchte ich sagen, denn sie sind von einem eigentümlichen hellen Haselnussbraun, fast gelb, aber mit einer Wärme und einem sonnigen Licht und oft einer Zartheit im Ausdruck, die äußerst faszinierend ist. Weber kann kein Englisch, und da er aus der Schweiz kommt, spricht er einen völlig anderen Dialekt als das Berlinerisch , sodass ich einige Zeit brauchte, um ihn zu verstehen. Er ist ein perfektes Naturkind und hat viel Humor . Er und Beringer sind treue Freunde und ungefähr in meinem Alter. Trenkel ist älter. Er hat schwärzestes Haar und schwärzeste Augen und eine dunkle italienische Haut. Er ist intellektuell und hochkultiviert und hat gleichzeitig einen so eigentümlichen Charakter, dass er mich sehr interessierte. Den größten Teil seines Lebens hat er in Amerika verbracht: zuerst in Boston, wo er anscheinend jeden kennt, und danach in San Francisco, wohin er bald zurückkehren wird. Er studiert seit zwei Jahren bei Tausig und ist ein himmlischer Musiker, obwohl er nicht über Beringers großartige Technik und Leidenschaft verfügt. Seine Auffassung ist eher von der Art Chopins, äußerst fein nuanciert und „ausgefeilt", wie die Deutschen es nennen.

Es war so schön, diese drei musikalischen Freunde zu haben, die alle so viel besser spielen als ich, da sie sich oft trafen und in meinem kleinen Zimmer schöne Musik machten. Weber und Beringer haben erst gestern Abend mit uns Tee getrunken. Weber war in einer seiner guten Launen und spielte Beringer und mir lange Zeit seine schönsten Kompositionen vor. Wir machten es uns bequem, einer in zwei Stühlen, der andere auf dem Sofa, und genossen es. Das Andante aus einer großen Sonate, die er komponiert, ist absolut schön. Es ist völlig originell und anders als jede Musik, die ich je gehört habe. Dann spielte er den zweiten Satz seiner Symphonie, und es ist das erlesenste *Morceau*, das man sich vorstellen kann. Ich bat ihn, ein kleines Stück für mich zu komponieren, und so setzte er sich gestern Morgen hin und schrieb sieben Mazurkas, eine nach der anderen. Ob er mir tatsächlich eine gibt, ist eine andere Frage, denn wie alle Genies ist er nicht sehr verschwenderisch mit seinen Gaben und nicht sehr leicht zu erreichen. Ich hätte aber gern auch nur vier Takte von ihm, denn er ist so eigenständig, dass es sich lohnen würde, sie aufzubewahren.

Weber sieht absolut charmant aus, wenn er spielt. Er wirft nie einen Blick auf die Schlüssel, aber seine großen blauen Augen blicken verträumt ins Leere, und seine edle Stirn ragt weiß und erhaben hervor. Seine Konzeption ist äußerst musikalisch, aber da er nur dann übt, wenn ihm danach ist (wie alles andere auch), kommt er an die beiden anderen nicht heran. Tausig brach bei seiner letzten Unterrichtsstunde in schallendes Gelächter aus. Dieser kam übrigens so plötzlich zurück, wie er gegangen war, verkündete aber, dass er außer diesen drei bevorzugten Kindern keinen Unterricht mehr erteilen würde . Der Rest von uns musste betteln. Für mich machte es keinen großen Unterschied, da ich bereits zu Kullak gegangen war, der jetzt der erste Lehrer in Deutschland ist, da alle großen Virtuosen das Unterrichten aufgegeben haben.

Kullak selbst ist ein wirklich großartiger Künstler, was ich nicht erwartet hatte. Früher war er hier als Pianist sehr berühmt, aber ich nahm an, dass er sein Konzertleben nicht weiterführen konnte, nachdem er es aufgegeben hatte . Ich stellte jedoch fest, dass ich mich geirrt hatte. Sein Spiel leidet nicht einmal im Vergleich zu Tausigs, den ich so oft gehört habe. Warum um alles in der Welt er nicht weiter in der Öffentlichkeit gespielt hat, kann ich mir nicht vorstellen, aber mir wurde gesagt, dass er zu nervös war. Wie alle Künstler ist er faszinierend und voller Launen und Launen. Er weiß alles, was Musik betrifft, und wenn ich Unterricht nehme , hat er zwei Flügel nebeneinander, und er sitzt an einem und ich an dem anderen. Er kennt alles, was er lehrt, auswendig, spielt manchmal mit mir, manchmal vor mir und zeigt mir alle möglichen Arten, Passagen zu spielen. Ich bekomme unendlich viele Ideen von ihm. Es hat mir großen Spaß gemacht, mein Beethoven-Konzert zu spielen, denn er hat alle Orchesterstimmen gespielt. Denken Sie nur daran, wie aufregend es ist, einen so großartigen Künstler zu haben, der mit Ihnen das zweite Klavier spielt! Als nächstes werde ich eines von Chopin lernen.

Kullak ist bei weitem kein so schrecklicher Lehrer wie Tausig. Er hat die größte Geduld und Sanftmut und hilft Ihnen weiter; Aber Tausig bewertet dich immer wieder und sagt dir, was du nur zu tief empfindest, dass dein Spiel „schrecklich" *ist*. Wenn Tausig sich auf seine ungeduldige Art hinsetzte, ein paar Takte spielte und mir dann einfach sagte, ich solle es tun, hatte ich immer das Gefühl, als wolle jemand, dass ich einen gegabelten Blitzstrahl mit dem Ende eines Wetted nachahme übereinstimmen. Bei der letzten Unterrichtsstunde, die mir Tausig gab, änderte er jedoch völlig seinen Ton und war äußerst nett zu mir. Ich glaube, er bereute es, mich in der letzten Unterrichtsstunde zum Weinen gebracht zu haben, denn gerade als ich mich zum Spielen hinsetzte, wandte er sich an die Klasse und machte einen kleinen Witz über diese „ *empfindlichen Kinder* ". „ *Amerikanerinnen*." Dann kam er und stand mir bei, und nichts hätte sanfter sein können als seine Art. Nachdem ich fertig war, setzte er sich hin und spielte mir das ganze Stück vor, was er selten tut, und leitete ein großartiges Stück ein Triller in doppelten Terzen, und endete mit einer seltsamen Wendung, in der er seine Virtuosität für einen Moment auf mich wirken ließ, denn er ist viel zu stolz und hat zu viel Verachtung, als dass *Spectakel* „angeben" könnte „, also unterdrückte er sich sofort. Es war, als ob seine Finger trotz seines Willens in den Triller einbrachen und er sie mit strenger Kontrolle hochziehen musste. Seltsam, unergründlich, was er ist!

BERLIN, *den 13. Oktober 1870*.

Mein Zimmer in unserer neuen Unterkunft ist bezaubernd. Es ist recht groß und liegt vorne, und es gibt kein *vis-à-vis*. Wir blicken direkt über die Straße in Prinz- Albrechts Garten. Es ist sehr ungewöhnlich, eine so schöne Aussicht zu haben, besonders in Berlin. Aber es ist so lange her, dass ich zwischen Bäumen gelebt habe, dass es mir anfangs schreckliche Laune machte. Wenn ich an meinem Fenster sitze und den Herbstwind durch sie rauschen höre, wenn ich sehe, wie alle Blätter zittern und beben, und wenn ich daran denke, dass sie nur noch ein paar kurze Wochen haben, um im Wind zu schwanken, dann macht mich das elend. Ich nehme an, wir werden jetzt zwei Monate trübes Wetter haben.

Ich wünschte, du wärst hier, um mich bezüglich meiner Kleider zu beraten. Ich habe gerade zwei gekauft – eines für ein Straßenkleid und das andere für die Abendtoilette, aber der Himmel weiß, wann sie fertig sind oder wie sie passen! Hier sollten Sie sich die Schrägen der Kleider ansehen! Sie gehen alle im Zickzack. Die Berliner Schneiderinnen sind abscheulich. Frau—— von der Gesandtschaft erzählte mir, dass sie, als sie zum ersten Mal hierherkam, über jedes neue Kleid geweint habe, das sie angefertigt hatte, und ich konnte mich letzten Winter nicht genug freuen, dass ich alle meine Sachen bekommen hatte, bevor ich absegelte. Auch ME, die ihre besten Sachen aus Paris bezieht, erzählte M., sie sei noch nie so glücklich gewesen, wie als ihre

Mutter ihr ein „amerikanisches Kleid" geschickt habe. „Sie sind *so* bequem und *so* zufriedenstellend", sagte sie.

Gestern hatte ich meine vierte Unterrichtsstunde bei Kullak. Er spielt mir viel mehr vor als Tausig, und ich bin überrascht, wie viel ich in vier Wochen geschafft habe. Tausig hat sich nicht dazu herabgelassen, mehr zu tun, als gelegentliche Passagen zu spielen, und wir hatten nur ein Klavier in dem Raum, in dem er unterrichtete. Aber bei Kullak stehen zwei Flügel nebeneinander. Er sitzt an einem und ich an dem anderen, und da er alles, was er unterrichtet, auswendig kann, wie ich Ihnen sagte, spielt er ständig mit mir oder vor mir, sodass ich es viel besser verstehe. Manchmal wiederholt er eine Passage immer wieder, und ich folge ihm wie ein Papagei, bis ich sie *genau* richtig hinbekomme. Er hat diesen übermäßig vollendeten und eleganten Fantasiestil des Spielens, wie Thalberg oder De Meyer. Er ist als Lehrer sehr berühmt und in dieser Hinsicht vielleicht berühmter als Tausig, aber ich war zu kurz bei Tausig, um persönlich beurteilen zu können, wer am besten unterrichtet.

Dieser Krieg ist absolut schrecklich. Die Männer werden einfach wie Vieh abgeschlachtet. Ständig werden neue Regimenter geschickt. Die Preußen haben über zweihunderttausend Gefangene gemacht, von den Getöteten und Verwundeten ganz zu schweigen. Aber auch sie selbst verlieren beängstigende Zahlen. Es wird erwartet, dass Metz in einigen Tagen kapituliert. Es ist eine gewaltige Festung und beherbergt eine Armee von fünfzigtausend Mann. Aber ist es nicht außergewöhnlich, wie verheerend der Krieg für die Franzosen war? Sie verfügten über eine riesige Armee von mehreren hunderttausend Mann. Und dann hatten sie alle Vorteile der Position. Die Preußen mussten sich nach und nach durch all diese starken Verteidigungsanlagen kämpfen. Sie werden bald Paris bombardieren. Wie Herr S. sagt, ist dieser Krieg eine Schande für die Regierungen. Er sagt, sie hätten sich dagegen vereinen sollen (Amerika eingeschlossen) und hätten sagen sollen, dass sie es unter solch einem ungerechten Vorwand nicht zulassen würden. Ich habe neulich einen äußerst rührenden Brief gelesen, der bei der Leiche eines einfachen Soldaten von seinem alten Bauernvater gefunden wurde. Er sagte: „Was haben wir armen Menschen getan, dass der *liebe Gott* uns mit solch schrecklichen Urteilen heimsucht? Als ich deinen Brief erhielt, mein lieber Sohn, in dem er sagte, dass du sicher aus der letzten Schlacht mit deinem Bruder herausgekommen bist, fiel ich auf meinen kniete nieder und dankte Gott für seine Güte. Dann beschreibt er die Freude seiner Mutter, seiner Schwester und seiner Geliebten und wie er seinen Brief an alle Nachbarn las , „die sich sehr über deine Sicherheit freuten", und seine Hoffnung und Zuversicht, dass sein Sohn lebend zu seinem alten Leben zurückkehren würde Vater. Doch wenige Tage später fiel sein Sohn in einer weiteren Schlacht schwer verwundet. Er wurde zum Haus einer Dame getragen, die alles für ihn tat, was sie konnte, aber er starb, und sie schickte diesen Brief an die Zeitung. Bekommen Sie viele der Anekdoten aus den amerikanischen Zeitungen? Wie etwa das der dreihundertzwei Pferde, die auf das übliche Signal nach der Schlacht, die die Regimenter zusammenrief, ohne Reiter zurückkamen? Ich denke, das war bei den armen Dingern sehr rührend. [C] Oder haben Sie von dem Franzosen gehört, der, als er von der Gefangennahme des Kaisers erfuhr, kühl antwortete: „ *Moi aussi !* " Aber das sind schon alte Geschichten, und Sie haben sie zweifellos gehört. Ich denke, einer der schlimmsten Zwischenfälle des Krieges war die Bombe, die in eine Mädchenschule in Straßburg einschlug. Wenn man an unschuldige junge Mädchen denkt, denen die Augen ausgerissen werden und die getötet und verwundet werden, kommt es einem zu schrecklich vor . – Ich habe immer so großes Mitleid mit den armen Pferden. Bei der Kapitulation von Sedan vergaßen die Franzosen, sie von der Kanone zu lösen und ihnen Essen und Trinken zu geben. Schließlich machten sie sich, vor Durst rasend, los und rannten wild durch die Straßen. Es wurde gesagt, dass jeder Mensch ein Pferd haben könne, um sich die Mühe zu machen, ihn zu fangen.

BERLIN, 25. November 1870 .

Ich war letzte Woche dort, um Joachim zu hören, der hier lebt und seine jährliche Reihe von Quartett-Soireen gibt. Oh! Er ist ein wunderbares Genie und der großartigste Künstler, den ich je gehört habe. Ich bin jedes Mal aufs Neue erstaunt, wenn ich ihn höre. Er entlockt seiner Geige den außergewöhnlichsten *Ton , und zwar einen so kraftvollen, dass es manchmal so scheint, als würden mehrere spielen.* Dann ist sein Gesichtsausdruck so wunderbar , dass er vom ersten Moment bis zum Ende die volle Kontrolle über sein Publikum hat. Er besitzt magnetische Kraft im höchsten Maße.

Am Samstagabend besuchte ich ein großartiges Konzert zugunsten der Verwundeten. Das königliche Orchester spielte, und da es in der Sing-Akademie stattfand, wo die Akustik sehr bemerkenswert ist, schien die Orchesterleistung phänomenal. Normalerweise spielt dieses Orchester im Opernhaus, das so viel größer ist, dass der Effekt nicht so groß ist. Als letztes spielten sie den „Ritt der Walküren " von Wagner. Es war das erste Mal, dass es in Berlin aufgeführt wurde, und es ist eine wunderbare Komposition. Es stellt den Ritt der Walküren -Jungfrauen nach Walhalla dar, und wenn man es hört, es scheint, als ob man die geisterhaften Pferde mit ihren geisterhaften Reitern wirklich sehen könnte. Am Ende erzeugt es den unheimlichsten Effekt, und man hat das Gefühl, als sei man plötzlich in Pandemonium eingetreten. Ich war vollkommen verzaubert davon, und alle waren aufgeregt. Die „Bravo"-Rufe hallten durch das ganze Haus. Tausig spielte Chopins e-Moll-Konzert in seinem eigenen, herrlichen Stil. Er tat sein Bestes, und als er fertig war, applaudierte ihm nicht nur das ganze Orchester, sondern sogar der Dirigent klopfte wie verrückt mit seinem Taktstock auf sein Pult. Ich dachte mir, es sei eine stolze Position, in der ein Mann die Herzen dieser alten und bewährten Musiker begeistern konnte. Was sagen Sie als Beispiel seiner Virtuosität zu der kleinen Leistung, die zwei Seiten lange Passage am Ende zu spielen, die für beide Hände unisono, in Oktaven statt in Einzelnoten geschrieben war? – Gigantisch! [Später gab Kullak meiner Schwester dieses großartige Konzert zum Studium, und als sie mit den Schwierigkeiten kämpfte, sagte er: „Ach ja, Fräulein, wenn ich an die Zeit und Mühe denke, die ich in meiner Jugend mit diesem Konzert verbracht habe, könnte ich blutige *Tränen weinen* !"] – Ed.

Gestern Abend war ich auf einer Party im Haus eines Verwandten der M.s. Madame de Stael hatte recht, als sie sagte, dass die Etikette in Deutschland furchtbar streng ist. Sie ist regelrechtes Gesetz und jeder ist verpflichtet, sich ihr zu unterwerfen. Welche anderen Menschen auf der Welt würden zum Beispiel darauf bestehen, dass Sie um acht kommen und bis fast vier Uhr morgens bleiben, wenn die Party aus einem Dutzend oder zwanzig Leuten besteht, die fast alle verheiratet und mittleren oder älteren Alters sind? Ich sterbe fast vor Müdigkeit und Langeweile, aber sie würden es alle so übel nehmen, wenn ich nicht ginge, dass es kein Entkommen gibt. Gestern Abend kam ich mit so schrecklichen nervösen Kopfschmerzen vor lauter Erschöpfung nach Hause, dass ich kaum sehen konnte. Sie wissen, bei einer Tanzparty hält einen die Aufregung wach und man spürt die Müdigkeit erst hinterher. Aber drei sterbliche Stunden vor dem Abendessen zu sitzen und sich mit vielen Leuten zu unterhalten, die viel älter sind als man selbst, an denen man nicht das geringste Interesse hat, und das in einer fremden Sprache, während man in seiner eigenen nicht brillant wäre, und dann noch drei lange Stunden am Abendbrottisch zu sitzen und dann *noch* eine Stunde oder so danach, ist für einen Amerikaner schrecklich! Ich stöhne immer innerlich, wenn ich daran denke, wie bequem ich früher um neun Uhr in Cambridge in die Kutsche gesprungen bin, zur Party gefahren bin und um halb zwölf oder zwölf nach Hause gekommen bin. Diese langen Partys sind das, was die Deutschen „ *gemüthlich* " nennen. Die Franzosen würden sie „ *assommant* " nennen, und sie hätten damit völlig recht.

KAPITEL VIII.

Konzerte. Noch einmal Joachim. Die Belagerung von Paris. Der Friede
ist ausgerufen. Wagner. Eine Frauensinfonie. Ovationen für Wagner in Berlin.

BERLIN, *11. Dezember 1870* .

Ich habe in letzter Zeit nicht viel gemacht, außer Konzerte zu besuchen, von denen ich eine riesige Anzahl gehört habe und die alle bewundernswert waren. – Ich wünschte, Sie *könnten* Joachim hören! Ich war gestern Abend bei seiner dritten Soiree und er ist zweifellos das Wunder der Zeit. Wenn ich nicht ins *Schwärmen* geriete, könnte ich ihn nie in Worte fassen. Eines seiner Stücke war ein Quartett von Haydn, das absolut bezaubernd war. Das Adagio spielte er so wunderbar und entlockte seiner Geige einen so pathetischen Ton, dass es einem wirklich wie ein Messer durchging. Der dritte Satz war ein Tänzchen und einfach das lustigste kleine Stück! Es blitzte wie ein Kolibri und er spielte jede Note so deutlich und so schnell, dass die Leute außer sich gerieten und es fast unmöglich war, still zu bleiben. Es gab eine gewaltige Zugabe.

Joachim ist so mutig! Man hätte sich nie vorstellen können, welche Schläge er der Geige gibt und welche Töne er daraus hervorbringt. Er spielt diese großartigen *Kraftproben* , seine Finger streichen über die ganze Geige, gerade als Tausig auf dem Klavier herabstürmt. So frei! Und dann seine Vorstellung!! Es ist, als würde man Beethoven leibhaftig offenbaren, ihn hören.

Ich habe neulich eine Pianistin gehört, die immer bekannter wird und hervorragend spielt. Ihr Name ist Fräulein Menter und sie kommt aus München. Sie war Schülerin von Liszt, Tausig und Bülow. Stellen Sie sich vor, was für eine Galaxie von Lehrern es gibt! Sie ist so hübsch, wie man nur sein kann, und sie sah wunderschön aus, als sie dort am Klavier saß und Stück für Stück spielte. Ich beneidete sie schrecklich. Sie spielt alles auswendig und hat eine wunderschöne Auffassung. Sie gab ihr Konzert ganz allein, außer dass jemand ein paar Lieder sang, und am Ende spielte Tausig ein Duett für zwei Klaviere mit ihr, bei dem er das zweite Klavier übernahm. Stellen Sie sich vor, Sie könnten so gut spielen, dass ein so großer Künstler wie er sich herablässt, so etwas zu tun! Es war so hübsch, als sie eine Zugabe bekamen. Er machte ein Zeichen, nach vorne zu gehen. Sie sah fragend auf und trat dann eine Stufe tiefer als er. Er lächelte und applaudierte ihr so sehr wie jeder andere. Ich fand es sehr galant von ihm, dort zu stehen und vor dem gesamten Publikum in die Hände zu klatschen und nichts von der Zugabe für sich zu beanspruchen, denn sein Part war genauso wichtig wie ihrer und er ist ein viel größerer Künstler. Trotzdem war ich von ihr entzückt. Sie geht weit über Mehlig und Topp hinaus, obwohl auch Mehlig eine bemerkenswerte Technik zugeschrieben wird.

Ich bereue es sehr, dass M. nach Amerika zurückkehren muss, ohne Paris – die schönste Stadt der Welt – gesehen zu haben! Niemand weiß, wie lange der Krieg dauern wird. Die Preußen haben Paris so umzingelt, dass es vom Land abgeschnitten ist und keine Versorgung mehr erhält. Sie haben ihr ganzes Fleisch aufgefressen, und jetzt ernähren sich die Franzosen von Ratten, Hunden und Katzen! Denken Sie nur, wie schrecklich! Sie fangen die Ratten in der Pariser Kanalisation, kochen sie in Champagner und essen sie. (Zumindest ist das die Geschichte.) Es scheint völlig unvorstellbar. Die Armen haben keine Milch, kein Salz, keine Butter und kein Fleisch. Ich frage mich, was sie mit all den kleinen Babys machen, deren Mütter sie nicht stillen können, und mit kleinen Kindern. Sie werden jedoch nicht aufgeben, denn sie haben genug Brot und Wein, um den ganzen Winter zu überleben, und sie erklären, dass Paris zu stark ist, um eingenommen zu werden. Wenn die Preußen natürlich dort bleiben, wo sie sind, wird Paris irgendwann ausgehungert sein und zur Kapitulation gezwungen sein.

Für die Preußen ist dies eine schwierige Lage, denn sie müssen die Stadt entweder bombardieren oder aushungern. Wenn sie sie bombardieren, müssen sie in der Lage sein, dies von allen Seiten zu beginnen, sonst werden die Franzosen ihre Linien durchbrechen und eine Verbindung mit dem Rest Frankreichs herstellen. Der Kreis um Paris ist nun zwölf Meilen lang, so dass man eine riesige Armee brauchen würde, um einem solchen Bombardement standzuhalten, und obwohl die preußische Armee riesig *ist*, weiß ich nicht, ob sie dem gewachsen ist, denn die Franzosen haben einen so großen Positionsvorteil, dass sie auf die Preußen schießen und sie zu Tausenden töten können. Wenn sie Paris hingegen aushungern, müssen die armen Soldaten den ganzen Winter in der Kälte liegen, und viele von ihnen werden an der Kälte sterben.

Die Männer werden nach so vielen Wochen der Inaktivität sehr unruhig. Niemand weiß, wie es enden wird. Der König ist gegen eine Bombardierung, denn abgesehen von den schrecklichen Verlusten an Menschenleben, die sie mit sich bringen würde, erscheint es ihm zu unmenschlich, eine so prächtige Stadt in Schutt und Asche zu legen. Ständig werden neue Truppen geschickt, und jeden Tag fahren die Züge voller Soldaten an meinen Fenstern vorbei. Es scheint, als würde jeder Mann in Deutschland gerufen, und das sieht nach einem Bombardement aus. Es ist eine schreckliche Zeit und jeder fühlt sich unruhig und verstört. Außer Verwundeten sieht man auf den Straßen nur wenige Soldaten. Ich treffe oft einen jungen Mann, der auf einem Stuhl herumgerollt wird und dem beide Beine abgetrennt wurden. Der arme Kerl sieht so traurig aus – und ich kenne einen anderen, der beide Hände und beide Füße verloren hat.

Es ist merkwürdig, die herablassende Haltung zu beobachten, die die Leute hier den Franzosen gegenüber in diesem Krieg einnehmen. Sie sprechen keinen Augenblick von ihnen, als wären sie gleichberechtigte Gegner, sondern immer, als wären sie ein Haufen Narren, die auf ihre eigene Vernichtung aus sind und die von den Deutschen angemessen gezüchtigt und wieder ins Gleichgewicht gebracht werden müssen. „ *Ja! – die Franzosen !* " sagen die Deutschen mit einem Achselzucken, das die tiefste Überzeugung ihrer völligen Schwachsinnigkeit ausdrückt. Sie geben jedoch zu, dass die Franzosen ein „unterhaltsames Volk" sind und dass „ *Paris* DOCH *die Welt-Stadt ist* . "

BERLIN, *26. Februar 1871* .

Ich werde Ihnen ein Lied aus den Meistersängern schicken , das meiner Meinung nach eines der schönsten Lieder ist, die ich je gehört habe. Es heißt Walthers Traumlied . Es geht darum, dass er seine Geliebte in einem Traum oder einer Vision so sieht, wie sie sein wird, wenn sie seine Frau ist. Sie müssen verträumt zu singen beginnen, als wären Sie in Trance, und dann müssen Sie allmählich immer erregter werden, bis Sie in einem großen Ausbruch der Leidenschaft enden. Wenn Sie aus den Meistersängern singen, werden Sie ganz in der Musik der Zukunft sein . Es ist eine von Wagners größten Opern und meiner Meinung nach sehr schön. Als sie letzten Winter herauskam, sorgte sie für große Aufregung.

Die ganze Musikwelt streitet um Wagner. Er gibt der Musik eine neue Richtung und erfindet neue Akkordkombinationen. Die halbe Musikwelt unterstützt ihn und erklärt, dass er in Zukunft auf einer Stufe mit Beethoven und Mozart stehen werde. Die andere Hälfte ist erbittert gegen ihn und sagt, dass er nur Dissonanzen schreibe und dass er auf einem völlig falschen Weg sei. Ich selbst bin auf der Wagner-Seite. Er scheint mir ein großes Genie zu sein . – Schade, dass er so ein moralischer Gesetzloser ist!

Seit ich diesen Brief begonnen habe, hat Paris kapituliert und der FRIEDEN wurde erklärt. Die Angst und die Spannung haben jedoch so lange angehalten, dass die Nachricht nicht viel Aufregung oder Begeisterung auslöste. Nichts im Vergleich zu der, mit der die Gefangennahme Napoleons aufgenommen wurde. Aber das war eindeutig *das* Ergebnis des Krieges. Der taktvolle Bismarck ließ die Truppen nicht triumphierend durch Paris marschieren, sondern erlaubte ihnen nur, durch einen so kleinen Winkel der Stadt zu ziehen, wie es mit der nationalen Ehre vereinbar war. Dies hat bei den Deutschen viel Gemurre und Unzufriedenheit verursacht. – „Unsere armen Soldaten! Nach all ihren Strapazen und Strapazen hätte man ihnen die Genugtuung gönnen sollen, durch die Stadt zu marschieren!" – ist die allgemeine Meinung, die ich geäußert höre. Sie werden jedoch wahrscheinlich

Bismarcks Weisheit, nicht über einen gefallenen Feind zu triumphieren, akzeptieren, wenn sie darüber nachdenken. Wir werden jetzt sechs Wochen lang um die im Krieg Gefallenen trauern, und dann wird die Armee im Mai triumphierend zurückkehren. Der König wird sie am Brandenburger Tor treffen und sie die Linden hinaufführen. Ganz Berlin wird vor Aufregung außer sich sein, und ich erwarte, dass es ein großartiger Anblick sein wird. Die Fenster Unter den Linden werden zu diesem Anlass bereits zu enormen Preisen verkauft.

Die Deutschen nehmen übrigens keinerlei Rücksicht auf die frommen Äußerungen des Königs während des gesamten Feldzugs. Sie lachen sehr über ihn, weil er sich „durch die Gnade Gottes" als Sieger bezeichnet. „So ein Unsinn!" Sagt Herr J. verächtlich.

BERLIN, 22. April 1871 .

Ich habe nichts Sterbliches zu sagen, denn trotz all dem Wenigen, das ich getan habe, habe ich in einem Brief an NS Kullak in letzter Zeit mein Spiel gelobt, aber ich selbst kann nicht daran glauben. Ich habe eine Ballade von Liszt gelernt. Es ist wunderschön, aber sehr schwer und enthält einige tolle Oktavpassagen. Es enthält die doppelte Oktavrolle, und dies ist das erste Mal, dass ich gelernt habe, wie das gemacht wird. Ich studiere jetzt systematisch Oktaven. Kullak hat drei Bücher davon geschrieben, und es ist ein umfassendes Werk zu diesem Thema und in seiner Art ebenso berühmt wie der Gradus ad Parnassum . Der erste Band dient nur der Vorbereitung und die Übungen sind für jede Hand separat. Allein für den Daumen gibt es zum Beispiel viele davon. Dann gibt es noch andere für den vierten und fünften Finger, die sich auf jede erdenkliche Weise über- und untereinander drehen. Dann gibt es noch die Handgelenksübungen, und kurz gesagt, es handelt sich um die kleinste und umfassendste Arbeit. Kullak selbst wird für sein Oktavspiel gefeiert. Das wusste ich, als ich in Tausigs Konservatorium war, da Tausig seinen Schülern immer sagte, sie müssten Kullaks Oktavschule studieren.

Wagner ist zu Besuch nach Berlin gekommen und wird nächste Woche ein großes Konzert geben, bei dem einige seiner Kompositionen herausgebracht werden und er selbst dirigieren wird. Weitzmann sagt, er sei ein großartiger Dirigent. Ich habe neulich seine Oper „Tannhäuser" gehört und war von der Ouvertüre, die ich schon lange nicht mehr gehört hatte, völlig hingerissen. Das Orchester hat es großartig gespielt, und ich denke, es ist Beethoven durchaus ebenbürtig. Wagners Theorie besagt, dass Musik ein Schrei des Geistes ist, und seine Kompositionen veranschaulichen dies zweifellos. Alle andere Musik verblasst vor ihr an Leidenschaft und Intensität.

Hast du meinen Brief an NS gelesen, in dem ich ihr von Alicia Hund erzählte, die eine Symphonie komponierte und dirigierte? Das ist ein ziemlicher Schritt für Frauen in der Musikbranche. Sie erinnerte mich an M., weil sie so ein nervöses Gesicht hatte. Alle Männer waren höchst angewidert, weil sie das Orchester selbst dirigieren durfte. Ich selbst fand das keine sehr *anziehende* Position, obwohl ich keine Vorurteile dagegen hatte. Irgendwie sieht eine Frau nicht gut aus, wenn sie mit einem Taktstock in der Hand eine Gruppe von Männern dirigiert.

BERLIN, 18. Mai 1871 .

Wagner war gerade in Berlin und seine Ankunft hier war Anlass für eine große musikalische Aufregung. Er wurde mit größter Begeisterung empfangen und es gab zu seinen Ehren kein Ende der Ovationen . Zuerst wurde ihm ein großes Abendessen gegeben, das von Tausig und einigen anderen angesehenen Musikern zubereitet wurde. Am Sonntag vor zwei Wochen gab es dann ein Konzert in der Sing-Akademie, bei dem die Plätze frei waren. Da der Saal nur etwa fünfzehnhundert Personen fasst, kann man sich vorstellen, dass es ziemlich schwierig war, Karten zu bekommen. Ich habe es gar nicht erst versucht, aber zum Glück hat Weitzmann, mein Harmonielehre und ein alter Freund Wagners, mir eines geschickt.

Das Orchester war riesig. Es wurde sorgfältig aus allen Orchestern Berlins ausgewählt, und Stern, der es dirigierte, hatte sich unendlich viel Mühe gegeben, es auszubilden. Wagner ist der schwierigste Mensch der Welt, dem man es recht machen kann, und er ist selbst ein wunderbarer Dirigent. Er war höchst unzufrieden mit dem Gewandhausorchester in Leipzig, das sich für das beste überhaupt hält, und so fühlten sich die Berliner ziemlich unsicher. Der Saal war bis zum Bersten gefüllt, und schließlich marschierten Wagner und seine Frau herein, voran und hinter ihnen verschiedene hervorragende Musiker. Als er auftrat, erhob sich das Publikum, das Orchester stimmte drei klirrende Akkorde an, und alle riefen „ *Hoch!*" . Es war ein seltsamer Schauer.

Das Konzert begann um zwölf Uhr und wurde von einer „Begrüßung" eingeleitet, die von Frau Jachmann Wagner, einer Nichte Wagners und Schauspielerin, vorgetragen wurde. Sie war eine hübsche Frau, „blond, dick und vierzig", und eine ausgezeichnete Rednerin. Als sie zum Schluss kam, brach sie in Tränen aus, stieg von der Bühne herab, überreichte Wagner einen Lorbeerkranz und küsste ihn. Dann spielte das Orchester Wagners Faust-Ouvertüre in hervorragender Weise und danach seinen Festmarsch aus dem Tannhäuser. Der Applaus kannte keine Grenzen. Wagner betrat die Bühne und hielt eine kleine Rede, in der er den Musikern und Stern gegenüber seine Freude zum Ausdruck brachte, und wandte sich dann dem Publikum zu. Er sprach sehr schnell und in jener kindlichen Art, die alle großen Musiker zu haben scheinen, und als Beweis seiner Zufriedenheit mit dem Orchester bat er sie, die Faust-Ouvertüre unter *seiner* Leitung zu spielen. Wir standen alle auf Zehenspitzen, um zu erfahren, wie er dirigieren würde, und es war wirklich wunderbar, ihm zuzusehen. Er beherrschte das Orchester, als wäre es ein einziges Instrument, auf dem er spielte. Er schlug nicht einfach den Takt, wie es die meisten Dirigenten tun, sondern er hatte alle möglichen kleinen Mittel, um zu signalisieren, was er wollte. Es war sehr schwierig für sie, ihm zu folgen, und sie mussten „ihre kleinen Augen offen halten", wie B. zu sagen pflegte. Er hielt sie während des ersten Teils zurück, um die Ungewissheit und Spekulation von Fausts Charakter zu vermitteln. Als dann Mephistopheles auftrat, ließ er sie allmählich mit einem schrecklichen Crescendo los und gab einem das Gefühl, als ob einem plötzlich die Hölle zu Füßen klaffte. Als dann Gretchen erschien, war alles köstliche Melodie und Süße. Und so ging es weiter, wie eine Abfolge von Bildern. Die Wirkung war gewaltig.

Ich hatte einen der besten Plätze im Haus und konnte Wagner und seine Frau die ganze Zeit sehen. Er hat eine riesige Stirn und ist der nervöseste Mann, den man sich vorstellen kann, aber er hat den grimmigen Mundwinkel, der einen eisernen Willen verrät. Wenn er dirigiert, gerät er vor Aufregung fast außer sich. Das ist einer der Gründe, warum er als Dirigent so großartig ist, denn das Orchester fängt seine Raserei auf und jeder Mann spielt unter einer plötzlichen Inspiration. Er scheint wirklich mit seinem Orchester zu improvisieren.

Wagners Ziel, hierher zu kommen, war, zu versuchen, seine Nibelungenoper aufführen zu lassen. Es ist eine Oper, die vier Abende erfordert, um durchzukommen. Haben Sie schon einmal davon gehört? Er stellt alles in solch einem kolossalen Maßstab dar. Es erinnerte mich an die Geschichte, die sie von ihm erzählten, als er ein Junge war. Er war ein großer Shakespeare-Fan und wollte auch Theaterstücke schreiben. Also schrieb er einen, in dem er im letzten Akt vierzig der Hauptfiguren tötete! Im hiesigen Opernhaus gab er ein großes Konzert, das er selbst dirigierte. Es handelte sich ausschließlich um seine eigenen Kompositionen, mit Ausnahme von Beethovens Fünfter Symphonie, von der er behauptete, niemand außer ihm selbst habe sie verstanden. Das hat Berlin ziemlich erschüttert, aber alle mussten nach dem Konzert zugeben, dass sie es noch nie so großartig gespielt hatten. Er hat seine eigene, eigentümliche Vorstellung davon. Der Andrang war groß und jeder Platz war längst besetzt. Bis auf Kullak, der krank war, waren alle Künstler anwesend. Ich sah Tausig mit der Baronin von S. in der ersten Reihe sitzen. Das Orchester mußte zweihundert Spieler gehabt haben, und sie machten ihre Sache großartig. Der Applaus wurde immer heftiger, bis er sich schließlich in einem Schauer von Kränzen und Blumensträußen entlud. Wagner verneigte sich und verneigte sich, und es schien, als würden die

Menschen nie wieder zur Ruhe kommen. Am Ende des Konzerts folgte ein weiterer Blumenregen, und sein Kaisermarsch wurde zugegeben. Was für ein Effekt! Nach dem stürmischen Klang der Einleitung kam das Schlagzeug mit einem scharfen Tat-tat-tat-tat-tat! Dann begannen die Blechbläser mit der Luft und erreichten ein Crescendo, das schließlich so *schmetterte*, dass es einen bis ins Mark erschauern ließ. Es war wie ein Erdbeben, das vor dir gähnte.

Der Lärm war so gewaltig, dass er wie das Tosen der Brandung klang. Ich hatte mir nie etwas in der Musik vorgestellt, das dem nahekommt, und Wagner ließ mich an einen riesigen Triton denken, der sich zwischen den Wogen vergnügt und diese gewaltigen Schallwellen von einer Hand in die andere wirft. Sein Gesicht sieht man natürlich nicht – nur seinen Rücken, und doch kennt man jede seiner Emotionen. Jede Sehne in seinem Körper spricht. Er lässt die Instrumente die Töne verlängern wie kein anderer, und die Wirkung ist unbeschreiblich schön, und doch beklagt er sich, dass er ein Orchester nie dazu bringen *kann*, *den Ton so zu halten*, wie es sollte. Seine ganze Erscheinung ist die personifizierte Arroganz und Despotie.

Am Ende des Konzerts waren die Blumensträuße auf der Bühne vor dem Regiepult so gehäuft, dass Wagner keinen Platz mehr hatte, der groß genug war, um darauf zu stehen, ohne sie zu zerdrücken. Alles in allem war es eine brillante Angelegenheit und ein großer Triumph für seine Freunde. Allerdings hat er hier viele erbitterte Feinde. Joachim ist einer von ihnen, obwohl es unerklärlich erscheint, dass ein Mann mit seinen musikalischen Begabungen das sein sollte. Ehlert ist auch ein starker Anti-Wagnerit, und die Juden hassen ihn zutiefst. – Vielleicht hat sein Charakter etwas damit zu tun, denn er hat sein ganzes Leben lang alle Gesetze der Ehre, Dankbarkeit und Moral missachtet. Es ist ein schreckliches Beispiel für jüngere Künstler, und ich denke, Wagner verdorben sie. In diesem Land ist alles der Kühnheit und dem Genie verziehen, und ich muss sagen: Wenn Deutschland *uns* Musik beibringen kann, können wir *ihm* auch Moral beibringen!

KAPITEL IX.

Schwierigkeiten des Klaviers. Triumphaler Einzug der Truppen.
Paris.

BERLIN, 25. Juni 1871 .

Ich habe in letzter Zeit Beethovens G-Dur-Konzert gelernt und es ist das furchtbar Schwierigste, was ich je versucht habe. Ich habe den ersten Satz einen ganzen Monat lang geübt, und ich kann ihn genauso wenig spielen, wie ich fliegen kann. Wenn Sie Miss Mehlig es spielen hören, werden Sie sicher verstehen, was für eine Leistung das ist. Kullak gab mir in meiner letzten Unterrichtsstunde eine regelmäßige Bewertung und sagte mir, ich müsse dabei bleiben, bis ich es spielen *könne* . Es erfordert höchste Schnelligkeit und Leichtigkeit in der Ausführung, und ich verzweifle darüber völlig. Kullak nutzte die Gelegenheit, um auf alles einzugehen, was ein Künstler können muss, bis mein Herz in mir starb. „Was wissen Sie über Doppeldrittel?" sagte er. Ich musste zugeben, dass ich nichts von Doppelterzen wusste, und dann raste er blitzschnell von oben nach unten in einer Tonleiter in Doppelterzen über das Klavier, als wäre es eine gewöhnliche Tonleiter.

In einer Hinsicht ist Kullak ein entmutigenderer Lehrer als Tausig, denn Tausig spielte nur gelegentlich vor Ihnen, wenn es unbedingt nötig war, und begnügte sich mit Schelten und Tadeln. Kullak dagegen schimpft nicht viel, aber da er ständig vor und mit Ihnen spielt, sehen Sie bei ihm, wie die Sache gemacht werden *sollte* , und die Wahrnehmung Ihrer eigenen Unzulänglichkeiten sticht Ihnen gnadenlos ins Auge. Ich denke ständig: „Wann *werden* meine Passagen perlen? Wann *wird* mein Anschlag vollkommen gleichmäßig sein? Wann *werden* meine Oktaven aus einem leicht hängenden Handgelenk gespielt? Wann *wird* mein Triller brillant und ausdauernd sein? Wann *wird* mein Daumen nach unten und mein vierter Finger nach oben gehen, ohne die geringste wahrnehmbare Unterbrechung? Wann *werden meine Arpeggios in diesem besonderen Wirbel , den ein echter Künstler erzeugt* , das Klavier hinaufgehen ?" usw. usw. All dies macht ein schweres Herz und macht mich so abgeneigt zu schreiben, dass Sie mein häufiges Schweigen entschuldigen müssen.

Wir haben einen so schrecklich kalten Sommer, dass ich die ganze Zeit dasitze und friere. Ich wünschte, wir könnten ein bisschen von dem heißen Wetter haben, von dem Sie sprechen. Ich habe nur einmal ein Musselinkleid angezogen. Berlin hat, glaube ich, ein sehr raues Klima.

Vorletzte Woche war der triumphale Einzug der Truppen. Sie gingen alle an meinem Fenster vorbei, sodass ich sie vollständig sehen konnte. Der Kaiser hatte gewaltige Vorbereitungen getroffen, denn er ist sehr stolz auf seine

Armee. Entlang der Königgrätzer Straße (der Straße, in der wir wohnen) bis zum Brandenburger Tor, in einer Entfernung von zwei bis drei Meilen, waren in Abständen von einigen Fuß hohe Pfähle aufgestellt, die durch grüne Kränze verbunden waren. Diese waren rot und weiß gestrichen und hatten vergoldete Zinnen; Sie wurden von der preußischen Flagge überragt, die schwarz -weiß ist und in der Mitte einen schwarzen Adler trägt . Etwa auf halber Höhe der Stangen war ein Wappen angebracht, um das herum die Flaggen der älteren deutschen Staaten gruppiert waren. Da sie unterschiedliche Farben hatten , war der Effekt sehr fröhlich, und sie bildeten einen triumphalen Weg, indem sie Banner schwenkten, unter denen die Truppen hindurchgehen konnten. Entlang des letzten Stücks der Königgrätzer Straße, bevor man zur Linde kommt, waren die erbeuteten französischen Kanonen aufgestellt, und auf ihnen war der Name des Ortes aufgedruckt, an dem die Schlacht stattfand, und auf ihnen stand: „Metz, Sedan." , Straßburg usw. Auch die ganze Linde hinauf war der Weg für die Soldaten auf beiden Seiten mit Kanonen verschlossen. Die Mitrailleusen interessierten mich am meisten, weil sie jeweils dreißig Bohrungen hatten und so viele Kugeln hintereinander abfeuern konnten. Auf diese Weise könnte eine einzelne Kanone Schüsse *niederprasseln lassen* . Glücklicherweise zielen die Franzosen so schlecht, dass sie nicht halb so viele Preußen hätten töten können, wie erwartet. Auf jedem Platz (wie die Deutschen die Plätze nennen) waren Säulen und Statuen sowie riesige Gerüste zum Sitzen aufgestellt, alles geschmückt mit Fahnen und bunten Stoffen. Kurz gesagt, die ganze Stadt war feierlich aufgerüstet und sah so fröhlich wie möglich aus.

Natürlich waren Tausende von Fremden gekommen, um es zu sehen, und die Straßen waren überfüllt. Ungefähr eine Woche vorher strömte ein ununterbrochener Menschenstrom an unserem Haus vorbei, und soweit das Auge reichte, schlich eine lange Reihe von Kutschen und Droschken im Schneckentempo hintereinander her. Lange bevor der ereignisreiche Tag kam, war ich von dem Lärm und der Verwirrung erschöpft. Als es dann *doch ankam* , schon um sechs Uhr morgens, als ich aus meinem Fenster schaute, waren die Mauern von Prinz Albrechts Garten gegenüber mit Jungen und Männern bedeckt, und dort mussten sie bis fast zwölf Uhr sitzen, mit baumelnden Beinen und nichts zu essen oder zu trinken, bevor die Prozession vorbeikam, und *dann* dauerte es vier Stunden! Das ist deutsche Ausdauer, und ein noch eindrucksvolleres Beispiel dafür war ein Orchester, das auf dem Bürgersteig gegenüber meinem Fenster stationiert war. Es gab weder Sitze noch Markisen für sie, und so standen sie ganze sechs Stunden lang auf den Steinen in der heißen Sonne und spielten von Zeit zu Zeit auf ihren schweren Waldhörnern und Trompeten. Stellen Sie es sich einfach vor! Ich war erstaunt, dass kein Gerüst für sie aufgestellt war, auf dem sie sitzen konnten, und fragte mich, wie die armen Kerle das *aushalten konnten* .

Kurz vor elf Uhr flog das Tor zum Garten des Prinzen Albrecht auf, und er ritt in Begleitung eines großen Gefolges hinaus, und sie blieben dort und warteten auf den Kaiser , der auf dem Weg zu den Truppen vorbeireiten sollte. Ich wünschte, Sie hätten sie in ihren prächtigen Uniformen auf ihren prächtigen Pferden sitzen sehen können. Mit ihren bestickten Schabracken und dem farbenfrohen Schmuck sahen sie aus wie Ritter aus alten Zeiten. Vor dem Kaiser kamen die Kaiserin und alle Damen der königlichen Familie in etwa zehn Kutschen, jede mit sechs Pferden und die der Kaiserin mit acht Pferden. Die Damen waren natürlich prächtig gekleidet, in hellen Seidenstoffen und Spitzenüberkleidern. Dann kam der Kaiser und seine Eskorte reiten langsam und majestätisch dahin. Die Begeisterung war riesig, als sie vorbeigingen, und sie boten tatsächlich einen stolzen Anblick. Bismarck, Moltke und Von Roon fuhren allein in einer Reihe. Bismarck sah in seiner ganz aus Weiß und Silber gehaltenen Uniform mit riesigen Stiefeln und einem ehernen Helm, auf dem ein silberner Adler thronte, sehr imposant aus. Es gab Uniformen aller Art und der Kronprinz sah darin sehr gut aus. Er ist ein prächtig aussehender Mann mit einer sehr soldatischen Haltung und er reitet perfekt.

Die königliche Gruppe ging zum Exerzierplatz, wo sie auf die Armee traf, und kehrte dann an der Spitze sehr langsam zurück. Dann strömten die Soldaten vier Stunden lang in sehr schnellem Schritt vorbei. Wenn Sie diesen *Strom* von Männern hätten rollen sehen können, hätten Sie eine Vorstellung von der Stärke dieser Nation. Sie waren größtenteils groß und ihre Helme und Waffen glitzerten in der Sonne. Sie trugen ihre alten Uniformen, so wie sie vom Schlachtfeld kamen. Die Menschen überhäuften sie im Vorübergehen mit Kränzen und Blumensträußen, und jeder Mann bot einen festlichen Auftritt mit gekröntem Helm, einem Blumenstrauß auf der Spitze seines Bajonetts und Blumen im Knopfloch. Der Weg des Kaisers war buchstäblich mit Blumen bedeckt, und seine Pferdeknechte ritten hinter ihm her, hoben sie auf und hängten die Kränze an ihre Sattelschleifen. Bismarck, Moltke und Von Roon sowie alle Markmänner während des Krieges wurden in ähnlicher Weise bevorzugt .

Die Armee marschierte erstaunlich schnell voran. Ich war überrascht, sie so schnell gehen zu sehen, schwer beladen mit ihren Waffen, Rucksäcken, Decken usw. Viele von ihnen waren einen Großteil der Nacht marschiert, um zum Treffpunkt zu gelangen, und sie hatten eine Parade am frühen Morgen. Viele von ihnen fielen in Ohnmacht und mussten aus den Reihen getragen werden, und acht von ihnen starben! Es war der heißeste Tag, den wir diesen Sommer hatten. – Am meisten interessierten mich die Uhlanen . Sie waren der größte Schrecken der Franzosen und waren leichte Kavallerie ohne Waffen außer einer großen Pistole und einer Lanze. Direkt unter der Spitze der Lanze war eine kleine preußische Flagge angebracht, und fast jede davon war mit dem Blut eines armen Franzosen bespritzt. Wenn man diese schrecklichen Stacheln betrachtete, schien es ein schrecklicher Tod zu sein, und ich wundere mich nicht, dass die Franzosen bei ihrem Anblick jeglichen Mut verloren. Denn da die Ulanen zu Pferd und so leicht bewaffnet waren, konnten sie sich wie ein Blitz fortbewegen und an den unerwartetsten Stellen plötzlich auftauchen. Da ich nicht auf der Linde war , habe ich nicht gesehen, wie das Heer am Brandenburger Tor von den vierhundert weiß gekleideten jungen Damen empfangen wurde, daher kann ich Ihnen darüber nichts *berichten* . Bismarck, der immer weiß, was zu tun ist, nahm eine Handvoll Kränze aus seinem Sattelbogen und warf sie lächelnd zu den einladenden Mädchen hinüber. Er ist ein höfisches Wesen. Ich war fast tot, weil ich nur aus dem Fenster geschaut und der ununterbrochenen Musik der Bands zugehört hatte, und ich konnte die Müdigkeit und die nervöse Aufregung mehrere Tage lang nicht überwinden ; aber ich hatte das große Glück, es vom Haus aus sehen zu können, denn viele Personen, die auf den Gerüsten sitzen mussten, erlitten schreckliche Verbrennungen und bekamen dadurch Fieber. Sie durften nämlich ihre Sonnenschirme nicht aufstellen, da dies die Sicht der Menschen hinter ihnen versperrte. Ich hatte eine Freundin, die schrecklich unter ihrem Gesicht litt und drei Nächte lang nicht schlief. Sie sagte, es sei so gewesen, als ob sie durch Feuer verbrannt worden wäre und sich die ganze Haut abgezogen hätte.

4. Juli . – Wie üblich ist es über eine Woche her, dass ich diesen Brief begonnen habe, und ich habe gerade beschlossen, sofort mit Frau und Fräulein VN, Herrn P. und Frau, Herrn und Fräulein S. eine Sommerreise anzutreten. Kullak ist in den Ferien, also werde ich keine Unterrichtsstunden verpassen. Wir werden zuerst nach Köln und dann nach Bonn und Koblenz und den Rhein hinunter fahren. Vielleicht kommen wir bis Heidelberg. Wir haben eine dieser Rückfahrkarten, die die Reise sehr billig machen; nur ist man auf eine bestimmte Zeit beschränkt. Wir gehen davon aus, bis zum 1. August weg zu sein. Ich habe vor, viel zwischen den verschiedenen Punkten zu Fuß zu gehen. Wo die Landschaft malerisch ist , werden wir gelegentlich von Station zu Station gehen. Wir nehmen kein Gepäck mit außer einer kleinen Tasche (die wir mit Riemen über den Rücken hängen), die Wechselwäsche und eine Bürste, einen Kamm und eine Zahnbürste enthält. Wir werden immer die gleiche Kleidung tragen und unsere Wäsche im Hotel waschen lassen. Ich dachte, das wäre eine gute Gelegenheit für mich, und da wir eine Gruppe angehender Künstler sein werden, erwarten wir, im böhmischen und unbekümmerten Stil unserer Klasse voranzukommen. Ich denke daran, nebenbei einen Roman zu schreiben! Wird er nicht romantisch sein? Nur werden wir unglücklicherweise für Miss S. und mich keine Verehrer haben, da Mr. P. und Miss VG verlobt sind und Mr. S. erst etwa achtzehn ist!

Kurz vor dem Einzug war ich auf einer Party bei Bancroft und stand in der Nähe einer Tür und unterhielt mich mit einem von N.s Klassenkameraden in Harvard, als sich ein beleibter Herr sehr grob zwischen uns drängte und dort stand und mit Mr. Bancroft sprach , der auf der anderen Seite von mir war. Wir starrten ihn eine Minute lang an, bevor wir mit unserem Gespräch fortfuhren. Dann verabschiedete sich der Herr und eilte davon. „Das war der Herzog von Somerset", sagte Mr. Bancroft zu mir. Ich war ziemlich überrascht, denn ich hatte mir gerade gedacht: „Was für ein unmanierliches Geschöpf du bist!" – ich nehme an, er war zum Einzug gekommen .

Das triumphierende Berlin ist übrigens ein ziemlicher Kontrast zu Paris unter der Kommune. Was für eine schreckliche Zeit sie dort erlebt haben! Es ist genug, dass einem das Blut in den Adern gefriert, wenn man daran denkt. Was für wahnsinnige Barbaren sie sind – und das Schlimmste ist die Rolle, die die Frauen dabei spielen. Ich sah ein Bild von Thiers' Haus, das sie niederbrannten. Es war ein prächtiges Herrenhaus und vollgestopft mit exquisiten Kunstwerken. Mr. Bancroft trauerte darum, denn er hatte dort zu Abend gegessen und wusste, welche Schätze es enthielt. Er sagte, es sei eines der schönsten Häuser, in denen er je gewesen sei. – Und dann die Idee, die Säule des Place Vendome niederzureißen! Napoleon hatte sie aus Kanonen gebaut, die er in seinen großen Schlachten erbeutet und eingeschmolzen hatte, so dass sie in besonderer Weise ein Denkmal ihrer Siege über andere Nationen war. Sie haben eine Dummheit an sich, die sie absolut bemitleidenswert macht.

[1848 schrieb Saint Beuve die folgenden, beinahe prophetischen Worte: „Nichts geht in Krisen wie der gegenwärtigen (der Revolution von 1848) schneller unter als die Zivilisation. In drei Wochen ist das Ergebnis vieler Jahrhunderte verloren. Die Zivilisation, das Leben, ist eine erlernte und erfundene Sache. * * * * Nach Jahren der Ruhe vergessen die Menschen diese Wahrheit zu sehr; sie glauben, Kultur sei angeboren und dasselbe wie Natur. Aber in Wahrheit ist die Barbarei nur ein paar Schritte entfernt und beginnt von neuem, sobald unser Einfluss nachlässt."]—ED.

KAPITEL X.

Eine Rheinfahrt. Frankfurt. Mainz. Rheinabwärts fahren. Köln. Bonn. Das Siebengebirge. Worms.Spire. Heidelberg. Tausigs Tod.

ROLANDSECK AM RHEIN, *den 14. Juli 1871* .

Sie werden überrascht sein, diesen Brief zu erhalten, der aus einem kleinen Dorf am Rhein stammt, und ich werde Ihnen nun erzählen, wie ich hierher kam, wenn das schäbigste aller schäbigsten Papiere und Stifte es zulässt. Kurz bevor ich Berlin verließ, schrieb ich einen Brief an L., in dem ich sie darüber informierte, dass ich vorhatte, mit einer Gruppe von Freunden einen kleinen Ausflug zu machen, da Berlin im Sommer von Malaria heimgesucht wird und ich das Bedürfnis nach Abwechslung verspürte.

Am Donnerstag vor einer Woche verließen wir Berlin und fuhren direkt weiter nach Frankfurt. Es war eine lange Reise und dauerte von sechs Uhr morgens bis zehn Uhr abends. Ich stand um vier Uhr morgens in einer höchst heiteren Stimmung auf. Tatsächlich fühlte ich mich, als würde ich heiraten, da ich von Kopf bis Fuß alles neu angezogen hatte! Die Wäscherin hatte meine Wäsche so verwüstet, dass ich mich plötzlich gezwungen sah, sie überall aufzufüllen, und so kleidete ich mich mit großer Zufriedenheit in neue Strümpfe, neue Unterwäsche, neuen Flanell, neue Röcke, einen neuen Hut, einen neuen Schleier und dazu noch neue Schuhe ! Ich zog meinen kurzen schwarzen Seidenanzug an, nahm meine Tasche und meinen Schal und machte mich auf den Weg zum Bahnhof, wo die anderen auf mich warteten.

Es war eine schöne Fahrt von Berlin nach Frankfurt, und nachdem ich fast zwei Jahre in der Stadt eingesperrt gewesen war, erschien mir das Land vollkommen bezaubernd und neu, und jedes kleine lächelnde Büschel Gänseblümchen hatte eine besondere Bedeutung. Ich weiß nicht, ob Sie auf Ihren Reisen in Frankfurt Halt gemacht haben. Ich habe mich unsterblich in die Stadt verliebt und mochte sie lieber als jeden anderen Teil Deutschlands, den ich je gesehen habe. Es ist eine so ruhige Stadt und hat eine solche Ausstrahlung von Eleganz, und es gibt überall so schöne Spazierwege. Alles sieht so sauber aus, und die Straßen sind so schön angelegt, und außerdem gibt es keine *Gerüche* wie in Berlin. Der Fluss fließt die ganze Stadt entlang, und die Promenade entlang ist entzückend. Ich besuchte das Haus, in dem mein entzückender Goethe geboren wurde, und ging danach über die Brücke, über die er zur Schule ging. Darauf saß ein vergoldeter Hahn, den er als Kind sehr mochte. Wir sahen seine Statue und besuchten dann das Museum, wo Daneckers großes Meisterwerk Ariadne auf dem Panther stand. Es ist ein ganz exquisites Stück und aus einem einzigen Block Carrara-Marmor gehauen. Durch einen rosa Vorhang fällt von oben rosiges Licht darauf, das dem Marmor einen herrlichen Schimmer verleiht. Seltsam, dass er sich zu solch einer poetischen Idee hinreißen ließ und danach nie wieder etwas Bedeutendes schuf.

Wir gingen in einen großen Raum, in dem lebensgroße Bilder aller Kaiser Deutschlands hingen. Einige von ihnen sind sehr gutaussehende Männer und die lateinischen Mottos darunter sind sehr lustig. Einer davon lautete: „Wenn du nicht weißt, wie du deinen Mund halten sollst, wirst du nie wissen, wo du reden sollst." Ich hoffe, dass P. L. in Latein und Geschichte gut beherrschen und ihr etwas über Architektur und Mythologie beibringen wird, denn diese muss man wissen, wenn man ins Ausland reist. Wir blieben nur einen Tag in Frankfurt, da es dort nicht viel zu sehen gibt. Den Nachmittag verbrachten wir damit, herumzulaufen und auf Baumstämmen am Flussufer zu sitzen. Oh, was für ein süßer Ort zum Leben wäre eine dieser wunderschönen Villen am schnell fließenden Fluss!

Wir verließen Frankfurt um 19 Uhr und fuhren nach Mainz, was, glaube ich, nur eine zweistündige Fahrt dauert. Als wir über die Eisenbahnbrücke in die Stadt kamen, erhaschten wir zum ersten Mal einen Blick auf den Rhein, und es war ein herrlicher Anblick. Unser Hotel lag ganz in der Nähe des Flusses, und da unsere Zimmer nach vorne gingen und drei Stockwerke höher waren, hatten wir eine herrliche Aussicht darauf. Am Abend war es so faszinierend, die Lichter auf dem Wasser und die auf und ab fahrenden Boote zu beobachten, dass es lange dauerte, bis wir uns entschließen konnten, die Fenster zu verlassen und zu Bett zu gehen. In Mainz sahen wir unseren ersten Dom. Es ist sechshundert Jahre alt und hatte sechsmal Feuerschäden erlitten, aber es war trotzdem sehr schön. Wir haben lange Zeit damit verbracht, es zu studieren. Anschließend besuchten wir eine andere Kirche und bestiegen einen Turm, der 30 v. Chr. erbaut wurde. Er wirkte fast so stabil wie am Tag seiner Fertigstellung. Die Aussicht von dort ist großartig und die Spitze ist ganz mit Glockenblumen, Goldrute und Gras bewachsen. Es war sehr malerisch.

Am Sonntagabend fuhren wir mit dem Schiff nach Köln, wo wir um vier Uhr nachmittags ankamen. Oh, die Rheinfahrt war zu lecker! Das Wetter war perfekt und alles kam mir wie im Märchen vor. Es ist einer der schönsten Teile des Rheins, und es war zu schön, diese alten Burgen in jedem Grad ihrer Ruine zu sehen, die über die steilen Felsen hinausragten, so hoch in der Luft, und dann die Weinberge, die die Hänge hinabstiegen der Rand des Wassers. Die gesamte Lage des Landes war so exquisit. Es wunderte mich nicht, dass es so gefeiert wird und so viel darüber geschrieben wurde. Ein lustiger alter Engländer kam und setzte sich neben mich, und wir unterhielten uns lange, ungefähr wie folgt:

Engländer : „England ist zweifellos das schönste Land der Welt. Sie wissen, dass die Menschen dort so reich sind, dass sie tun und lassen können, was sie wollen." „Ah ja", sagte ich, „sind Sie viel in Deutschland gereist?" „O ja! Ich bin in ganz Deutschland unterwegs gewesen. Ich komme jedes Jahr den Rhein hinauf", sagte er. „Es ist alles sehr hübsch, wenn man es noch nie zuvor gesehen hat, aber jetzt bedeutet es mir nichts mehr." „Waren Sie schon einmal in Berlin?" fragte ich. „O ja", sagte er. „Ich sollte dort nicht leben wollen. Eure Preußen sind so verdammt arrogant. Sie denken, sie seien die großartigsten Menschen der Welt." „Wie hat Ihnen Dresden gefallen?" sagte ich. „Blödes Loch", sagte er. „Leipzig?" „Eine langweilige Stadt." „ Stuttgardt ?" "Ziemlich hübsch." „Kissingen?" „„ Schrecklicher Ort, nichts als Fanatiker; jeden zweiten Tag ist ein Heiligentag , und die Geschäfte sind geschlossen." "Wiesbaden?" „Sehr schöner Ort." „Ems?" „Ich war noch nie in Hems." „Mainz?" „Böses Loch." "Köln?" „Stinkender Ort." "München?" „Fürchterlich ungesund. Sie haben dort Fieber, Typhus usw. *Ich* nenne sie Fieber." „Wie schmecken Ihnen die Rheinweine?" „Ich mag sie überhaupt nicht. Es kommt sehr selten vor, dass ein Mann hier ein anständiges Glas Wein trinkt. Ich trinke sie überhaupt nicht . Ich mag ein Glas Portwein." "Bier?" „Oh, das deutsche Bier ist nicht zum Trinken geeignet. Das englische Bier ist das beste der Welt. Deutsches Bier ist ein schrecklich schlechtes Zeug. Nichts als Slops, – Slops!" Hier brach ich in Gelächter aus, denn seine schmeichelhaften Beschreibungen waren zu viel für mich. Er warf mir einen fragenden Blick zu und sagte: „Nun, ich bin froh, dass ich dich zum Lachen gebracht habe. Du kommst aus Amerika, nicht wahr?" „Ja", sagte ich. „Ein sehr ungesunder Ort, wurde mir gesagt." „In der Tat? Das habe ich noch nie gehört", sagte ich. „O ja, *sehr* !" sagte er. Dann ging er weg und nach einer langen Weile kam er zurück. „Ich habe geschlafen", sagte er, „ich habe zweieinhalb Stunden geschlafen, die ganze Zeit über die schöne Landschaft." „ *Was!* " sagte ich, „gefällt es dir nicht?" „Nein, es macht mir überhaupt keinen Spaß." Dann erzählte er mir, dass er in Rotterdam lebe und dass ich nach Holland kommen müsse. Er war den Niederländern gegenüber sehr gefällig, sie seien „nette, anständige Leute, wie die Engländer. Sie haben nichts Deutsches an sich", sagte er, „sie sind ein ganz anderes Volk – nicht *so* enthusiastisch . " tic ," – mit einer verächtlichen Miene. Wir stiegen in Köln aus und er fuhr weiter zu seinem lieben Rotterdam. Also sah ich ihn nicht mehr.

Oh, ist der Kölner Dom nicht großartig? Es verschlug mir den Atem, als ich ihn betrat. Die Priester hielten gerade die Vesper, als wir hineingingen, und im Dom daneben war kaum eine Person. Es war so feierlich und so ergreifend, sie alle allein die Gebete anstimmen zu sehen, ihre Stimmen anschwellend und abschwellend in diesem riesigen Raum. Und als die prächtige Orgel erklang und sie anfingen, eine Hymne zu singen, so wild und süß, mit einem Zwischenspiel, das der Organist am Ende jeder Zeile wunderschön einarbeitete – als wir dort unter diesen großen Bögen saßen, die sich bis in eine so gewaltige Höhe erheben, fühlte ich mich, als wäre ich im Himmel.

————

ANDERNACH, 16. Juli 1871.

Ich glaube, ich habe mein letztes Mal mit unserer Ankunft in Köln aufgehört, von der ich sehr wenig gesehen habe, da ich äußerst müde war, und bin im Hotel geblieben. Der Hauptanziehungspunkt war natürlich die Kathedrale, die ich mir gründlich ansah, da ich sie zweimal besuchte und jedes Mal mehrere Stunden dort verbrachte. Ich war völlig hingerissen von seiner Schönheit und Erhabenheit, wie jeder andere auch sein muss. Die Beschreibungen, die ich gehört hatte, und die Fotos, die ich davon gesehen hatte, bereiteten mich überhaupt nicht darauf vor. Die *Höhe* des großen Haufens ist meiner Meinung nach eines der erstaunlichsten Dinge. Die drei- und vierstöckigen Häuser daneben sehen aus wie Hütten. Neben dem Dom habe ich nur die Kirche gesehen, in der die elftausend Jungfrauen begraben sind, aber das war mehr merkwürdig als schön. – Ich war sehr beeindruckt von den Geschäften in Köln, die ich viel schöner finde als die Berliner, und sah kein Ende von Dingen in den Fenstern, die ich gerne gekauft hätte. Allein die Krawatten haben mir den Kopf verdreht!

Wir verbrachten nur zwei Tage in Köln und fuhren dann nach Bonn, was nur eine sehr kurze Strecke ist. Hier waren wir in einem Hotel direkt am Fluss und ich hatte ein süßes kleines Zimmer ganz für mich allein. Die Aussicht flussaufwärts und flussabwärts war großartig und wir konnten die Sieben Berge am schönsten sehen. Bonn ist die ruhigste, verschlafenste kleine Stadt, die man sich vorstellen kann, und meiner Meinung nach genau der richtige Ort zum Studieren. Wir sahen das Geburtshaus Beethovens, ein kleines gelbes, zweistöckiges Haus, und besichtigten dann das neunhundert Jahre alte Münster. Wir sahen dort ein Grabmal, das dem Andenken an den ersten Architekten des Kölner Doms gewidmet war und auf dem seine Statue lag. Er hatte ein überaus schönes Gesicht und ich konnte mir sehr gut vorstellen, dass er zu solch einer großartigen Vorstellung fähig wäre. Wir hatten große Schwierigkeiten, in Bonn ein Abendessen zu bekommen, da die Studenten als Universitätsstadt alles verschlingen. Schließlich fanden wir ein kleines Restaurant, wo man uns ein Steak, bestehend aus Steak und Kartoffeln, servierte. Nach dem Abendessen ging ich mit Herrn S. spazieren, wir aßen die ganze Zeit Kirschen und setzten uns schließlich auf eine Bank am Flussufer, von wo aus wir eine bezaubernde Aussicht hatten. Dann gingen wir zurück zum Hotel und ich ging direkt ins Bett. Es war köstlich, dort zu liegen und die kleinen Wellen vor meinem Fenster zu hören. Es ist genau der richtige Ort für Flitterwochen – so weit weg von der Welt, wie es scheint, und ohne die Hektik und Hektik anderer Städte.

Am nächsten Morgen um sechs Uhr nahmen wir das Boot und landeten in etwa einer halben Stunde in einer kleinen Stadt auf der Bonn gegenüberliegenden Seite des Flusses und begannen unsere Fußtour durch die Sieben Berge, die wir bestiegen und bestiegen stieg um vier ab. Sie waren alle sehr steil und schwierig zu erklimmen, und es erinnerte mich an meinen Ausflug zum Mount Mansfield vor Jahren, nur dass wir *damals* Pferde hatten. Auf einem davon, dem Löwenberg , übernachteten wir . Das war eine lustige Erfahrung, da wir fünf Damen alle in einem Raum und in einem großen Strohbett auf dem Boden schlafen mussten. Die Flöhe haben uns die ganze Nacht über gebissen, sodass wir nicht *viel* geschlafen haben . Am nächsten Tag erwähnte ich die kleine Tatsache gegenüber der Dienerin, worauf sie antwortete: „Ja, wenn man nicht an Flöhe und Bettwanzen gewöhnt ist, kann man *schlecht* schlafen!" Ich stimmte ihr voll und ganz zu! – Unser Spaziergang war bezaubernd, trotz der Schwierigkeit des Aufstiegs und der Tatsache, dass wir alle Schulranzen über den Schultern trugen und einen Schal und einen Regenschirm trugen, was die Fortbewegung ziemlich schwierig machte. Wir befanden uns in den Schattenwäldern, folgten köstlichen, nach Blumen duftenden Fußwegen und über unseren Köpfen sangen und trillerten die Vögel so laut sie konnten.

Es war himmlisch auf dem Löwenberg , denn die Aussicht war von allen Seiten herrlich und es kam uns vor, als stünden wir auf dem höchsten Gipfel des Universums. Ich saß stundenlang da, blickte über die schöne Landschaft und folgte den Windungen des Rheins. Die atmosphärischen Effekte, die der Sonnenuntergang hervorrief, waren wunderbar, und als es neun Uhr wurde, sahen wir die Lichter aus den entfernten Dörfern unten eins nach dem anderen aufblitzen wie kleine Erdsterne – Spiegelbilder der himmlischen oben. Der letzte Berg, den wir bestiegen, war der Drachenfels, und es war ein furchtbarer Sog. Die drei anderen waren vergleichsweise so leicht gewesen, dass keiner von uns wusste, was auf uns zukam. Aber wir fanden es bald heraus! Es war, als würde man versuchen, eine Wand hochzuklettern, so steil war es. Aber als wir oben waren , wurden wir belohnt, denn die Aussicht war großartig und es gab dort oben eine interessante alte römische Ruine. Wir bummelten umher, aßen ein ausgezeichnetes Abendessen und kamen dann am späten Nachmittag herunter, nahmen ein Ruderboot und ruderten über den Rhein nach Rolandseck , einem eleganten Badeort und so charmant, wie deutsche Städte eben sein können.

———

GOTHA, *27. Juli 1871* .

Seitdem ich Dir aus Andernach geschrieben habe, bin ich ständig unterwegs. Die ganze Gruppe außer Frau VN und mir machte eine Fußgängertour entlang des Rheins von Rolandseck nach Bingen, eine Strecke von sechzig Meilen. Ich fing an zu laufen, aber als ich fünfzehn Meilen zurückgelegt hatte, gab ich auf und war froh, das Boot zu nehmen. Frau VN war gehbehindert und konnte nicht gehen, also übernahm ich die Obhut für sie und wir reisten gemeinsam weiter. Als wir am Bahnhof ankamen, wo wir vereinbart hatten, auf die anderen zu warten, setzte ich sie irgendwo hin, die Taschen der Gruppe um sie herum gestapelt, und dann machte ich einen Ausflug, schaute mir die Hotels an und belegte unsere Zimmer.

Wir haben den Rhein von Köln bis Worms sehr gründlich besichtigt – denn wir haben die ganze Zeit über angehalten. Er ist wirklich großartig, und nichts kann interessanter und malerischer sein als diese alten Burgruinen, die aussehen, als wären sie dort gewachsen. Bingen ist der schönste Ort und genau der richtige Ort, um den Sommer zu verbringen. Von dort reisten wir nach Worms, einer entzückenden alten Stadt. Wir waren nur ein oder zwei Stunden dort, aber der Weg vom Boot zu den Autos führte meiner Meinung nach durch den schönsten Teil des Rheins und war sehr romantisch, über gewundene, von Bäumen beschattete Wege. Wir haben dort das große Lutherdenkmal gesehen, das äußerst imposant ist. Das Äußere des Doms ist prächtig und weist einen ganz anderen Baustil auf als der Kölner Dom. Von Worms gingen wir nach Spire, um den dortigen Dom zu besichtigen, der großartig und sehr berühmt ist. Er wurde 1030 von Konrad dem Zweiten als Grabstätte für sich selbst und seine Nachfolger gegründet. Es hat überhaupt keine Buntglasfenster, nicht einmal im Altarraum, was mich überraschte, aber die Fresken und die gesamte Farbgebung im Inneren sind überaus prachtvoll. Es ist im romanischen Baustil gehalten und unterscheidet sich so sehr vom Kölner Dom, dass es sehr interessant war, aber schließlich gibt es nichts, was mit der Gotik vergleichbar wäre.

Von Spire fuhren wir nach Heidelberg. Heidelberg hat mich verzaubert. Es ist der romantischste und schönste Ort, an dem ich je war. Das Schloss ist der Fürst der Ruinen. Ich hatte mir von Anfang an vorgenommen, dass ich mich in Heidelberg amüsieren würde, denn mein Freund Dr. S. studierte dort und ich wusste, dass ich ihn als Begleitung haben würde. Deshalb hatte ich die Gruppe von Anfang an gedrängt, dorthin zu gehen. Sobald wir ankamen, machte ich mich auf die Suche nach ihm, was mir bald gelang. Er war sehr froh, mich zu sehen, und stellte sich mir sofort zur Verfügung. Sie wissen, dass die S.s unter anderem in Heidelberg gelebt haben, also kennt er alles auswendig. Nach dem Abendessen gingen wir natürlich alle zum Schloss hinauf. Ich bedauerte sehr, dass ich Hyperion nie gelesen hatte. Wir mussten einen langen Hügel hinaufsteigen, bevor wir dorthin kamen, aber das Wetter war perfekt, also machte uns das nichts aus. Es liegt so hoch, dass der Blick auf die Stadt und den Neckar, der sich durch sie schlängelt, mit den bewaldeten Hügeln am gegenüberliegenden Ufer ein Panorama bietet.

Das Schloss selbst ist eine riesige Ruine und sehr reich verziert. Zweihundert Jahre alter Efeu klettert in großer Üppigkeit darüber. Wir gingen durch ein Tor, über dem zwei steinerne Ritter stehen, von denen es heißt, dass sie um Mitternacht ihren Platz tauschen, und mit diesem Ort sind alle möglichen bezaubernden Geschichten dieser Art verbunden. Wir sahen einen wunderschön geschnitzten Steintorbogen, der in einer einzigen Nacht zu Ehren des Geburtstages von jemandem errichtet wurde, und in einer Ecke des Geländes stand ein Denkmal mit einer Inschrift darüber, die besagte, dass hier eine angesehene Persönlichkeit gestanden hatte (das vergesse ich immer). leider alle Namen, aber „das *Prinzip* bleibt dasselbe"), als die Burg von den Franzosen belagert wurde. Zwei Bälle kamen aus entgegengesetzten Richtungen, flogen dicht an ihm vorbei und schlugen gegeneinander, sodass er wie durch ein Wunder unversehrt blieb!

ausreichend umrundet hatten, gingen wir hinein. Es hat lange gedauert, bis wir es durchgesehen haben, es war so groß. Wir sahen den steinernen Kerker, der „Niemals leer" genannt wurde, weil dort immer jemand eingesperrt war – ein schreckliches Loch, und es musste vollkommene Dunkelheit gewesen sein – und wir sahen das große Heidelberger Fass, auf dessen Oberseite ein Gerüst stand Es ist groß genug, um darauf eine Quadrille zu tanzen. Aber das Schönste von allem war der Aufstieg auf den Turm. Gerade als wir oben angekommen waren und begonnen hatten, die herrliche Landschaft zu genießen, stimmte in einiger Entfernung ein Orchester Wagners „Kaisermarsch" an. Es war der einzige Handgriff, der nötig war, um das *Ensemble* perfekt zu machen. Auf der einen Seite lag die Landschaft weit unter uns, durch die sich der silberne Fluss schlängelte; auf der anderen Seite erhoben sich die Hügel hinter dem Schloss zu einer ungeheuren Höhe und mit der größten Kühnheit der Umrisse. Die Gipfel waren dicht bewaldet, und weiter unten waren die Bäume wunderschön gruppiert, und der samtige Rasen rollte und wuchs bis zum Fuß des Schlosses. Die Sonne ging gerade an einem klaren Himmel unter und warf lange Schatten über die Szene, und ich dachte, ich hätte noch nie etwas Auffälligeres gesehen. Dann zu hören, wie Wagners Kaisermarsch von einem gut ausgebildeten Orchester in die Höhe geschossen wird, ist eine Kombination, wie man sie vielleicht nicht mehr als einmal im Leben bekommt.

Der Marsch ist großartig, so pompös und majestätisch, und mit köstlichen Melodien, die gelegentlich eingeflochten sind. Wagners Melodien sind so schwer und berauschend süß, dass sie fast narkotisch wirken. Seine Musik weckt eine Reihe von Emotionen, die keine andere Musik hervorbringt, und er ist ein großer Originalist. Sie hat die Kraft, Sehnsucht und Streben in einem wunderbaren Ausmaß auszudrücken, und es kommt mir immer so vor, als ob zwei Impulse ständig versuchen würden, die Oberhand zu gewinnen. Der eine ist die Verkörperung all jener vagen Sehnsüchte der Seele, ihr Gefängnis zu sprengen, und der andere ist das Wiegen des Körpers im Schoß der Lust. Ich habe immer das Gefühl, als würde ich in Ohnmacht fallen, wenn ich seine Kompositionen höre. Dann sind seine Harmonien so seltsam verführerisch, so kompliziert, so „ großartig ", wie die Deutschen sagen, und so eigenartig! Oh, ich empfinde eine immense Bewunderung für ihn! Er denkt, dass Musik nicht die Nachahmung einer Idee ist, sondern dass sie die Idee *ist* .

Aber zurück zum Schloss: Wir blieben einige Zeit oben im Turm und machten dann einen Rundgang durch das Innere. Danach gingen wir spazieren und saßen herum, bis die ganze Gruppe dachte, es sei Zeit, zum Hotel Dr. S. zurückzukehren, und ich dachte, wir würden dort oben zum Abendessen bleiben. Also gingen wir dorthin, wo das Orchester spielte, und zwar in einem geschlossenen Raum in der Nähe des Schlosses. Wir nahmen an einem kleinen Tisch im Freien Platz und bestellten auch ein köstliches kleines Abendessen

"Eine Flasche Wein

Damit wir strahlen"

in *Konversation!* – und so vergnügten wir uns mit dem schönsten Abend, den ich je verbracht habe.

In unserem Hotel in Heidelberg hörte ich ständig einen Mann im Zimmer unter uns wunderbar spielen, und jedes Mal, wenn wir an seiner Tür vorbeikamen, stand sie offen, und wir konnten teilweise das Innere eines bezaubernden Zimmers mit einem Flügel darin sehen, an dem er saß. Eine hübsche Frau lag anscheinend immer in der Ecke des Sofas und hörte ihm zu. Die Anwesenheit einer großen Wachspuppe deutete darauf hin, dass ein Kind in der Nähe sein musste, und der Duft von Blumen drang durch die offene Tür. Mein Interesse an diesen Leuten war sofort geweckt, und als ich diesen Herrn jeden Tag üben hörte, sagte ich mir: „Das muss ein Künstler sein, der den Sommer hier verbringt und sein Winterprogramm aufstellt . " Als er am Sonntagnachmittag wunderschön spielte, stand ich auf und fragte eine Dienerin, wer er sei. „Nicolai Rubinstein aus St. Petersburg", antwortete sie. Er ist der Bruder des großen Anton Rubinstein und ein fast ebenso guter Pianist. Ich kenne einen Schüler von Tausig, der bei ihm studiert hatte, und Tausig hatte eine hohe Meinung von ihm.

Oh, ist es nicht *schrecklich* ? Als wir in Bingen waren , lasen wir in der Zeitung die Nachricht von Tausigs Tod! Er starb am 17. Juli in Leipzig an Typhus, verursacht durch eine Überbeanspruchung seines musikalischen Gedächtnisses. Es war ein schrecklicher Schlag für mich, wie Sie sich vorstellen können, und wenn ich an sein wunderbares Spiel denke, das für immer zum Schweigen gebracht wurde und vergleichsweise am Anfang seiner Karriere stand, kann ich mich nicht damit abfinden. Wenn Sie seine unvergleichlich geschulten Finger hätten hören können, könnten Sie mit mir in dieser Angelegenheit mitfühlen. Ich hatte damit gerechnet, ihn im nächsten Winter zu hören, denn im vergangenen Winter gab er in Berlin keine Konzerte. Er war erst einunddreißig Jahre alt!

KAPITEL XI.

Eisenach. Gotha. Erfurt. Andernach . Weimar. Tausig.

BERLIN, *15. August 1871* .

Nun, hier bin ich zurück im stinkenden alten Berlin! Ich habe es wirklich gehasst, Heidelberg zu verlassen, es war so ein paradiesischer Ort, aber wir haben danach so viel Schönes gesehen, dass mein Eindruck davon etwas getrübt ist. Von Heidelberg aus fuhren wir nach Eisenach, seinem Rivalen auf eine andere Art, denn hier fuhren wir über die Wartburg – das Schloss, das berühmt dafür war, die heilige Elisabeth zu bewohnen, und wo Luther die Bibel übersetzte und zehn Monate seines Lebens verbrachte als Ritter verkleidet. Ich sah sein Zimmer, ein kahles und trostloses Loch, aber mit einer herrlichen Aussicht aus den Fenstern. Das Schloss ist in gutem Zustand und ein edler Pfahlbau. Ich nehme an, dass der Herzog von Weimar dort jeden Sommer einige Zeit verbringt, denn es sieht aus, als wäre es bewohnt. Es ist unendlich interessant. Dort gibt es eine hübsche kleine Kapelle, in der Luther einst predigte, und alles ist so erhalten geblieben, wie es zu seiner Zeit war – ein kleines Juwel. Die Wartburg liegt auf einem sehr hohen Hügel und die Aussicht von dort ist großartig. Von dort aus ist unter anderem der Venusberg zu sehen, den Wagner in seiner berühmten Oper „Tannhäuser" eingeführt hat. Er war von der Wartburg so fasziniert, als er sich in deren Nähe versteckte, als er vor zwanzig Jahren von der Regierung verfolgt wurde, um als Revolutionär verhaftet zu werden, dass er nie ruhte, bis er die Legenden der Heiligen Elisabeth und der Heiligen Elisabeth vereint hatte den Venusberg in seiner Oper. Auch Liszt schrieb als Hommage an die Wartburg ein Oratorium über die heilige *Elisabeth* .

Von Eisenach fuhren wir nach Gotha, einem schönen Ort, der von Bäumen beschattet wird und von einer sehr imposanten Burg mit zwei riesigen Türmen überragt wird. Es ist ein riesiges Bauwerk und von einem herrlichen Park umgeben, durch den der sich langsam windende Fluss fließt. Ich glaube, dass Gotha dem Herzog von Sachsen-Coburg gehört, dem Bruder der Königin von England, oder so. Auf jeden Fall befindet sich in der Mitte dieses Flusses eine Insel, auf der die herzogliche Familie begraben liegt, und sie ist so dicht mit Bäumen bepflanzt, deren Äste über .das Wasser hinausragen, dass ihre Gräber für das gemeine Auge ganz verborgen sind. Hübsche Idee! Der Fluss plätschert träge über den grasbewachsenen Hang, der die Fürsten bedeckt, und der Wind, der durch die Bäume rauscht, singt ihr Klagelied.

Von Gotha fuhren wir nach Erfurt, wo wir nur eine Nacht verbrachten, um den Dom zu besichtigen. Erfurt ist ein undinischer Ort voller fließender Bäche und Brücken und rauschender Mühlen . Ich sah eine Straße, in deren

Mitte ein Bach mit rasendem Tempo dahinplätscherte, und in jedem kleinen Abstand gab es zwei oder drei Trittsteine, über die man ihn überqueren konnte. Man stelle sich nur vor, wie faszinierend das für Kinder ist! Ich sehnte mich danach, dort zu bleiben und selbst ein bisschen zu spielen. Der Erfurter Dom ist viel kleiner als die von Spire und Köln, aber von außen ist er wunderschön. Das Querschiff ist ein Meisterwerk und hat fünfzehn riesige Fenster aus reichem altem Buntglas, die es umgeben. Das Mittelschiff gefiel mir nicht so gut, denn abgesehen davon, dass es nicht sehr reich war, waren die Seitenschiffe auf gleicher Höhe mit dem Hauptkörper des Doms und nicht ausreichend davon abgegrenzt, um zu verhindern, dass das Dach wie eine Decke aussah. Ich glaube, die Seitenschiffe waren im Kölner Dom gleich hoch wie das Hauptschiff, aber die Torbögen und Säulen schnitten sie stärker ab, so dass es eine andere Wirkung hatte . – Ich interessiere mich mehr für Kathedralen als für alles andere und möchte durch ganz Europa reisen und alle verschiedenen sehen. In Andernach gibt es eine schöne alte Kirche , römisch-katholisch, wie die meisten Kirchen am Rhein. Ich ging dort an einem Sonntagmorgen zur Kirche und blieb den ganzen Gottesdienst über. Sie hatten die kraftvollste Kirchenmusik, die ich je gehört habe. Es gab einen ausgezeichneten Knabenchor, der im Gleichklang sang und die Gemeinde leitete, deren *Mitglieder alle* mitsangen. Die Orgel war gut, ebenso der Organist, und der Gesang war so durchgängig, dass die alten Kirchenmauern wieder erklangen. Der Priester hielt auch eine ausgezeichnete Predigt – die beste, die ich in Deutschland gehört habe.

———

BERLIN, 31. August 1871 .

Deutschland ist ein wunderschönes Land und es ist absolut köstlich, durch es zu reisen. Ich glaube, ich habe alle Orte beschrieben, die wir besucht haben, mit Ausnahme von Weimar. Weimar ist entzückend und so interessant, weil dort Goethe und Schiller, Wieland und Herder gelebt haben und alles mit ihnen und insbesondere mit den ersten beiden verbunden ist. Es gibt viele schöne Statuen in der kleinen Stadt und einen köstlichen großen Park entlang des Flusses, der unter Goethes Aufsicht angelegt wurde. – Eine Gruppe von Goethe und Schiller, die zusammen vor dem Theater stehen, ist großartig. Man weiß kaum, wen man am meisten bewundern soll: Goethe mit seinen höfischen, gebieterischen Gesichtszügen oder Schiller mit seiner extremen Idealität und dem leicht zurückgeworfenen Kopf, als wollte er sich direkt vom Himmel inspirieren lassen. Es ist eine höchst verblüffende Vorstellung.

Das Schloss des Großherzogs von Weimar ist die wichtigste „Ausstellung" des Ortes. Es ist mit den reichsten Kunstwerken gefüllt und verfügt über wunderschöne Fresken in den Räumen, die jeweils einem bestimmten Autor gewidmet sind und seine berühmtesten Werke darstellen. Es gibt das Goethe-Zimmer und das Wieland-Zimmer usw. Das Wieland-Zimmer ist das Charmanteste. Die Fresken an den Wänden veranschaulichen allesamt seinen „Oberon", sein berühmtestes Werk, und ein Bild zeigt, was geschah, als Oberon in sein Horn blies. Sie müssen wissen, dass jeder zum Tanzen verpflichtet ist, wenn Oberon in sein Horn bläst. Auf diesem Bild ist er also dargestellt, wie er in einem Kloster bläst, und alle dicken Mönche und Nonnen tanzen wie verrückt davon. Sie sehen so ernst aus und als ob sie es überhaupt nicht tun wollten, aber trotzdem *werden ihre Füße in die Luft fliegen*. Die Pantoffeln der Nonnen kleben kaum, und das sieht so absurd aus! Es hat mich genauso amüsiert wie der schelmische Oberon selbst, so fein hat der Künstler es umgesetzt. Es gab noch ein anderes Motiv, das eine Gruppe von Nymphen darstellte, die Hand in Hand in der Dämmerung am Himmel tanzten, und es war das Anmutigste ! – Ihre zarten kleinen nackten Füße mit allen hübschen Wendungen, die ein Fuß nur haben kann, ihre Kleider und Haare wehen herab die Brise und jede Haltung so luftig. Es war *reizend* ! Die Goethe-Fresken stammen von einem anderen Maler und sind nicht so schön, aber ich bevorzuge Bilder gegenüber Fresken. Nur eine Suite der herzoglichen Räume war mit Fresken bemalt. Die anderen zeigten hervorragende Bilder alter Meister, viele davon Originale.

Der Herzog ist selbst Künstler und entwirft viele hübsche Dinge. So entwarf er beispielsweise die großen Kandelaber, die zu beiden Seiten eines der Türrahmen standen – Amor, der durch einen Kranz aus Disteln und Brennnesseln lugte. Er kniete auf einem Knie und schob sie mit jeder Hand beiseite. Das Ganze war aus vergoldetem Metall und wirkte sehr zierlich, außerdem war es eine gute Illustration der Schmerzen der Liebe! Ich denke, der Herzog hat wahrscheinlich einige der Bilderrahmen entworfen, denn sie waren besonders reich und kunstvoll; so bestanden beispielsweise die Rahmen der Originalkartons von Leonardo da Vincis Letztem Abendmahl vollständig aus den Blättern und Blüten der Calla-Lilie. Die Blätter überlappten sich, und hier und da wurde eine Lilie dazwischen gelegt. Die Blumen waren mit einer anderen Farbe als die Blätter vergoldet. Sie waren *sehr* schön. Die Bilder hingen nicht alle so zusammen, dass sie das Auge verwirren würden, sondern hier ein Juwel und dort ein Juwel – und oh, ich sah dort die bezauberndste kleine Statue, die ich je in meinem Leben gesehen hatte! Das Motiv war „Rotkäppchen", und es stand in der Ecke eines der großen Salons. Es war etwa zwei Fuß hoch und stellte das faszinierendste kleine Mädchen dar, das man sich vorstellen kann, bekleidet mit einem Wolfsfell, das hinten herunterhing und die kleine Haube gebildet hatte. Das Kind selbst war völlig unbeschreiblich – das zierlichste kleine Geschöpf mit dem bezauberndsten Ausdruck von Unschuld und Schalkhaftigkeit. Wenn sie so ausgesehen hätte, wäre ich dem Beispiel des Wolfes gefolgt und hätte sie aufgefressen! Es war wirklich eine perfekte kleine *Perle* von einer Statue.

Ich würde alles dafür geben, sie zu besitzen. Kurz gesagt, ich wünschte, der Herzog von Weimar wäre mein enger Freund, denn er muss ein Mann sein, den man kennen sollte. Wenn ich nur wie Liszt spielen könnte! – Es wundert mich nicht, dass Liszt so viel Zeit in Weimar verbringt. Ich werde übrigens ganz verrückt, wenn ich ihn höre, denn alle sagen, es gäbe niemanden auf der Welt wie ihn und er sei der einzige Künstler, der *alles in sich vereinigt*. Er spielt nicht mehr öffentlich, aber Weitzmann sagt, er sei die Liebenswürdigkeit in Person und es wäre für mich wahrscheinlich nicht schwierig, eine Gelegenheit zu bekommen, ihn privat zu hören.

Im Palast sah ich auch das kleine Boudoir der Herzogin. Es war ganz mit weißem Satin getäfelt und die Möbel bestanden aus der reichsten weißen Brokatseide. Die Fensterrahmen waren aus Malachit und man blickte durch die große Glasscheibe auf den wunderschönen Park und den gewundenen Fluss, über den eine Brücke spannte, die einem sofort in den Sinn kommt: „Geh über mich in den Garten des Paradieses, denn ich wurde zu deinem ausdrücklichen Nutzen geschaffen!" Der Park liegt auf beiden Seiten dieses kleinen Flusses Ilm und Goethes exquisiter Geschmack hat ihm eher ein natürliches als ein künstlerisches Aussehen verliehen. Es scheint, als ob man auf einer herrlichen Wiese ginge, die Bäume stehen manchmal in Gruppen, manchmal dicht am Wasserrand. Man geht in und aus Sonne und Schatten, und hier und da gibt es kleine dunkle Rückzugsorte, und, um Goldsmiths eleganten Stil zu verwenden, „nehmen die gewundenen Wege einen natürlichen Wald an ". Etwas weiter flussaufwärts, an der Seite eines sanften Hügels, stand ein kleines Haus im Wald, in dem Goethe im Sommer zu leben pflegte. Hier schlief er manchmal, und weiter oben am Hügel stand ein Sommerhaus, in dem er nach dem Abendessen seinen Kaffee trank. Links von diesem Sommerhaus hatte er eine lange Allee oder einen Aussichtspunkt aus Bäumen angelegt, deren Wipfel sich über ihm trafen und eine belaubte Decke bildeten. Es war wie ein Kreuzgang, und hier konnte er auf und ab gehen und nachdenken. Es war eine wunderbare Idee. Rechts vom Sommerhaus war ein kleiner Garten, und dahinter verlief ein Pfad, der sich durch den Wald bis zum Pfad darunter schlängelte. In einen der Felsen dort hatte Goethe ein kleines Gedicht einritzen lassen. Ich bedauerte später, dass ich es nicht abgeschrieben hatte, es war so hübsch. – Aber es war ein so reizender Ort zum Lesen und Lernen, und es schien mir einen besseren Eindruck von ihm zu vermitteln als alles andere.

Ich sah im Herzogspalast ein Klavier, auf dem Beethoven gespielt hatte. Es war ein komisches kleines Instrument mit etwa fünf Oktaven, aber mit zunehmendem Alter war es so pfeifend, dass nicht mehr viel Klang herauszuholen war. Nachdem wir mit der Besichtigung des Schlosses fertig waren, besichtigten wir die herzogliche Bibliothek. Hier habe ich als junger Mann eine prächtige Büste Goethes gesehen. Es war so schön, dass es jede

Beschreibung verschmäht. Er muss ein perfekter Apollo gewesen sein. Ich sah auch ein Bildnis von ihm, das von einem großen Künstler auf eine Tasse gemalt worden war und für das er vierunddreißig Mal saß! Der alte Bibliothekar, der Goethe gekannt hatte, sagte, dass es *genau* wie er sei und dass das Miniaturgemälde so wunderbar sei, dass es, wenn man es mit der Lupe betrachtete, nur feiner und *genauer* statt weniger fein sei! Es gab auch eine höchst edle Büste des Komponisten Glück. Das Gesicht war von Pockennarben übersät, so dass der Abdruck nach seinem Tod aus seinen Gesichtszügen geformt worden sein muss , aber ich habe noch nie ein so lebendiges, belebtes Abbild in Marmor gesehen. Es sah aus, als würde es zu einem sprechen. Da war ein lustiges Spielzeug, fast dreihundert Jahre alt. Es war ein Schlagzeugerjunge mit einem kleinen Baby auf dem Rücken. Der Bibliothekar wickelte ihn auf, und dann schlug er kräftig auf die Trommel, verdrehte die Augen von einer Seite zur anderen und wedelte mit dem Kopf, während das Baby auf seinem Rücken auf und ab hüpfte. Immer wenn kleine Kinder es sehen, macht es ihnen Angst und sie fangen an zu weinen. Es trug einen roten Flanellmantel und hatte seit seiner Herstellung keinen neuen mehr . – „Fast dreihundert Jahre alt und hatte nie einen neuen Mantel" ist schlimmer als damals, als CP sich einen Koffer kaufte und herumging Das Haus sagte: „Siebenundzwanzig Jahre alt, in dreiundzwanzig Staaten der Union gewesen und *noch nie* zuvor einen neuen Koffer gehabt!"

Goethes Haus ist nicht ausgestellt, was ich in der Familie Goethe für höchst unentschuldbar halte, Schillers Haus jedoch schon. So sahen wir das, und was für ein Kontrast es zum herzoglichen Palast war! – Man geht zu einem kleinen gelben Haus in einer der Hauptstraßen, betritt durch eine kleine Tür einen kleinen Saal und steigt zwei Stockwerke einer kleinen Treppe hinauf , und in der sehr niedrigen dritten Etage befand sich Schillers Zuhause – „Zuhause", sage ich, und das *Ganze* , also nehmen Sie es bitte in sich auf! Der erste Raum, den Sie betreten, ist eine Art Vorraum, in dem jetzt Fotos verkauft werden. Das nächste Zimmer war das Wohnzimmer , und in den letzten Jahren wurde es von den Damen Weimars im üblichen billigen deutschen Geschmack komfortabel eingerichtet. Der dritte Raum war Schillers Arbeitszimmer, von dem aus sich ein winziger vierter Raum oder ein großer Schrank öffnete, der seine Schlafwohnung war. Das Arbeitszimmer ist genau so, wie er es verlassen hat, und nichts könnte kahler und kahler sein . Kein Teppich auf dem Boden, die drei Fenster oben leicht mit einem Streifen Truthahnrot geschmückt, sein eigenes Porträt und ein paar elende Drucke an den Wänden – kurz, eine so schäbige Behausung für eine so aufstrebende Natur, dass sie fast unglaublich schien ! Sein Schreibtisch mit einem Globus, einem Tintenfass und Stiften darauf steht an einem Fenster, und das winzige Klavier seiner Frau mit ihrer Gitarre darauf steht an der Wand. Es gibt zwei oder drei Stühle und einen Waschtisch mit einer winzigen Waschvorrichtung. In einer Ecke steht das winzige, unbemalte

Holzbett, auf dem er gestorben ist. ein Bett, das nicht zum Ausstrecken gedacht ist, sondern zum Liegen, wie es die Deutschen tun, halb zurückgelehnt, und so niedrig, schmal, schlicht und gemein, dass ich so etwas noch nie gesehen habe. Darin und an der Wand darüber hängen Kränze, die führende deutsche Schauspielerinnen als Votivgaben für ihren großen Nationaldramatiker dorthin gebracht haben, deren weiße Satinbänder mit der Zeit vergilben. Wenn Sie am Fuße der Treppe hinausgehen, sehen Sie den kleinen ummauerten Garten hinter dem Haus, in dem der Dichter gerne saß.

Nachdem wir mit den Wohnstätten der Lebenden fertig waren, besichtigten wir die herzogliche Gruft, in der Goethe und Schiller begraben sind. Es ist die Krypta einer Art Tempel, die auf dem alten, abgelegenen Friedhof in Weimar errichtet wurde und in der alle Särge in Reihen auf Stützen aufgebahrt sind. Goethe und Schiller liegen getrennt von den anderen nebeneinander am Fuß der Treppe, die in die Krypta führt. Ihre Särge, insbesondere die Schillers, sind mit Kränzen und Blumensträußen bedeckt, die von Fremden mitgebracht und dort niedergelegt wurden. Auf Schillers Stück befand sich eine Girlande aus silbernen Blättern, die die Hamburgerinnen geschenkt hatten, und eine weitere aus Blättern aus grüner Gaze oder Krepp, auf denen jeweils mit Goldfäden der Name eines seiner Stücke eingearbeitet war. Eine großartige Schauspielerin hatte es als Hommage an sein Genie selbst geschaffen. Nach allem, was ich beobachte, sollte ich urteilen, dass das deutsche Volk Schiller viel mehr liebt als Goethe. Die Herzöge und Herzoginnen liegen in ihren roten Samtsärgen weiter hinten in der Gruft, ganz unbemerkt. So viel besser ist Genie als Rang! Hummel ist auch auf dem Friedhof begraben, der der schönste ist, den ich je gesehen habe – nicht steif und „geordnet" wie bei uns, sondern so natürlich! mit überwucherten Fußwegen und mit viel weniger und einfacheren Grabsteinen und Denkmälern und viel mehr Weinreben und Blumen und Rosen, die über den Gräbern wachsen. Wir gingen zu Hummels Grab, und wenn ich Goethe und Schiller gewesen wäre, wäre ich viel lieber wie er im Freien begraben worden, inmitten dieser süßen, halb wilden, halb sanften Natur, als in dieser düsteren Gruft.

Wenn ich von Hummel spreche, muss ich an Tausigs Tod denken. War es nicht schrecklich, dass er so jung gestorben ist? Was für ein großartiger Künstler er war! Ich kann mich überhaupt nicht damit abfinden, und er hat letzten Winter nur zweimal in Berlin gespielt.

Er war eine seltsame kleine Seele – ein vollkommener Menschenfeind. Niemand kannte ihn näher. Den letzten Teil seines Lebens verbrachte er in strengster Zurückgezogenheit, einer tiefen Melancholie verfallen. Er erkrankte in Leipzig, wohin er Liszt treffen wollte. Bis zum neunten Tag hoffte man auf seine Genesung, aber in der Nacht erlitt er einen Rückfall und starb am zehnten Tag, ganz plötzlich. Seine sterblichen Überreste wurden nach Berlin gebracht und er wurde hier begraben. Man tat alles, um ihn zu retten, und er hatte die berühmtesten Ärzte, aber es war vergebens. Meine letzte Hoffnung auf Unterricht bei ihm ist also dahin, sehen Sie! Ich erwarte nicht, jemals wieder ein solches Klavierspiel zu hören. Es war ihm ebenso unmöglich, einen falschen Ton zu spielen, wie es anderen Leuten unmöglich ist, einen richtigen zu spielen. Er war absolut unfehlbar. In allen Zeitungen steht die Geschichte, er habe einmal vor seinen Freunden ein Stück nach den Noten gespielt. Die Musik fiel auf die Tasten, aber Tausig ließ sich nicht im Geringsten stören und spielte weiter durch das Papier, seine Finger durchbohrten es und griffen die richtigen Akkorde, bis ihm jemand zu Hilfe eilte und die Noten wieder in die richtige Reihenfolge brachte. Oh, er war ein Wunder, und sein Tod ist ein tragischer Verlust für die Kunst. Er war ein so wahrer *Künstler*, sein Niveau war so unermesslich hoch, und er hegte eine so stolze Verachtung für alles, was auch nur annähernd an Geschwätz oder das, was er *Spectakel nannte, heranreichte*. Ich habe gesehen, wie er die gigantischsten Schwierigkeiten bewältigte, ohne sich ein Zeichen von Anstrengung zu erlauben, außer einem fast unmerklichen Zusammenziehen eines Mundwinkels. – Und dann sein Anschlag! Nie werde ich ihn vergessen! – dieser *Rausch* von Silber über die Tasten. Er überanstrengte sich jedoch völlig, und sein gesamtes Nervensystem war lange vor seiner Krankheit völlig zerstört. Er sagte letzten Winter, dass ihm allein der Gedanke, öffentlich zu spielen, unerträglich sei, und nachdem er in den Zeitungen angekündigt hatte, dass er vier Konzerte geben würde, erinnerte er sich unter dem Vorwand einer Krankheit an die Ankündigung. Dann dachte er, er würde nach Italien gehen und dort den Winter verbringen. Aber als er bis nach Neapel kam, sagte er sich: „*Nein, hier bleibst du nicht* (Nein, du bleibst nicht hier);" und er kam zurück nach Berlin. Er selbst scheint nicht gewusst zu haben, was er wollte; er hatte einen unruhigen, gequälten, kapriziösen Geist, der der Welt feindlich gesinnt war. Vielleicht hatte seine Ehe etwas damit zu tun. Seine Frau war ebenfalls eine wunderschöne Künstlerin, und sie hielten große Stücke auf einander, aber sie konnten nicht zusammenleben. Aber Tausigs ganzes Leben war ein Mysterium, und seine Zurückhaltung war so vollkommen, dass niemand sie durchdringen konnte. Wenn ich vor zwei Jahren in der Musik nur auf dem Stand gewesen wäre, auf dem ich jetzt bin, hätte ich sofort in seine Klasse gehen können. Seine Schüler waren die meisten von ihnen bereits Künstler oder hatten den Punkt erreicht, an dem sie die Technik ziemlich gut beherrschten. Einige von ihnen kamen letzten Winter heraus, und der kleine Timanoff spielte in St. Petersburg Duette mit Rubinstein für zwei Klaviere.

Seit meiner Rückkehr besuche ich die erste Klasse im Konservatorium von Kullak, anstatt Privatunterricht bei ihm zu nehmen. Ich denke, es wird mir von Nutzen sein, seine besten Schüler spielen zu hören.

KAPITEL XII.

Dinnerparty und Empfang bei Mr. Bancroft. Auktion im Tausig's House. Ein deutsches Weihnachten. Die Joachims.

BERLIN, *2. Oktober 1871* .

Diese Woche war ich bei einer Dinnerparty bei Bancroft. Es waren mehrere bedeutende Deutsche dort, und ich wurde von Bötticher , dem Herrn, der alle Abgüsse im Museum arrangiert hat und der alles über Kunst weiß, hinausgeführt. Er konnte kein Wort Englisch, also haben wir es *deutsch* gesprochen. Wir sprachen das ganze Abendessen über Sappho, und er erzählte mir mehrere Einzelheiten über diese junge Frau, die ich vorher nicht kannte. Wie C. immer sagte, hatten wir eines dieser Abendessen, „wie man sie in Tausendundeiner Nacht liest", und krönten es mit einem Glas meines Lieblings -Tokajers, dessen Genuss ich, wie ich leider gestehen muss, so sehr ausdehnte, dass schließlich das Signal gegeben wurde, ins Wohnzimmer zu gehen, und ich musste mein Glas halb voll stehen lassen, damit es vom Kellner ausgetrunken werden konnte, sobald ich mich umdrehte. Traurig, aber wahr!

An einem anderen Abend unterhielt ich mich bei einem Empfang in Bancroft mit einer charmanten Miss R.. Ich glaube, sie ist zweiundzwanzig oder drei, sehr hübsch und äußerst elegant und hat die köstlichste Art zu sprechen, die man sich vorstellen kann. Solch ein sanftes Benehmen und eine so herrlich klingende Stimme, und dann, zusammen mit dieser vollkommenen Ruhe, so eine lebendige Art, Dinge zu beschreiben! Ich war sehr angetan von ihr und freute mich, sie als Landsfrau zu haben. Sie hat mir einen wunderbaren Bericht über die Insel Java gegeben. Ich hatte ihr viele Fragen zu stellen, denn Sie erinnern sich, wie beharrlich ich das Buch eines Naturforschers (Wallace) gelesen habe, der auf der Suche nach dem Paradiesvogel nach Java ging. Miss R. ist so äußerst intelligent und doch so bescheiden; und dann diese vornehme Art . – Ich hatte nicht genug Zeit, ihr reden zuzuhören, und leider ging ihre Party am nächsten Tag weg.

Neulich fand im Haus des armen kleinen Tausig eine Auktion statt, bei der alle seine Möbel verkauft wurden. Es war sehr hübsch, ganz aus massiver Eiche und wunderschön geschnitzt. Fünftausend Taler hatte er dafür ausgegeben. Auch seine Garderobe wurde verkauft, und ich weiß nicht, wie viele Paar seiner kleinen Stiefel und Schuhe dort waren, unter anderem seine Konzertstiefel aus Lackleder. Dazu gesellte sich sein kleiner Samtmantel, den er früher trug. Ich sah es auf einem Stuhl liegen. Ich kam ziemlich krank nach Hause und lag zwei Tage im Bett. Ich nehme an, es lag an der Müdigkeit und den elenden Gedanken. Ich wollte ein Bild kaufen, aber es waren alle zu viel verkauft. Er hatte hervorragende Werke aller großen Komponisten, bis hin zu Liszt und Wagner, über seinem Klavier in dem Raum hängen, in dem er immer spielte. Kullak bedauert Tausigs Tod zutiefst. Er hatte ihn zwei Tage vor seiner Erkrankung in Leipzig besucht und gesagt, niemand hätte gedacht, dass Tausig sterben würde, so gut sah er aus. Kullak sagte, Tausig sei einer der drei oder vier großen *Spezialpianisten gewesen* . „Wer wird uns noch einmal so interpretieren?" sagte er; und ich wiederholte traurigerweise: „Wer eigentlich?"

Kullak ist übrigens ein wunderbar *gebildeter* Lehrer. Er ist ein großer Freund von Liszt und Liszt hat ihm viele Dinge beigebracht. Ich bezweifle allerdings, wie es M. mit ihm ergehen wird, wenn sie nur ein Jahr hier bleibt. Meiner Erfahrung nach dauert es ein ganzes Jahr, bis man unter einem erstklassigen Meister anfangen kann . Diese großartigen Lehrer werden keinen Schüler aufnehmen, der roh aus Amerika kommt, und schon gar nicht werden sie sich mit einem Gelehrten herumschlagen, der nicht sofort begreifen kann. Ich habe ihr heute einen dreiseitigen Brief geschrieben, in dem ich die Nachteile Deutschlands so eindringlich dargelegt habe, dass sie keine Enttäuschung empfindet, wenn sie dennoch auf der Reise besteht. Ich bin zu dem Schluss gekommen, dass ich kein Maßstab für die Eindrücke anderer Menschen bin. Wenn die Leute keine Begeisterung für Kunst haben , sehe ich keinen Sinn darin, ins Ausland zu gehen. Wenn sie die *Kultur* Europas nicht schätzen können , sind sie in Amerika viel besser dran. Es besteht kein Zweifel daran, dass wir in Bezug auf die *Bequemlichkeit* des Alltagslebens jeder Nation weit voraus sind, außer vielleicht den Engländern, die ich jedoch nicht gesehen habe.

BERLIN, 25. Dezember 1871 .

Heute ist Weihnachten, und ich habe viel an Sie alle zu Hause gedacht und mich gefragt, ob Sie wie üblich eine apathische Zeit verbracht haben. Ich glaube, wir verbringen Weihnachten in Amerika oft auf eine höchst schockierende Art und Weise, und ich habe vor, das alles zu revolutionieren, wenn ich zurückkomme. Die lange Zeit in Deutschland hat mich eines Besseren belehrt. Hier ist es eine Zeit allgemeiner Freude, und *jeder* nimmt daran teil. Gestern Abend hatten wir wie immer einen Weihnachtsbaum bei den S.s. Wir gingen um halb sieben dorthin, und es war das Schönste, was man in fast jedem Haus sehen konnte, einen gerade beleuchteten oder gerade dabei beleuchteten Baum. Da auf jeder Etage eine eigene Familie lebt, standen in einem Haus oft drei Bäume übereinander in den vorderen Räumen. Die Vorhänge sind immer zugezogen, um den Passanten den Vorteil zu geben. Sie machen hier kein furchtbares Unterfangen, einen Weihnachtsbaum aufzustellen, wie wir es in Amerika tun, und so sind sie für jeden erreichbar. Der Baum ist zunächst einmal klein und es wird nichts darauf gelegt außer Kerzen und Bonbons. Er steht auf einem kleinen Ständer in der Mitte eines großen, quadratischen Tisches, der mit einem weißen Tuch bedeckt ist, und die Geschenke jedes Einzelnen sind in einem eigenen Stapel darum angeordnet. Der Baum wird nur der Schönheit wegen beleuchtet und um ihm eine festliche Atmosphäre zu verleihen. – Nach einem frischen Spaziergang im Mondlicht (den ich im Stil von „Johnny-schau-in-die-Luft" machte, denn ich war damit beschäftigt, soweit möglich, in die Fenster der Häuser zu starren) setzten wir uns hin, um eine Tasse Tee und ein Stück Kuchen zu genießen. Ich hatte gerade mit meiner zweiten Tasse begonnen, als – Presto! – die Türen des Wohnzimmers aufflogen und da stand der kleine grüne Baum, der in Lichtern erblühte und seinen Glanz über den gut gedeckten Tisch warf. Es herrschte allgemeines Durcheinander und eine Suche nach dem eigenen Stapel, gefolgt von tiefer Stille und Spannung, während wir die Zeitungen öffneten. Darauf folgte ein Händeschütteln, eine Umarmung und ein Danken! Abschließend die befriedigende Überzeugung, dass jeder von uns „genau das hatte, was er wollte". Die Deutschen verachten das Nützliche bei ihren Weihnachtsgeschenken nicht wie wir, aber sie erwarten, dass sie mit diesen und ihren Geburtstagsgeschenken für den Rest des Jahres sowohl mit den Notwendigkeiten des Lebens als auch mit den Überflüssigen versorgt sind. Geschenke wie Strümpfe, Unterwäsche, Kleider, Taschentücher, Seifen – nichts ist verkehrt. Und jeder *muss* jedem anderen etwas geben . Das ist GESETZ.

Ich habe gerade einen jungen Künstler aus Wien gehört, der mich sehr beeindruckt hat. Sein Name ist Ignaz Brühl. Er ist ganz außergewöhnlich und hat nicht nur eine brillante Technik, sondern auch eine eigenartige und schöne Konzeption . – Aber das beste Konzert, das ich in dieser Saison gehört habe, war eines von Clara Schumann vor einer Woche, letzten Montag. Sie wurde von Joachim und seiner Frau unterstützt, und *diese* Galaxie ist in der Tat beispiellos. Frau Joachim singt köstlich. Nicht, dass ihre Stimme so bemerkenswert wäre. Solche Stimmen hört man ständig. Aber sie schafft es mit Bravour und singt deutsche Lieder, wie sie nur ein Deutscher singen *könnte* . Tatsächlich habe ich nie eine Frau gehört, die sich ihr in unaufdringlicher, aber perfekter Kunst näherte. Sie erobert einen nicht im Sturm, und als ich zum ersten Mal hierherkam, habe ich nicht viel von ihr gehalten, aber jedes Mal, wenn ich sie höre, bin ich beeindruckt, wie exquisit sie ist. Jedes Wort bekommt eine Bedeutung, und aus diesem Grund denke ich, dass man die Sprache verstehen muss, bevor man ihre Schönheit erkennen kann. Eines ihrer Lieder war Schumanns „Frühlingslied", mit dieser schnellen *Agitato*- Begleitung, wissen Sie. – Sie kam heraus und begann darin mit einem halben Atemzug und einem Zittern, genau wie ein Vogel, der aus seinem Nest flattert, und ging dann mit *solcher Hingabe* auf einem Portamento aufsteigen ! – wie der Vogel, der in seinem Flug davonfliegt. Diesen Effekt *werde* ich nie vergessen! Natürlich hat es dich völlig mitgerissen.

Abgesehen davon, dass sie so bewundernswert singt, ist sie eine Schönheit – eine Art Babyschönheit – und wenn sie in einem blassrosa Seidenkleid auftritt, das mit ihrem dunklen Haar kontrastiert und ihren kaiserlichen Hals und ihre Arme enthüllt, ist sie hinreißend. Mir wurde gesagt, dass sie nichts Besonderes war, als Joachim sie heiratete. Zweifellos hat das Zusammenleben mit solch einem Genie sie weiterentwickelt. Man sagt, dass Joachim ein so glückliches Leben hatte, dass er für immer leben möchte! Er übertrifft auf jeden Fall alles. Bei dieser Gelegenheit spielte er mit Clara Schumann Beethovens großartige Kreutzersonate für Violine und Klavier, und ich fand, es war die *großartigste Aufführung, die ich je gehört habe* ! Ich verehre Joachim vollkommen und halte ihn für das Wunder unserer Zeit. Es ist einfach Ekstase, ihm zuzuhören.

KAPITEL XIII.

Besuch in Dresden. Die Wiecks . Von Bülow. Ein Wunderkind. Grantzow , der Tänzer.

BERLIN, *10. Februar 1872* .

vor einer Woche bin ich mit JL nach Dresden gefahren, um BH zu besuchen. Wir kamen gegen fünf Uhr nachmittags dort an und wurden am Bahnhof von B.s Dienstmädchen abgeholt, die uns sofort zu ihrem Haus in der Christianstraße begleitete. B. und Frau H. empfingen uns mit größter Herzlichkeit und wir hatten eine herrliche Zeit. Ich bin erst vorgestern nach Hause gekommen und J. ist immer noch da. Die H.'s haben eine charmante Unterkunft und Frau H. ist eine hervorragende Haushälterin. Die *Küche* war ausgezeichnet und Sie können sich vorstellen, wie ich nach zwei Jahren nur „Brötchen und Kaffee" wieder ein amerikanisches Frühstück genossen habe. B. hat alles getan, was in ihrer Macht stand, um uns zu amüsieren, und sie ist die Seele der Liebenswürdigkeit. Sie lud immer wieder Leute zu einem Treffen mit uns ein, veranstaltete mehrere Teepartys und wenn wir keine Gesellschaft hatten , ging sie mit uns ins Theater oder in die Oper. Eines Abends lud sie Marie Wieck (die Schwester von Clara Schumann) zum Tee ein. Ich habe mich sehr gefreut, sie kennenzulernen, denn sie ist selbst eine hervorragende Künstlerin und spielt im Stil von Clara Schumann, obwohl ihre Konzeption nicht so bemerkenswert ist. Ihre Berührung ist perfekt. Auf B.s Bitte hin versuchte sie, für uns zu spielen, aber die Mechanik von B.s Klavier gefiel ihr nicht, und sie stand sofort auf und sagte, dass sie auf diesem Instrument nichts tun könne, außer wenn wir dazu kämen *Sie* würde gerne für uns spielen.

Ich freute mich sehr über diesen Vorschlag, denn ich war sehr gespannt darauf, den berühmten Wieck, den Trainer so vieler Generationen von Musikern, wiederzusehen. Fräulein Wieck hat Samstagabend verabredet, und wir sind entsprechend hingegangen. B. hatte uns erklärt, wie wir uns verhalten sollten, denn der alte Mann ist ein ziemlicher Charakter und man muss auf seine eigene Weise mit ihm umgehen. Sie sagte, wir müssten hineingehen (nachdem wir unsere Sachen abgelegt hätten), als ob wir schon unser ganzes Leben lang zur Familie gehörten, und „Guten Abend, Papa Wieck" sagen – (alle nennen ihn Papa). Dann sollten wir uns setzen, und wenn wir etwas zum Stricken oder Nähen dabei hätten, wäre es gut. Auf jeden Fall müssen wir die offensichtliche Absicht haben, mehrere Stunden zu verbringen, denn nichts reizt ihn so sehr, dass Leute hereinkommen, nur um anzurufen. "Was!" Er wird sagen: „Erwarten Sie, einen berühmten Mann wie mich in einer halben Stunde kennenzulernen?" dann (sehr sarkastisch):

„Vielleicht willst du mein Autogramm!" Er hasst es, sein Autogramm zu geben.

Nun, wir gingen das vorgeschriebene Programm durch . Wir wurden in einen großen Raum geführt, der viel länger als breit war. An beiden Enden stand ein Flügel. Ansonsten war der Raum äußerst schlicht eingerichtet. Mein Eindruck ist, dass der Boden einfach gelb gestrichen war, mit ein oder zwei Teppichen hier und da. An den Wänden hingen ein paar Porträts und Flachreliefs. Die Klaviere waren natürlich schön. Frau Wieck und „Papa" empfingen uns freundlich. Wir begannen mit Tee, aber bald wurde der alte Mann ungeduldig und sagte: „Kommt! Die Damen möchten mir etwas vortragen , und wenn wir nicht anfangen, werden wir nichts erreichen." Er *lebt* ganz von der Musik und hat eine Klasse von Mädchen, die er jeden Abend kostenlos unterrichtet. Fünf dieser jungen Mädchen waren da. Er ist sehr taub, aber seltsamerweise ist er nach wie vor empfindlich gegenüber jedem musikalischen Klang, und das Gleiche ist bei Clara Schumann der Fall. Dann eröffnete Fräulein Wieck den Ball. Sie ist, glaube ich, etwa vierzig und eine stämmige, phlegmatisch wirkende Frau. Sie spielte jedoch hervorragend und ihr Anschlag ist einer der köstlichsten überhaupt. Wenn man sie einmal gehört hat, ist man nicht überrascht, dass die Wiecks meinen, niemand könne ihnen den Anschlag beibringen außer ihnen selbst. Sie begann mit einer Nocturne von Chopin in F-Dur. Ich vergaß zu erwähnen, dass der alte Herr mit der Miene, als säße er auf einem Thron, in seinem Stuhl sitzt und jedes Stück, das gespielt werden soll, im Voraus ankündigt und ihm einen Kommentar hinzufügt: *z. B.:* „Diese Nocturne ließ ich meine Tochter Clara vor vierzig Jahren in Berlin spielen, und später bemerkte die wichtigste Zeitung bei der Kritik ihrer Darbietung: ,Dieses junge Mädchen scheint viel Talent zu haben; es ist nur schade, dass sie in den Händen eines Vaters ist, dessen Kopf voller merkwürdiger, neumodischer Ideen zu sein scheint' – so neu war Chopin damals für das Publikum." So fährt er fort.

Nachdem Fräulein Wieck die Nocturne beendet hatte, fragte ich nach etwas von Bach, von dem ich hörte, dass sie ihn bemerkenswert spielt. Sie sagte, dass sie im Moment nichts von Bach in der Praxis hätte, aber sie würde mir eine *Gigue* von einem Komponisten aus Bachs Zeit vorspielen – Haesler, glaube ich, sagte sie, kann sich aber nicht erinnern, da es sich um einen Namen handelte, der mir völlig unbekannt war. Es war sehr brillant und sie hat es wunderschön umgesetzt. Anschließend spielte sie den letzten Satz von Beethovens Sonate in Es-Dur, aber ihre Vorstellung davon beeindruckte mich nicht besonders. Dann machten wir eine Pause und sie forderte mich auf zu spielen. Ich weigerte mich, denn da ich eine Woche in Dresden war und nicht geübt hatte, wollte ich mich nicht hinsetzen und mir selbst nicht gerecht werden. Meine Hand ist so steif, dass Tausig von sich selbst sagte (obwohl ich es kaum glauben kann): „Wenn ich vierzehn Tage lang nicht geübt habe , kann ich nichts tun.“ Da sagte der alte Herr: „Jetzt haben wir noch was anderes.“ und stand auf, ging zum Klavier und rief die jungen Mädchen. Er ließ drei von ihnen nacheinander singen, und sie sangen wirklich sehr bezaubernd. Bei einem von ihnen ließ er eine *Kadenz* improvisieren , bei einem zweiten sang er ohne Begleitung die Altstimme dazu. Darauf war er sehr stolz. Er übt seine Schüler auf alle möglichen Arten, bringt ihnen bei, jeden beliebigen Ton zu singen und „die Leiter hoch- und runterzuspringen“, wie sie die Tonleiter nennen.

Nachdem der Meister mit dem Gesang fertig war, spielte Fräulein Wieck drei weitere Stücke, darunter ein exquisites Arrangement von Liszt für Schumanns Lied „ *Du meine Seele* “. Sie endete mit einer *Gavotte* von Glück, oder wie Papa Wieck sagen würde: „Dies ist eine Gavotte aus einer von Glücks Opern, arrangiert von Brahms für Klavier. Für den oberflächlichen Betrachter wird der zweite Satz sehr einfach erscheinen, aber in *meinem* Meiner Meinung nach ist es eine sehr schwierige Aufgabe, es genau zu treffen.“ Ich wusste zufällig genau, wie das Ding gespielt werden sollte, denn ich hatte es dreimal von Clara Schumann selbst gehört. Fräulein Wieck gefiel mir darin überhaupt nicht, denn sie nahm den zweiten Satz doppelt so schnell wie den ersten „Deine Schwester spielt den zweiten Satz viel langsamer“, sagte ich. „ *Also?* " sagte sie: "Ich habe es noch nie von ihr gehört." Dann fragte sie: "So langsam?" und spielte es langsamer. "Noch langsamer?", sagte sie und begann ein drittes Mal, als ich ständig missbilligte. " *Streng im Tempo* (im strengen Takt)“, sagte ich und nickte orakelhaft mit dem Kopf. „ *Väterchen* “, rief sie dem alten Herrn zu, „Fräulein Fay sagt, dass Clara den zweiten Satz *so* langsam spielt“, und zeigte es ihm. Ich weiß nicht, ob das so ist Die Korrektur machte Eindruck, aber dann war er *entschlossen* , dass ich spielen sollte, und als ich mich weiterhin weigerte, sagte er schließlich, dass er es sehr seltsam fände, dass eine junge Dame, die mehr als zwei Jahre an den Konservatorien von Tausig und Kullak studiert hatte, keine *solche haben sollte* Das Stück, das sie vor Leuten spielen konnte, provozierte mich, also sprang ich auf und sagte mir: „ *Kopf in die Höhe , Brust heraus , – vorwärts !* “ „(einer der militärischen Befehle hier), ich marschierte zum Klavier und spielte die Fuge am Ende von Beethovens As-Dur-Sonate op. 110. Sie saßen alle so still im Raum wie so viele Statuen, während ich spielte, und Sie Ich kann mir nicht vorstellen, wie furchtbar nervös ich war, ich dachte fünfzig Mal, ich müsste aufhören, denn wie bei allen Fugen ist es so ein Stück, dass man, wenn man einmal herauskommt, nie wieder hineinkommt, und Bülow selbst geriet da durcheinander Letzten Teil davon habe ich neulich in seinem Konzert gut überstanden, und der alte Meister war so freundlich, mich wärmstens zu loben. Er sagte mir, ich hätte viel gelernt, und fragte mich, ob ich das nicht getan hätte Ich spielte ihm viele *Etüden* vor und sagte in höflichem Deutsch: „Das sollte er lieber glauben!“

in meinen Ferien im nächsten Sommer gern bei den Wiecks studieren, wenn sie mich aufnehmen würden. Vielleicht kann ich das. Sie gelten in ihrem Stil als etwas altmodisch, und ich möchte Kullak nicht gegen sie eintauschen, aber sie sind *solche* Veteranen, dass man von ihnen viele wertvolle Ideen bekommen kann. Papa Wieck war Bülows Lehrer, bevor er zu Liszt ging.

Habe ich Ihnen gesagt, wie sehr ich von Bülow fasziniert war? Er ist großartig und genau zwischen Rubinstein und Tausig. Ich werde ihn am Samstag noch einmal hören und Ihnen dann meine vollständige Meinung über ihn schreiben. Er ist berühmt für sein Beethoven-Spiel, und ich wünschte, Sie hätten die Mondscheinsonate von ihm gehört. Eine Sache, die er tut, ist ihm völlig eigen. Er führt alle Sätze einer Sonate zusammen durch, anstatt dazwischen eine Pause einzulegen. Es hat mir sehr gefallen, da es eine *einheitliche* Wirkung ergibt und jede Bewegung die nächste hervorbringen zu lassen scheint.

———

BERLIN, *30. Mai 1872* .

Ich wünschte, L. würde hier mit Kullaks Sohn Klavier lernen. Er hat eine kleine, elfenhafte Schülerin, die zehn Jahre alt ist. Sie heißt Adele aus der Ohe (ist das nicht ein alter Rittername?) und es ist das Erstaunlichste, dieses Kind spielen zu hören! Ich habe sie neulich ein Konzert von Beethoven mit Orchesterbegleitung und einer großen Kadenz von Moscheles spielen hören , absolut *perfekt* . Sie hat die ganze Zeit über keine Note verfehlt. Ich nehme an, sie wird, wie Mehlig, eine große Künstlerin werden. Aber vielleicht hat sie, wie sie, keine große Vorstellung, sondern macht alles mechanisch. Man kann nie sagen, wie sich diese Wunderkinder entwickeln werden. – Bitte machen Sie sich keine überzogenen Vorstellungen von *meinem* Spiel! Ich bin ein ziemlich dummes Mädchen und gehe langsam vor. Ich erwarte nie, so zu spielen wie Miss Mehlig. Wenn ich jemals an Topp herankomme, bin ich zufrieden. Sie würden nicht glauben, wie lange es dauert, ein Virtuose zu werden, wenn Sie es nicht versuchen würden. Mehlig hat, wie Sie wissen, zehn Jahre lang ununterbrochen studiert und dabei immer den *besten Lehrer gehabt, und sie hatte wahrscheinlich von Anfang an mehr Talent als ich. Miss V. und Mr. G. studieren hier seit fünf* Jahren ununterbrochen und sind nicht weiter als ich jetzt. Nicht so weit. Es macht einen gewaltigen Unterschied, welche Art von Hand und Handgelenk jemand hat. Meine waren, wie Sie wissen, ziemlich steif, und es ist ein großer Nachteil, erst zu lernen, wenn man erwachsen ist. Man sollte lernen, während sich die Hand bildet.

Ich lerne gerade das a-Moll-Konzert von Schumann, das Topp beim Händel- und Haydn-Festival in Boston gespielt hat. Die Kadenz ist hart, das kann ich Ihnen sagen. Das ist das Schlimmste dieser Konzerte. Es gibt immer eine große Kadenz, bei der man ganz alleine spielen und „sich verwöhnen" muss.

Ich weiß nicht, wie es sich anfühlt, auf einmal ohne Unterstützung des Orchesters da zu sein. Es ist schon schlimm genug, wenn Kullak sich in seinem Stuhl zurücklehnt und aufhört, mich zu begleiten. Er spielt mit mir auf zwei Klavieren und ich bin so aufgeregt, dass meine Handgelenke zittern. Er ist ein großartiger Pianist und seine Technik ist perfekt. Es gibt nichts, was er nicht tun kann. Wie alle Künstler ist er so launisch und aufreizend, wie er nur sein kann, und wie die Deutschen sagen: „ *ein Mal im Himmel und das nächste Mal im Keller* “! Er hat ein tief verwurzeltes Vorurteil gegenüber den Amerikanern und lässt keine Gelegenheit aus, eine gemeine Bemerkung über sie zu machen. Und obwohl er einige bemerkenswert begabte Schüler unter seinen Gelehrten hat, besteht er immer darauf, dass die Amerikaner kein wirkliches Talent haben. Soweit ich derzeit etwas über sein Konservatorium weiß, sind seine *talentiertesten* Wissenschaftler Amerikaner. Es gibt einen jungen Kerl namens Sherwood, der erst siebzehn Jahre alt ist und nicht nur großartig spielt, sondern auch wunderbar komponiert. In meiner eigenen Klasse sind Frau B. und ich allen anderen weit voraus. Kullak wird uns sehr begeistert loben, und wenn dann jemand in der Klasse besonders schlecht spielt, wird er zu ihm sagen: „Na, Fräulein, du spielst genau so, als ob du aus Amerika kämst.“ Es macht Miss B. und mich so empört, dass wir nicht wissen, was wir tun sollen. Natürlich können wir dazu nichts sagen, denn er richtet diese Bemerkung hochtrabend an die ganze Klasse. Fräulein V. konnte Kullak nicht ertragen, und als sie und Herr G. sich neulich von ihm verabschiedeten, um nach Amerika zu gehen, ließ sie es ihn sehen. Er sagte zu ihr: „Und wann werde ich dich wiedersehen?“ „ *Niemals* “, rief sie! Wir haben nur eine Möglichkeit, uns zu rächen, und zwar indem er uns die Wahl lässt, eine seiner Kompositionen oder ein Stück von jemand anderem zu nehmen, immer aber die des anderen. Er sagte zum Beispiel zu mir: „Fräulein, du kannst Schumanns Konzert oder *mein* Konzert nehmen.“ Ich habe sofort Schumanns bekommen.

Neulich Abend habe ich eine großartige Balletttänzerin besucht. Ihr Name ist Fräulein Grantzow und sie ist Hoftänzerin in St. Petersburg, wo ich gehört habe, dass das Ballett alles seiner Art auf der Welt übertrifft. Diese Tänzerin ist ein Wunder, und man sagt, dass es seit den Tagen von Fanny Ellsler noch nie einen solchen Tanz gegeben hat . Sie hat die Figur einer Venus und das ausdrucksstärkste Gesicht, das man sich vorstellen kann. Wenn sie tanzt, ist es nicht nur Tanz, sondern eine vollständige Darstellung ihres Charakters, denn sie spielt durch ihre Bewegungen eine Rolle , genau wie wenn sie eine Schauspielerin wäre. Ich habe viele Ballette gesehen, aber ich hatte noch nie eine Vorstellung davon, was ein Kunsttanz ist. Ich habe sie in „Esmeralda“ gesehen, einem Ballett, das aus Victor Hugos Romanze arrangiert und für die Bühne modifiziert wurde. Fräulein Grantzow übernahm die Rolle der Esmeralda. Im ersten Akt wird ein Mann zum Tode verurteilt, aber unter der Bedingung begnadigt, dass eine der anwesenden Frauen verspricht, ihn zu heiraten. Die Frauen, dargestellt durch etwa fünfzig Balletttänzerinnen, kommen eine nach der anderen heran, betrachten das arme Opfer, drehen eine Pirouette um es herum und weisen es ihrerseits mit einer Geste der Verachtung zurück. Schließlich kommt Esmeralda (eine Zigeunerin) angetanzt, fragt, was los sei, und als man ihr sagt, hat sie Mitleid mit dem armen Kerl und verspricht, ihn zu heiraten, um ihn vor seinem Schicksal zu bewahren.

Als Grantzows Auftritt anstand, teilte sich die Menge der Tänzer plötzlich und sie sprang aus dem hinteren Teil der Bühne. *Was für* eine Erscheinung sie war! Zunächst einmal übertraf ihre Kleidung alles andere und sie erschien in jedem Akt in einem frischen Kleid. Im ersten trug sie einen Rock aus einem höchst schillernden Grünton. Von ihrer Taille fiel ein goldenes Netz wie ein Cestus herab, mit kleinen goldenen Quasten rundherum. Sie trug eine kleine scharlachrote Satinjacke, die ganz mit Goldmünzen gesäumt war, und ein breiter, vorne spitz zulaufender goldener Gürtel umschloss ihre Taille. Auf ihrem Kopf trug sie eine winzige scharlachrote Kappe, die ebenfalls mit Münzen gesäumt war, und um den Hals trug sie einige goldene Armreifen. In ihrer Hand hielt sie ein Tamburin, an dem vier Knoten aus bunten Bändern mit langen Enden hingen. Sie schüttelte ihr Tamburin hoch in die Luft, sprang wie ein Panther heraus, machte eine prächtige Runde um die Bühne, und nachdem sie einen immens schwierigen *Pas* mit vollkommener Leichtigkeit ausgeführt hatte, posierte sie plötzlich in der hinreißendsten und unmöglichsten Haltung und mit der fesselndsten Anmut, die man sich vorstellen kann, vor dem Publikum. So etwas wie ihren *Elan*, ihre *Gelassenheit* habe ich noch nie gesehen. So ein wagemutiges Geschöpf! Nun, ich kann Ihnen gar nicht sagen, was sie alles getan hat. Sie ist ein perfektes Terpsichore-Genie. Während des gesamten ersten Akts tanzte sie sehr langsam, nur um ihre wunderbare Anmut und die Schönheit und Originalität ihrer Positionen zu zeigen. Sie hatte eine Art, die Arme vor der Brust zu verschränken und mit einem verträumten Schritt zu tanzen, der sich von allen anderen deutlich unterschied und eine hinreißende Wirkung hatte. Während des zweiten und dritten Akts machte sie ein regelrechtes Crescendo, nur um ihre Technik zu demonstrieren und zu zeigen, was sie konnte. Alle anderen Tänzer wirkten im Vergleich zu ihr wie Holzklötze. – Fräulein Grantzow soll zwischen 35 und 38 Jahre alt sein. Wie die Zeitungen sagten, zeigt ihre Kunst die Vollkommenheit, die nur die Reife verleihen kann. Wie Sie sich vorstellen können, sind alle Männer verrückt nach ihr, und sie wurde mit Blumensträußen überschüttet, die so groß waren wie der Deckel eines Fasses. Das Spiel ihrer Gesichtszüge war ebenso außergewöhnlich wie das Spiel ihrer Muskeln. Ihr ganzes Wesen schien die Seele der Bewegung zu sein.

KAPITEL XIV.

Ein aufstrebender Organist. Kullak. Von Bülows Spielen.
Ein fürstliches Begräbnis. Wilhelmjs Konzert.
Eine Hofschönheit.

BERLIN, *1. Juli 1872* .

Seit ich hier bin, hat sich X. nach und nach zu einem großartigen Orgelspieler entwickelt, und ich glaube, er ist jetzt einer der ersten Orgelvirtuosen der Welt. Seine musikalische Aktivität ist immens, und ich bezweifle nicht, dass er hier eine der großen musikalischen Autoritäten sein wird, wenn er ein paar Jahre älter ist. Er ist ein gutherziger kleiner Dämon, die Inkarnation deutschen Drecks und guter Laune , und er gibt vor, mir verzweifelt ergeben zu sein. Letzten Sonntag war er bei M. und ging anschließend mit uns nach Hause. Im Allgemeinen gehe ich mit A. oder Herrn J. voran und lasse X. seinen Arm M. geben, aber dieses Mal habe ich ihm die Ehre gegeben , ihn selbst zu nehmen. Er ist etwa einen Fuß kleiner als ich, aber er trottete hochzufrieden neben mir her und fragte mich, was er bei diesem Konzert spielen sollte. Ich sagte ihm, er könne das Präludium und die Fuge in g-Moll so spielen, wie ich es gerade genommen hatte, „ *aber* “, sagte ich, „passen Sie auf, es gut zu spielen, denn ich werde es in den nächsten vierzehn Tagen sehr intensiv studieren, und ich werde es wissen.“ Wenn du einen falschen Ton anschlägst, erlaube ich dir sechs Fehler, aber wenn du noch einen machst , schlage ich dich. Das amüsierte ihn sehr, aber er sagte: „Es ist eine sehr komplizierte Fuge, und es ist nicht so einfach, sie mit allen Pedalpassagen perfekt zu spielen. Was werden Sie für mich tun, wenn ich ohne *einen* Fehler davonkomme?“ " Ich sagte ihm, dass es genügend Zeit gäbe, darüber nachzudenken, aber ich glaubte nicht, dass er das könnte. Ich habe keinen Zweifel daran, dass er es großartig spielen *wird* , aber ich liebe es, ihn zu quälen. Ich wünschte, seine Abteilung wäre eher weltlicher als kirchlicher Musik, denn wenn er nur Dirigent eines Orchesters oder so etwas wäre, könnte er mich so manches mitnehmen. Er traut sich nicht mehr, Klavier zu spielen, seit ich ihm ein paar Mal vorgespielt habe. Er hat mich mit seinen Improvisationen fast umgebracht, denn er hat kein Gedächtnis und musste daher immer improvisieren. Normalerweise geriet ich in heimliches Gelächter, wenn er knallte! Knall! Donner und Blitz! – überall auf der Tastatur verteilt. Es war das Komischste, was ich je gehört habe, und als ich ihn so großartig auf der Orgel ausbrechen hörte, war ich vollkommen erstaunt und konnte es überhaupt nicht mit seinem Klavierspiel in Einklang bringen. Er ist natürlich ein großartiger Leser und kann Texte vom Blatt umsetzen und so weiter. Ich kenne ihn, wie er in einem tollen Konzert im Dom Blattbegleitungen spielte und sie gleichzeitig transponierte!

6. Juli . – Sie fragen mich, warum ich es diesen Sommer aufgegeben habe, zu den Wiecks in Dresden zu gehen. – Weil sie jeden dazu bringen, ganz am Anfang seines Systems zu beginnen und es durchzugehen, bevor sie ihnen ein Stück geben, und zwar auf meiner Entwicklungsstufe das wäre Zeitverlust. Sie denken, dass niemand außer sich selbst das Anschlagen lehren kann, aber Kullak ist ein viel größerer Musiker, und ich wäre nicht bereit, ihn gegen Fräulein Wieck einzutauschen, dessen Ruf ihm nicht annähernd gleichkommt. So sehr mich Kullak auch wütend macht, ich muss zugeben, dass er ein großer Meister ist und dass er durchaus in der Lage ist, künstlerisches Talent bis zum Äußersten zu entwickeln. Er provoziert Fräulein B. so sehr, dass sie ganz starke Gedanken daran hegt, nach Stuttgart zu fahren . Das Stuttgarter Konservatorium ist so überfüllt, dass es sehr schwierig ist, Einlass zu bekommen. Lebert (Mehligs Meister) ließ ihr schriftlich mitteilen, dass er sie nur unter der Bedingung aufnehmen würde, dass sie ihm einen Brief von Kullak überbringe, in dem sie ihr erlaubte, ihn zu verlassen, da Kullak ein persönlicher Freund und ein so großer Künstler sei , dass nur die wichtigsten Gründe es rechtfertigen könnten, dass sie seine Anweisungen aufgibt! Das hat natürlich einer solchen Bewegung ein Ende gesetzt.

Ich habe immer vergessen, Ihnen Bülows Spiel zu beschreiben, und es ist mittlerweile so lange her, dass ich ihn gehört habe, dass meine Eindrücke davon nicht mehr so lebendig sind. Er hat den kraftvollsten Stil, den ich je gehört habe, und seine Phrasen sind wunderbar. Es ist, als würde man durch ein Stereoskop schauen, um ihn zu hören. Alle Punkte eines Stücks scheinen lebendig vor Ihnen zu beginnen. Er lässt mich ein wenig an Gottschalk denken, denn er ist voller Allüren. Sein Gesichtsausdruck ist im höchsten Maße stolz und hochmütig, und wenn er spielt, blickt er sein Publikum rundherum an. Er hat immer zwei Flügel auf der Bühne, einen in die eine und einen in die andere Richtung, und er spielt abwechselnd auf beiden. Sein Gesicht scheint seinem Publikum zu sagen: „Ihr seid alle Katzen und Hunde, und es ist mir egal, was ihr von meinem Spiel haltet.“ Manchmal überkommt ihn ein Ausdruck unendlichen Humors , wenn er ein Rondo oder irgendetwas Schwules spielt. Es ist sehr lustig. Er verfügt über eine bemerkenswerte magnetische Kraft und Sie haben das Gefühl, dass Sie unter der Herrschaft eines enormen Willens stehen. Viele bemängeln sein Spiel, weil sie sagen, es sei *der reine Verstand* , aber ich glaube, er hat zu viel Leidenschaft, um als rein intellektuell bezeichnet zu werden. Dennoch wird es immer von der Leidenschaft kontrolliert. Beethoven war der große Meister seines Lebens und er spielt seine Sonaten wie kein anderer.

Wenn er nächsten Winter nach Amerika geht, *müssen Sie* ihn sich unbedingt anhören, *coûte que coûte* . Ich rate Ihnen also , Ihr Geld zu sparen und sich unbedingt einen Platz in der Nähe des Klaviers zu sichern, damit Sie sein

Gesicht sehen können, denn es ist ein Studienzimmer. Ich sitze hier immer in der zweiten oder dritten Reihe.

————

BERLIN, *den 27. Oktober 1872* .

Diese Woche war ziemlich ereignisreich. Sie begann am Montag mit der Beerdigung von Prinz Albrecht, dem jüngsten Bruder des Kaisers , und es war ein sehr imposantes Schauspiel. Ich hoffte, dass Herr B. mir eine Eintrittskarte für den Dom schicken würde, wo die Zeremonie stattfinden sollte, aber da er dies nicht tat, musste ich mich mit einem Blick auf die Prozession und die allgemeine Anordnung draußen begnügen. Ich stellte mich mit H. auf einen Wagen, und wir hatten eine hervorragende Aussicht. Es gab eine aus Holz gebaute Straße vom königlichen Schloss zum Dom, die mit schwarzem Teppich ausgelegt war und über die die Prozession verlaufen sollte. Wir warteten etwa eine Stunde, bis sie kam, aber wir waren ziemlich amüsiert über die prächtigen Equipagen und Livreen der verschiedenen diplomatischen Korps, die vorbeirasten.

Wir befanden uns auf der gegenüberliegenden Seite des Kanals, der uns vom Domplatz trennte. Auf der rechten Seite des Doms befindet sich das Schloss und auf der linken Seite das Museum. Der gesamte Platz war von Militär umgeben, denn da Prinz Albrecht Feldmarschall war, hatte die Beerdigung militärischen Charakter. Sie waren wunderschön angeordnet, die Kavallerie auf der einen Seite und die Infanterie auf der anderen, und die verschiedenen Uniformen wurden einander gegenübergestellt, um farblich die besten Effekte zu erzielen . Sowohl Pferde als auch Männer standen da, als wären sie aus Marmor geschnitzt, mit größter Präzision in der Position. Kurz vor elf rollten die königlichen Kutschen mit ihren Insassen vom Schloss zum Schloss vorbei. Plötzlich begannen die Glocken zu läuten, und genau um elf Uhr begann die Prozession. Die Gardes du Corps, das Regiment des Kronprinzen, gingen dem Sarg voraus, gekleidet in weiße und silberne Uniformen, mit glitzernden Messinghelmen, die von silbernen Adlern gekrönt waren. Der Sarg selbst wurde auf einem Katafalk getragen und von acht Pferden gezogen, die mit schwarzen Samtbehängen bedeckt waren. Es war gelb und wurde von einer Krone aus Gold gekrönt. Darauf lagen das Schwert, der Helm usw. des Prinzen und einige Blumen. Ich war zu weit weg, um die folgenden Persönlichkeiten erkennen zu können. Natürlich war der Kaiser am nächsten und alle waren zu Fuß. Hinter dem Sarg wurde das Lieblingspferd des Prinzen geführt, gesattelt und gezäumt. Alle Bediensteten seines Haushalts gingen zusammen in silbernen Livren und mit großen dreieckigen Hüten, an denen lange Kreppbänder herabhingen. Die Band spielte einen Choral: „Jesus, meine Zuflucht", und die Glocken läuteten die ganze Zeit. An der Tür des Doms wurde die Prozession vom amtierenden

Klerus empfangen. Der Sarg war so schwer, dass er über eine eigens dafür errichtete Plattform aus Brettern gerollt wurde. Dann wurde es von sechzehn Trägern hochgehoben, das glitzernde Gefolge schloss sich um es, und alle fegten es zum offenen Portal.

Da der Gottesdienst kurz war, warteten wir bis zum Ende, um die acht Salven der Artillerie zu hören. Es war interessant zu sehen, wie genau sie alle feuerten, sobald das Signal gegeben wurde. Zuerst das Musketenfeuer auf der einen Seite und dann das Musketenfeuer auf der anderen als Antwort darauf. Die Offiziere galoppierten und bogen auf ihren feurigen Rossen herum, und schließlich machte die Kanone bumm – bumm. Das scharfe Knallen der Gewehre ließ einen zusammenzucken, aber das düstere Brüllen der Kanone ließ einen erschauern. Es ließ einen eine Vorstellung von einer Schlacht bekommen.

Dienstagabend besuchte ich ein Konzert eines neuen Stars der Musikwelt, eines jungen Geigers namens Wilhelmj . Er ist erst 26 Jahre alt und gilt bereits als einer der größten lebenden Virtuosen, vielleicht *als der* größte der romantischen Schule, denn Joachim gehört zu den strengen Klassikern. Alle Künstler und Kritiker sowie viele Mitglieder der Aristokratie kamen, um ihm zuzuhören. Es war sein erster Auftritt in Berlin, und als ich mich im Publikum umsah und einen großartigen Musiker nach dem anderen auswählte , zitterte ich regelrecht um ihn. Joachim und de Ahna waren unter anderem anwesend, und meine entzückende Baronin von S. kam spät hereingeschneit und sah in schwarzer Spitze über schwarzer Seide, mit Jet-Ornamenten und ihrem schönen, hochgelockten und aristokratisch hochgesteckten Haar noch exquisiter aus als je zuvor kleiner Kopf. Sie trauerte ganz und gar um den Prinzen , bis hin zu einem schwarzen Spitzenfächer, mit dem sie gelegentlich ihre Augen beschattete, so dass ihre pfirsichfarbenen Wangen dadurch deutlich zu erkennen waren. Wie ich gehört habe, ist sie selbst eine charmante Pianistin und eine große Förderin der Musik und der Musiker, insbesondere der „Musik der Zukunft" und ihrer Schöpfer. Ich sehe sie auf allen Konzerten. Wenn ihr Gesicht in vollkommener Ruhe ist , hat sie den bezauberndsten Ausdruck und eine Art himmlischen Ausdruck in ihren tiefliegenden blauen Augen. Sie ist das, was die Franzosen *spirituell* und die Deutschen *geistreich nennen* , aber wir haben in unserer Sprache kein Wort, das sie nur beschreibt.

Nun, wie ich schon sagte, mir wurde ganz schwindlig, als ich daran dachte, was für eine Tortur es war, vor solch einem Publikum zu spielen, aber Wilhelmj schien anderer Meinung zu sein als ich, denn er kam selbstbewusst die Stufen herunter mit der würdevollen Selbstsicherheit eines Künstlers, der sein Instrument beherrscht und weiß, was er kann. Er ist überaus gutaussehend, mit regelmäßigen Gesichtszügen, einer gewaltigen, überhängenden Stirn und einem Ausdruck von Kraft und

Selbstbeherrschung. Er sah aus wie ein perfektes Bild, wie er so ruhig da stand und spielte. Er war noch nicht weit gekommen, als er eine brillante Kadenz hinlegte, die das Haus zum Einsturz brachte, und es gab einen allgemeinen Applaus. Sein *Ton* (der das Großartige am Geigenspiel ist) war großartig und seine Technik meisterhaft. Er spielte nicht mit dieser Zartheit des Gefühls und der wunderbaren Ausdrucksvielfalt wie Joachim, aber es war, als wolle er die Leute nicht auf diese Weise beeindrucken. Es ließ mich an Tausig am Klavier denken. Er spielte mit größter Intensität und *Gelassenheit* , und die Saiten schienen regelrecht zu brodeln. Die Leute wurden im Sturm erobert. Das zweite Stück war ein Konzert von Raff. Wilhelmj war mitten im Andante und zersägte mit jedem Bogenstrich unsere Herzen, als plötzlich eine Saite unter der Anspannung seiner leidenschaftlichen Finger riss. Er hörte sofort auf zu spielen und zog sich die Stufen zum Bühnenhintergrund hinauf, um eine andere Saite aufzuziehen. Leider hatte er keine Ersatzsaite in der Tasche dabei und musste sich eine von einem Orchestermitglied leihen. Weitzmann, der in seiner Jugend selbst ein hervorragender Konzertviolinist war, war erstaunt über Wilhelmjs Kühnheit. „Was für *eine Unbesonnenheit* ", rief er aus, „und dann noch die G-Saite!" (eine der wichtigsten). Nach einer Pause kam Wilhelmj herunter und begann erneut, aber die Saite war so verstimmt, dass er sich ein zweites Mal zurückzog. Man könnte meinen, er war innerlich wütend, und noch dazu über sein *Berliner* Debüt! Aber er kam das dritte Mal mit äußerster Gelassenheit herunter und brachte das Konzert durch. Die Gesamtwirkung des Konzerts war jedoch verdorben, und er musste auch die Soli, die er spielen wollte, ändern, um die G-Saite so weit wie möglich zu vermeiden. Statt der schönen Nocturne in Des-Dur von Chopin (seine eigene Bearbeitung) spielte er eine Arie von Bach. Er tat es so wunderbar, dass ich wirklich überrascht war. — Ich werde nie die *Nuancen* vergessen, die er in seinen Triller legte. Aber bei seinem zweiten Konzert, bei dem er die Nocturne *spielte , war es offensichtlich, dass das Romantische seine große Stärke ist, und bei einem ersten Auftritt und vor seinem großen und kritischen Publikum hätte man ihn in diesem Genre* hören sollen . [D]

Fünfzehntes Kapitel.

Der Brand von Boston. Schwierigkeiten des Musikstudiums. Kullak. Sherwood. Hoch Schule. Ein brillanter Amerikaner. Deutscher Tanz.

BERLIN, *24. November 1872* .

In allen Zeitungen hier war von dem Brand in Boston, der Pferdepest, Schiffbrüchen, Explosionen usw. die Rede, bis ich das Gefühl hatte, ganz Amerika würde den Bach runtergehen. Was für eine schreckliche Katastrophe dieser Brand ist! Ich kann es einfach nicht fassen. Alle Deutschen fragen sich, aus welchem Holz unsere Feuerwehren geschnitzt sind, dass solche Großbrände stattfinden *können* . *Sie sagen, das wäre hier , wo die Organisation so perfekt ist* , unmöglich . Die Männer werden jahrelang für die Arbeit ausgebildet und sind im Handumdrehen zur Stelle und wissen genau, was zu tun ist. Sie sind von ihrer Exzellenz bei der Feuerwehr genauso überzeugt wie bei jeder anderen, und nichts kann sie glauben machen, dass die Brände in Chicago und Boston nicht hätten gelöscht werden können, wenn zwei oder drei ihrer kleinen Feuerwehrspritzen dort gewesen wären und von *ihren Feuerwehrleuten bedient worden wären! Sie wissen, dass ihre Maschinen auch von Hand* gepumpt werden und nicht mit Dampf wie unsere, was die Annahme umso lächerlicher macht. Es erinnert mich an eine deutsche Party, auf der ich einmal war und bei der unser Krieg Gesprächsthema war. „Oh, Sie wissen nichts über die Kämpfe dort drüben", sagte ein Herr und nickte mir herablassend über den Tisch hinweg zu. „Wenn Sie zwei oder drei unserer *Regimenter* mit einem *unserer* Generäle gehabt hätten, wäre Ihr Krieg im Handumdrehen vorbei gewesen!"

Ich hatte heute *so* einen Ärger, dass ich wirklich ganz außer mir bin! Ich sollte den ersten Satz meines Rubinstein-Konzerts im Konservatorium mit dem Orchester spielen. Ich habe mehrere Wochen lang alle meine Nerven darauf konzentriert, unaufhörlich geübt und es perfekt gelernt. Als ich es neulich in der Klasse spielte, lief es wunderbar, und ich glaube, sogar Kullak war zufrieden. Nun, natürlich freute ich mich darauf, es mit dem Orchester vor Publikum zu spielen, und hoffte, mich dabei hervorzutun. Musikdirektor Würst und Franz Kullak leiten immer diese Orchesterstunden, manchmal leitet der eine, manchmal der andere. Ich bin heute Morgen früh aufgestanden und habe anderthalb Stunden geübt, bevor ich ins Konservatorium ging, und ich war dort der erste von allen, die Konzerte spielen sollten. Ich sprach mit Würst und sagte ihm, was ich spielen sollte, und er sagte: „In Ordnung." Hätten Sie jetzt nicht gedacht, dass er mich zuerst hätte spielen lassen? Nicht im Geringsten. Zuerst hörte er das Orchester eine dumme Sinfonie von Haydn spielen, die sie genauso gut hätten weglassen können. Dann begann er zu schreien, ob Herr Moszkowski da sei. Herr Moszkowski war jedoch *nicht* da, und ich begann freier zu atmen, denn er ist ein vollendeter Künstler, studiert seit Jahren bei Kullak und spielt in Konzerten. Hätte er zuerst gespielt, wäre es natürlich doppelt so schwer für mich gewesen, meinen Mut zusammenzunehmen, und man hätte meinen können, dass Würst das berücksichtigt hätte. Da Moszkowski abwesend war, dachte ich, ich sollte sicherlich als nächstes aufgerufen werden, aber ein anderes Mädchen bekam den Vorzug. Sie spielte außerordentlich gut, und Würst machte ihr seine Komplimente und ging dann, während er Franz Kullak das Dirigieren überließ. Dann spielte eine aus meiner Klasse Beethovens G-Dur-Konzert auf erbärmliche Weise. Das arme Geschöpf, sie war nervös und verängstigt und konnte sich selbst überhaupt nicht gerecht werden. Endlich war es vorbei und endlich sang Franz Kullak: „Wir haben jetzt Rubinsteins Konzert in d-Moll. “

Ich stand auf, ging zum Klavier, wischte die Tasten ab, die von den nervösen Fingern derer, die vor mir gesungen hatten, ganz *nass* waren, und wollte mich gerade hinsetzen, als ein junger Bursche mit derselben Absicht von der anderen Seite herantrat. „O, Fräulein Fay, Sie haben dasselbe Konzert? Sehr gut, Sie können es das *nächste* Mal spielen. Heute spielt es Herr Soundso!“ Nun, haben Sie jemals etwas so Provokantes gekannt? Ich hoffte wenigstens, dass der junge Bursche es gut spielen würde und dass ich etwas lernen würde, aber er *vermasselte* es vollkommen, und da musste ich das Ganze durchstehen, während mir das Stück an den Fingerspitzen kribbelte – und jetzt weiß ich nicht, *wann* ich es spielen werde, da die Orchesterstunden so selten und so ungewiss sind. Ich hoffe, dass es in zwei Wochen eines geben wird, aber selbst dann werde ich es wahrscheinlich nicht halb so gut machen, wie ich es heute hätte machen sollen, denn das Stück wird völlig aus der Fassung sein, und ich habe es *jetzt so viel geübt* , dass ich den Klang hasse und es nicht ertragen kann, noch mehr Zeit damit zu verschwenden. So ist das Leben! Ich dachte dieses Mal, ich hätte alle Vorkehrungen getroffen, um Erfolg zu haben, denn ich war jeden Tag früh aufgestanden und hatte das „Brot der Sorgfalt“ ohne Ende gegessen, und das Ergebnis ist – überhaupt nichts! Nicht einmal ein Misserfolg. Es ist umso bedauerlicher, da heute der erste Sonntag im Monat war und ich in die Kirche gehen wollte, besonders da mich das schlechte Wetter zwei Sonntage lang zu Hause hielt. Ich bin jedoch entschlossen, das Konzert *noch zu spielen* , wenn ich darauf wette, dass es „ *Kopf und Kragen* “ ist, wie die Deutschen sagen . – Aber oh, wie schwierig es ist, in dieser Welt überhaupt *etwas* zu tun !

18. Dezember 1872. – *Letzte* Woche Sonntag spielte ich endlich mein Rubinstein-Konzert mit dem Orchester und hatte das Vergnügen, von Scharwenka zu hören, dass ich einen glänzenden Erfolg gehabt hatte. Franz Kullak sagte, meine Oktavpassagen seien hervorragend gespielt worden, und Moszkowski (der zu meiner Überraschung die erste Geige spielte)

applaudierte. So wurde ich von den dreien, vor denen ich am meisten Ehrfurcht hatte, beglückwünscht. Scharwenka und Moszkowski sind beide vollendete Künstler und exquisite Komponisten und spielen diesen Winter viele Konzerte. Scharwenka ist sehr gutaussehend. Er ist Pole und sehr stolz auf seine Nationalität. Und tatsächlich hat es *etwas* Interessantes und Romantisches, Pole zu sein. Allein der Name ruft Gedanken an Revolutionen, Verschwörungen, blutige Hinrichtungen, Maskenbälle und natürlich *Anmut* , Witz und Schönheit hervor! Scharwenka hält die Traditionen seiner Rasse, was die letztere Qualifikation betrifft, sicherlich aufrecht. Ich habe nie mit ihm gesprochen, da ich ihn nur flüchtig kenne, also weiß ich nicht, was für eine Art von *Verstand* er hat, aber wenn ich ihn anschaue, sage ich mir mit einer gewissen Befriedigung: „Er ist ein Pole." Warum ich dieses Gefühl habe, weiß ich nicht, aber ich scheine stolz darauf zu sein, Polen zu kennen! – Scharwenka hat einen klaren olivfarbenen Teint, ein ovales Gesicht, haselnussbraune Augen (*glaube ich*) und eine Masse seidig-braunen Haars, das er lang trägt und das ihm auf höchst malerische und attraktive Weise um den Kopf fällt. Er leitet immer am Sonntagmorgen die Orchesterstunden im Konservatorium am Klavier und übernimmt die fehlenden Stimmen. Bei Konzerten begleitet er. Er hat eine entzückende Gelassenheit und sitzt mit ruhiger Würde da, mit dem Rücken zum Fenster und dem Licht, das durch sein flauschiges Haar fällt. Er spielt wunderschön und komponiert nach Chopins Art. Vielleicht wird er noch größere Dinge tun und mit der Zeit seinen eigenen Stil entwickeln. Jeden Winter gibt er ein Konzert in der Sing-Akademie in Berlin.

Übrigens würde ich Ihnen nicht raten , darauf zu achten, was G. über Musik sagt. Sie ist nicht in der Lage, sich zu diesem Thema ein richtiges Urteil zu bilden, und sie provozierte mich mit ihrer ignoranten und pauschalen Kritik zu Tode. Ich habe ihr ständig Recht gegeben, aber sie über Musik und Musiker reden zu hören, ist so, als würde man SR und der M.-Menge dabei zuhören, wie sie über Kunst reden. Was *könnte* einfacher oder absurder sein, als sich hinzustellen und zu sagen: „Niemand stellt dich zufrieden." *Sachen!* — Was Kullak betrifft, denke ich, dass ein Meister an der Anzahl der Spieler gemessen werden muss, die er aufstellt. In den zwei Jahren, in denen ich bei ihm studiert habe, hat er meines Wissens sechs oder acht Künstler hervorgebracht, neben unzähligen Schülern, die sehr gut spielen. Menschen aus der ganzen Welt kommen zu ihm, und als Künstler ist er selbst erstklassig.

Ich muss Ihnen von einem neuen Bekannten erzählen, den ich gerade gemacht habe, einem Mr. P., einem Harvard-Mann, sehr faszinierend, sehr brillant, einer großartigen Persönlichkeit und dem perfektesten *Tänzer* , den ich je gesehen habe. Ich traf diesen Phönix zum ersten Mal bei einem Abendessen, als er ziemlich glänzte. Er schien die Geschichte aller Länder im Kopf zu haben und erlebte Revolutionen und Herrschaften in kürzester Zeit.

Wir führten eine lebhafte Diskussion über die Deutschen, die er verabscheut und verachtet, und er brachte alle historischen Ereignisse zur Sprache, die er konnte, um seinen Ekel zu rechtfertigen. Ich war natürlich in der Defensive. „Sie haben keine *Delikatesse*", sagte P. in seiner nachdrücklichen Art, und da musste ich nachgeben. Tatsächlich kann ich mir vorstellen, dass die Deutschen für ein anspruchsvolles Geschöpf wie ihn, das zudem von der gesamten Ritterlichkeit des Südens durchdrungen ist, gelinde gesagt erschreckend wären. „Warum", rief er, „sie bedienen dich mit ihren eigenen Gabeln am Tisch, nachdem sie mit ihnen gegessen haben! Was glaubst du, hat mein Gastgeber heute getan? Er nahm ein Stück Fleisch, das er zu essen begonnen hatte, und von *seinem eigenen Teller! und legte* es mit seiner eigenen Gabel auf meinen *!!* iss nach ihm." – P. Ich kann es nicht ertragen, wenn die Kellner in den Restaurants so tun, als würden sie ihn für einen Lord halten, und ihn mit „Herr Graf" anreden. „Ich werde sie *Herrn Graf* beibringen ", sagte er zwischen den Zähnen und senkte den Kopf, während in seinen Augen gefährliches Feuer blitzte. Aber es ist sehr wahrscheinlich, dass sie ihn für einen Lord halten, denn er sieht so aus, „auf jeden Zentimeter".

Ich traf ihn wieder bei einem Empfang und unterhielt mich mit ihm über Goethe, den er in seiner scharfsinnigen Art sezierte, als Herr und Frau N. hereinkamen . Ich wusste sofort, dass unser reizendes Gespräch zu Ende war, denn obwohl Frau N. selbst einen höchst faszinierenden und vornehm gesinnten Ehemann hat und außerdem äußerst eifersüchtig auf ihn ist, ist sie nie zufrieden, wenn der angenehmste Mann im Raum ihr nicht auch ergeben ist. Tatsächlich kam sie direkt auf uns zu und nutzte die Gelegenheit, um mir etwas Unsinniges ins Ohr zu flüstern. Natürlich musste Herr P. ihr seinen Platz anbieten. Sie war jedoch nicht ganz unverschämt genug, ihn einzunehmen, aber es war ihr gelungen, das Tête-à-Tête zu unterbrechen und seine Aufmerksamkeit abzulenken. Bald darauf kam ein anderer Herr auf mich zu, um mit mir zu sprechen, Herr P. verbeugte sich und blieb für den Rest des Abends an Frau N.s Seite gefesselt. So befriedigend sind Partys! Entweder trifft man niemanden, mit dem man reden kann, oder das Gespräch wird mit Sicherheit unterbrochen. Nur solche Frauen von Welt, wie Frau N., können den Kern des Ganzen ausmachen.

Ihm beim Tanzen zuzusehen bereitete mir jedoch fast ebenso viel Freude wie mit ihm zu reden. Er hat diese Ausstrahlung, als hätte er mit Millionen von Deutschen getanzt, und ist die Verkörperung von Anmut und Eleganz. Gerade am Ende der Party bat er mich um eine Runde, und wir tanzten drei lange. Ich habe das Tanzen noch nie so genossen. Er schafft es, seine Beine völlig zu vernichten, und sein Arm ist, obwohl stark, so leicht, dass man sich wie eine Seifenblase getragen fühlt und nur das Gefühl hat, gestützt und geführt zu werden. Er inspirierte mich so sehr, dass ich wirklich gut tanzte, aber als er mir ein Kompliment machte, verzichtete ich schlicht darauf, ihn wissen zu lassen, dass das alles ihm zu verdanken war! Durch einen lustigen Zufall ist er der Sohn jener eleganten Mrs. P., die mit mir auf dem Dampfer war, und sein Vater ist in der Politik sehr bekannt. Ich erinnere mich genau an den Stolz, mit dem Mrs. P. mit mir über diesen Sohn sprach, und wie wenig interessiert ich war. Er begleitete sie zum Dampfer, und tatsächlich sah ich sie zum ersten Mal, als Mr. T., der neben mir auf dem Deck stand, sagte: „Das war ein *Mutterkuss* ", als sie ihn zum Abschied entzückt umarmte. Mr. P. bemerkte ich überhaupt nicht, obwohl er sagt, er erinnere sich genau daran, wie ich dort stand. Er geht oder ist nach Russland gegangen und wird von dort zu seiner Familie nach Paris zurückkehren. Das ist das Schlimmste am Auslandsleben. Charmante Menschen ziehen wie Kometen über Ihren Weg und verschwinden, um nie wieder gesehen zu werden.

Übrigens fühle ich mich inzwischen allem gewachsen, was einem deutschen Tanz gleichkommt. Vielleicht kommt Ihnen das wie eine unbedeutende Aussage vor; Aber wenn ja, wissen Sie wenig über das Thema. Wenn Sie jemals „Fitz Boodles Geständnisse" gelesen haben, werden Sie sich daran erinnern, dass er den deutschen Tanz als etwas Furchterregendes und Wunderbares für Unerfahrene darstellt und dass die Verbindung zwischen ihm und Dorothea dadurch abgebrochen wurde, dass er während des Walzers mit ihr gestürzt ist und rollte immer wieder. Hier tanzen *alle*, Alt und Jung, und man sieht dicke alte verheiratete Damen mit ihren grauen, spindelbeinigen Ehemännern davonwatscheln. Eine Ablehnung hilft Ihnen nicht im Geringsten, und es besteht die Gefahr, dass Sie unbemerkt von einem alten Kerl entführt werden, der wie ein Blitz auf seinen Zehenspitzen mit Ihnen umherläuft und dessen Rockschöße in einem Winkel von deutlich *mehr* als vierzig Grad fliegen -fünf Grad. Eine Rückwärtsbewegung ist nicht möglich, und Sie sehen, wie sich der Raum mit Ihnen dreht.

Ich dachte jedoch immer, dass es ziemlich lustig sein könnte, wenn man es ihnen gleichtun *könnte* . Nach einer Pause von drei Jahren beschloss ich diesen Winter schließlich, zu einigen deutschen Bällen zu gehen und es noch einmal zu versuchen. Der erste, den ich besuchte, war ein Künstlerball. Zuerst gab es ein kleines Konzert (bei dem ich spielte), dann ein Abendessen um zehn Uhr, und dann begann das Tanzen. Beim Abendessen wurden die Tanzkarten herumgereicht, und meine verschiedenen Bekannten kamen auf mich zu und baten mich um verschiedene Tänze. Der erste bat mich um die Polonaise. „Erfreut!", sagte ich; – nicht, dass ich die geringste Ahnung gehabt hätte, was eine „Polonaise" war, aber ich war entschlossen, nicht zurückzuschrecken. Der zweite engagierte mich für die „Quadrille à la Cour" und der dritte für die „ Rheinländer " usw. usw. Ich stimmte allem mit äußerlicher Begeisterung zu, aber mit etwas innerer Beklommenheit, denn ich hielt es für einen ziemlich gewagten Schachzug, bei einem großen Ball aufzustehen und zu versuchen, eine Reihe von Dingen zu tanzen, von denen ich noch nie gehört hatte! Ich hatte jedoch Glück. Die Polonaise bestand nur aus Gehen, allerdings in verschiedenen Figuren, und das führt dazu, dass man vor ihrem Ende ständig die Partner wechselt, bis man mit jedem Mitglied des anderen Geschlechts im Raum herumgewandert ist und mit ihm gesprochen hat. So lernt die ganze Gesellschaft die anderen kennen. Wenn man schließlich zu seinem Partner zurückkehrt, wird die Party mit einem Walzer beendet und endet so.

Mein Partner war ein junger Künstler, halb Maler, halb Musiker und ein sehr intelligenter und tatsächlich charmanter Redner. Wie bei den meisten Künstlern war seine Kleidung eher 60er- und 70er-Größe. Er trug einen Mantel mit Schwalbenschwanz, der ihm jedoch nicht passte, sodass ich zu dem Schluss komme, dass er für diesen Anlass geliehen oder gemietet wurde. Es war so breit und so lang, dass ich, als ich ihn mit jemand anderem tanzen sah, dachte, ich hätte eine lächerliche Figur mit ihm gemacht, denn außerdem war er klein. Allerdings hatte er diese sonnige, fröhliche Art an sich, die alle Künstler haben, wenn sie gut gelaunt sind , und er war ein großartiger Tänzer. Als ich am Ende der Polonaise zu ihm zurückkam, begann ich mit einem gedanklichen „Jetzt geht's los", denn der Walzer war das, wovor ich am meisten Angst hatte; aber zu meiner Überraschung kam ich wunderbar zurecht. Ermutigt durch den Erfolg machte ich rücksichtslos weiter. „ Rheinländer " entpuppte sich als schottisch und „Quadrille à la Cour" als Ulanen, also ging es mir gut. Sie mussten natürlich im deutschen Sinne getanzt werden, aber mit Mut ist das machbar. Seit diesem Ball war ich auf zwei anderen und werde nun von den Herren als fertiger Tänzer bezeichnet. Ich weiß nicht, wie ich es gelernt habe, aber es schien mir eine plötzliche Inspiration zu sein.

KAPITEL XVI.

Ein deutscher Professor. Sherwood. Die Baronin von S. von Bülow. Eine deutsche Party. Joachim. Die Baronin zu Hause.

BERLIN, *25. Februar 1873* .

Bei Mr. P. hatten wir neulich ein bezauberndes Abendessen, das so gesellig wie möglich war, obwohl wir zu 13 am Tisch saßen. Stellen Sie sich vor, was für ein Versehen! Ich glaube jedoch, dass ich der Einzige war, der es bemerkte. Ich saß neben einem deutschen Professor, von dem man sagt, dass er 64 Sprachen spricht! Er hatte einen kleinen, kompakten Kopf, der aussah, als wäre er bis zum Äußersten vollgestopft und vollgestopft. Ich überlegte lange, mit welcher seiner 64 Sprachen ich ihn anfangen lassen sollte, kam aber schließlich zu dem Schluss, dass wir uns darauf beschränken würden, da ich einigermaßen fließend Englisch sprach ! Es war ein ganz entzückender Gesprächspartner, wie all diese deutschen *Gelehrten* , und ich bekam viele neue Ideen von ihm. Er hatte eine Broschüre über das Thema Liebe geschrieben, wie es in verschiedenen alten und modernen Sprachen betrachtet wird, und darin beweist er, dass die Leidenschaft der Liebe früher etwas ganz anderes war als heute. Diese ganze Idealität des Gefühls ist völlig modern.

Meine Freundin Miss B. spielt jetzt hervorragend, und Sherwood spielt wie ein junger Riese. Heute sagte Kullak, dass Sherwood Beethovens Es-Dur-Konzert (das härteste aller Beethoven-Konzerte) mit einer Perfektion gespielt habe, die er selten erreicht hatte . Soviel dazu, ein Genie zu sein, denn er ist noch keine zwanzig und erst seit ein oder zwei Jahren im Ausland. Aber er studierte bei unserem besten amerikanischen Meister, William Mason, und spielte wie ein Künstler, bevor er kam. Aber Sherwood hat einen enormen Vorteil, den kein Meister auf der Welt verleihen kann, und das ist vollkommenes Selbstvertrauen. Es gibt nichts Schöneres, als an sich selbst zu glauben, und ich glaube, *das* ist die Art von Glaube, die „Berge versetzt".

Auf Mr. Bancrofts großer Party zu Washingtons Geburtstag am vergangenen Freitag stellte er mich der Baroness von S. vor, ohne ihr jedoch zu sagen, dass ich die Person war, die den Brief über sie und Wilhelmj geschrieben hatte, den M. ohne mein Wissen in *Dwight's Journal* veröffentlichte . Sie war so exquisit, wie ich es mir vorgestellt hatte, und ist ein bezauberndes Geschöpf! Sie ist genau so eine Frau, wie Balzac sie beschreibt – wie zum Beispiel Honorine. Sie hat „ *l'oeil plein de feu* " usw. und ist die personifizierte Anmut und das Gefühl.

Sie war in weiße Seide gekleidet, hatte einen quadratischen Ausschnitt und war unten mit vielen kleinen, kastengeflochtenen Rüschen besetzt. Um ihren Hals hing ein schwarzes Samtband, an dem in Girlanden eine Halskette aus prächtigen Perlen befestigt war und in der Mitte ein Diamantanhänger hing. Sie begrüßte mich mit einer feierlichen Verbeugung und begann das Gespräch mit einem Kompliment für die Begleitung, die ich gespielt hatte. Ich erzählte ihr, dass ich hier Musik studiere und seit einem Jahr an Tausigs Konservatorium studiere. Sobald ich ihn erwähnte , verstanden wir uns wunderbar, denn sie war seine Lieblingsschülerin , und wir sprachen viel über ihn und Bülow. Sie sagte, sie habe Tausig alles spielen hören, was er jemals gelernt habe, dachte sie, und dass er nur vierzehn Tage vor seinem Tod bei ihr zu Hause gewesen sei und Chopins erste Sonate gespielt habe. Der letzte Satz folgt dem bekannten Trauermarsch (der das Adagio bildet) und ist sehr eigenartig. Es handelt sich um eine kontinuierliche Laufbewegung mit beiden Händen im Gleichklang, die ganz gedämpft und mit dem leisen Pedal gespielt wird. Kullak glaubt, dass Chopin damit zum Ausdruck bringen wollte, dass nach dem Grab alles Staub und Asche sei, aber die Baronin sagte, Tausig meinte, Chopin wollte damit den umherwandernden Geist des Verstorbenen darstellen. Als Tausig dieses Mal mit dem Spielen fertig war, drehte er sich um und sagte zu ihr: „Das kommt mir vor, als würde der Wind über mein Grab wehen." Vierzehn Tage später war er tot! Ich fragte sie, ob es nicht schrecklich wäre, dass ein solcher Künstler so jung gestorben wäre. Der schmerzlichste Ausdruck trat in ihre schönen Augen und sie sagte: „Ich konnte mich *nie* damit abfinden."

Das Gespräch verlief auf die charmanteste Art und Weise, bis von Moltke auf der einen Seite zu ihr kam, um mit ihr zu sprechen, und auf der anderen Seite Mr. Bancroft ihr seinen Arm reichte, um sie ins Abendessenszimmer zu führen. „Haben Sie es ihr gesagt?", flüsterte Mr. Bancroft. „Nein, wie hätte ich es auch tun sollen?", sagte ich. „Das sollten *Sie* ihr sagen." Ich nehme also an, dass er ihr beim Abendessen tatsächlich gesagt hat, dass ich die junge Dame sei, die sie in der Zeitung beschrieben hatte. Ich hatte keine Gelegenheit, mich ihr wieder zu nähern, bis ich gerade nach Hause ging. Sie stand mit Mr. Bancroft in der Tür eines Vorzimmers, eingehüllt in ihren Opernmantel, und wartete darauf, dass ihr Wagen angekündigt wurde. Ich wünschte Mr. Bancroft gute Nacht, und als ich an ihr vorbeiging , streckte sie mir die Hand entgegen und sagte mit einem bedeutungsvollen Blick in ihrem zögerlichen Englisch zu mir: „Ich bin so froh, Sie kennengelernt zu haben." Ich sagte ihr, ich sei ihr eine Entschuldigung schuldig, die ich ihr ein anderes Mal vortragen wollte. „Oh nein", sagte sie lächelnd, „ich bin sehr dankbar." – Ich nehme an, sie meinte „sehr geschmeichelt" oder etwas in der Art.

Ich habe kürzlich zwei großartige Konzerte von Bülow gehört. Oh, ich hoffe wirklich, dass Sie ihn eines Tages hören werden! Er ist ein kolossaler Künstler. Ich habe noch nie einen Pianisten gehört, der mir so gut gefiel. Er besitzt eine so perfekte Meisterschaft und dennoch ein solches Verständnis und eine solche Sympathie. Unter anderem spielte er Beethovens letzte Sonate. So großartig sie auch ist! Sie gefiel mir besser als die Appassionata .

Neulich Abend war ich auf einer Party bei General von der G.. Es war eine „schrecklich" elegante Gruppe von Leuten – allesamt Gräfinnen, Vons und Generalsfrauen. Steif, oh, *wie* steif! Ich hatte jedes Mal das Gefühl, als würden die Damen mir einen persönlichen Gefallen tun, wenn sie mit mir sprachen. Sie waren sehr hübsch gekleidet und trugen den Schmuck ihrer Familie. Es gab viel Musik, und ein gewisser alter Herr von K. saß auf einem Sofa und nickte *à la* Kenner, während die Offiziere herumstanden und kaum zu zwinkern wagten. Die Förmlichkeit ließ nicht nach, bis wir uns in den Speisesaal begaben, als, wie es bei deutschen Gesellschaften immer der Fall ist, plötzlich jedermanns Zunge sich löste. – Die Deutschen sind *beim Abendessen* die glücklichsten Menschen und davor die erbärmlichsten, die es je gab gesehen. Ihre Partys sind *immer* „einfach so". So viele Stunden des Anstands im Voraus – die Damen saßen ganz allein um einen Mitteltisch in einem Raum, die jungen Mädchen waren mit ihren Stickereien diskret dazwischen eingeklemmt, und sie unterhielten sich über die begrenztesten Themen in den meisten „Papa, Kartoffeln, Geflügel, „Pflaumen und Prisma"-Manier – und die Männer im anderen Raum spielten Karten. Bei dieser Gelegenheit, als wir zum Abendessen gingen, gab es einen großen Tisch in der Mitte, der mit dem Festmahl gedeckt war, und dann standen kleine Tische herum, wohin man sich mit seiner Beute zurückziehen konnte, wenn man sie erst einmal gesichert hatte. Ich holte etwas und begab mich an einen Tisch in der Ecke, wohin mir ein junger Künstler, ebenfalls Fräulein B., und ein Offizier, der Sohn des berühmten Generals von W., der die Schlacht um etwas gewonnen hatte, eilig folgten. Der Künstler, Herr Meyer, saß mir gegenüber, und ich begann mit ihm zu plappern, ohne Rücksicht auf den Offizier, da ich ihn zuvor über jedes Thema in der bekannten Welt versucht hatte, ohne eine Antwort herauszubekommen. Nach und nach sammelten wir eine Reihe verschiedener Teller voller Dinge zusammen, als mir einer meiner Löffel auf den Boden fiel. Ich hob es auf, legte es beiseite und begann, von einem meiner anderen Teller zu essen. Dann erhob sich der Offizier, der mich die ganze Zeit ohne Uniform angestarrt hatte, feierlich, ging zum Tisch in der Mitte und kam zurück. Plötzlich wurde mir durch die Verdunkelung meines Lichts bewusst, dass er mir gegenüber auf der anderen Seite des Tisches stand. Ich schaute auf und bemerkte, dass er einen Löffel in Daumen und Finger hatte. Da er es jedoch nicht anbot, kam mir nicht in den Sinn, dass es für mich war, also aß ich weiter. Nach einer Minute schaute ich wieder auf und er stand immer noch da, als würde er mit einer Waffe zielen, den Löffel zwischen Daumen und Finger. Endlich wurde mir klar , dass er es für mich mitgebracht hatte, also nahm ich es ihm aus der Hand und dankte ihm, woraufhin er seinen Platz wieder einnahm. Ich war so überwältigt von dieser beispiellosen Tapferkeit eines Aristokraten! und ein

Offizier!! dass ich das Gefühl hatte, dass ich etwas sagen musste, das dieser Gelegenheit würdig war. So bemerkte ich nach ein paar Minuten zu ihm: „Alles schmeckt sehr süß aus *diesem* Löffel!" – Völliges Schweigen und gefühllose Miene seinerseits. – Fräulein B., die mir gegenüber saß, bemerkte schelmisch: „Das war völlig verloren." , meine Liebe", und ich war so deprimiert über mein Scheitern, dass ich nachließ und nicht versuchte, ihn wieder anzufeuern.

———

BERLIN, *den 14. April 1873* .

Oberst B. erzählte mir vor einigen Wochen, dass Kullak ihm gesagt habe, ich sei bereit für den Konzertsaal und dass er mich gerne bei Hofe spielen lassen würde. Wenn das seine wirkliche Meinung ist, habe *ich* dafür keine Beweise, denn er weiß, dass ich unbedingt in einem Konzert spielen möchte, bevor ich Deutschland verlasse, und dennoch tut er überhaupt nichts, um mich weiterzubringen. Das ist sehr entmutigend. In diesem Konservatorium gibt es keinerlei Anreiz. Man könnte genauso gut eine Maschine sein.

Ich habe vor, Ende dieser Woche nach Weimar zu fahren. Es kommt mir sehr seltsam vor, dass ich Liszt endlich wirklich kennenlerne, nachdem ich so viele Jahre von ihm gehört habe. Ich bin ganz wild darauf, ihn zu sehen! Man sagt, alles hänge von der Laune ab , in der er gerade ist, wenn man zu ihm kommt. Ich hoffe, ich werde einen seiner nachsichtigen Momente erwischen. Alle sagen, er gibt keinen Unterricht. Aber ich hoffe, zumindest ein paar Mal für ihn zu spielen und, was noch wichtiger ist, *ihn* wiederholt spielen zu hören. Glücklich der Pianist, der auch nur einen schwachen Anflug seines wunderbaren Stils wahrnehmen kann!

nicht allzu langer Zeit lud mich Herr Bancroft ein, mit den Joachims nach Tegel, Humboldts Landsitz in der Nähe, zu fahren, und so hatte ich ein dreistündiges Gespräch mit *diesem* Idol! Er ist der bescheidenste und unprätentiöseste Mann, den es gibt. Wenn man ihn reden hört , würde man nicht annehmen, dass er überhaupt spielen kann. Ich habe mir immer gesagt, dass es der Himmel wäre, mit Joachim eine Sonate zu spielen, aber ich habe so etwas für unerreichbar gehalten – diese Meisterkünstler sind so stolz und unnahbar. Aber ich denke, jetzt wäre es vielleicht gar nicht so schwierig gewesen, er ist so lieb. Joachim war während des ersten Teils der Exkursion sehr ruhig und ich wusste nicht, wie ich ihn zum Reden bringen könnte. Schließlich erwähnte ich Wagner, von dem ich wusste, dass er ihn hasste . Seine Augen leuchteten, er wachte auf und war danach die ganze restliche Zeit lebhaft und interessant! Er sagte: „Wagner hatte die Illusion, er sei der einzige Mensch auf der Welt, der Beethoven verstand; aber es kam vor, dass es andere Menschen *gab* , die Beethoven genauso gut verstehen konnten wie er" – und tatsächlich ist es schwer, sich einen vorzustellen einer, der Beethoven besser versteht als Joachim.

Joachim ist gegenüber armen Künstlern genauso edel und großzügig wie Liszt und unterrichtet sie ständig umsonst. Er hegt die größte Begeisterung für seine Klasse an der Hoch-Schule, und ich glaube nicht, dass jemand , der Geige lernen möchte, *auf die Idee kommt,* woanders hinzugehen . Sie sagen, dass Joachim auch hervorragende soziale Qualitäten besitzt und die Fähigkeit besitzt, in seinem eigenen Haus charmante Gäste zu bewirten. Er bringt zum Vorschein, was in jedem Einzelnen steckt, ohne offenbar selbst etwas zu sagen.

Die Baronin von S. war Mr. Bancroft aufgrund des Briefes, den Sie in *Dwight's Journal of Music veröffentlicht hatten, so herzlich und freundlich erschienen* , dass ich mich schließlich zu dem gewagten Schritt entschloss, sie aufzusuchen und sie um ein Empfehlungsschreiben für Liszt zu bitten. Sie lebt in einem Palast, der der Kaiserin gehört. Davor befindet sich ein tiefer Hof mit Löwen auf dem Torbogen. Vor der Tür stand ein Soldat Wache. Als ich näher kam, trat einer der Gardes du Corps (das Regiment des Kronprinzen) aus dem Eingang. Er war ganz in Weiß und Silber gekleidet, trug große Stulpenstiefel und auf seinem Helm klebte ein silberner Adler. Er war ein Offizier, und natürlich gehören alle Offiziere dieses Regiments zur Blüte des Adels. Ich war ziemlich beeindruckt von seiner imposanten Erscheinung und trat schüchtern an die Glastüren heran und zog die Klingel. Ein großes Phantom in Livree erschien wie durch Zauberei und gab mir ein Zeichen, die große Treppe hinaufzusteigen. Die Wände waren mit Bildern bedeckt. Ich ging hinauf und wurde von einem weiteren großen Phantom in Livree empfangen. Ich fragte ihn, „ob Frau Exzellenz sprechen wolle". Er nahm meine Karte und sagte diskret, „er würde sehen", während er mich in einen riesigen Ballsaal führte, wo er mich bat, Platz zu nehmen. Er war mit purpurrotem Satin ausgestattet, es gab Myriaden von Spiegeln und der Boden war gewachst. Ich flüchtete in eine Ecke und fühlte mich wirklich sehr klein. Diese paar Minuten des Wartens waren äußerst unangenehm, denn ich wusste nicht, was sie auf meine Bitte sagen würde, da ich sie nur dieses eine Mal bei Mr. Bancroft gesehen hatte und nicht sicher war, ob sie mein Kommen nicht als eine Freimütigkeit betrachten würde. Die Leute hier sind so streng in ihren Ansichten.

Schließlich kam die Dienerin zurück und sagte, sie würde mich empfangen, und führte sie durch den Ballsaal zu einer Tür, die er öffnete, damit ich eintreten konnte . Ich befand mich in einem großen, hohen Raum, der ebenfalls in Purpur gehalten war und in dessen Mitte zwei liebevoll aneinandergeschmiegte Klaviere standen. Die Baronin war jedoch nicht da, und ich sah eine scheinbar endlose Folge von Räumen, die sich voneinander öffneten, wobei die Türen einander immer gegenüberstanden. Ich beschloss,

„weiterzumachen, bis ich aufhörte", und nachdem ich drei oder vier durchquert hatte, hörte ich endlich ein leises Stimmengemurmel und betrat das, was ich für ihr *Boudoir vermute* . Dort saß meine Gottheit auf einem kleinen purpurroten Satinsofa und unterhielt sich mit einem alten Kerl, der auf einem Stuhl neben ihr saß und den sie als Herrn Professor Somebody vorstellte. Er hatte einen kleinen, gut gepolsterten Kopf und ein blasses, aufmerksames Auge, das zu sagen schien: „Ich habe mir alles angeschaut" — und ich hätte denken können, dass das auch so *war* , wie er sich unterhielt.

Die Baronin war in olivfarbener Seide gekleidet , kurz und modisch geschnitten. Sie beugte sich vor, während sie redete, und spielte mit einem Dolch in der silbernen Scheide, den sie von einem Tisch neben ihr nahm, der mit kostbaren Kleinigkeiten beladen war. Sie stand auf, als ich eintrat, begrüßte mich sehr herzlich und bat mich, mich neben sie auf das Sofa zu setzen. Ich erklärte ihr mein Anliegen und sie sagte sofort, dass sie mir mit größter Freude einen Brief zukommen lassen würde. Wir hatten ein sehr charmantes Gespräch über Künstler im Allgemeinen und Liszt im Besonderen, in dem der kleine Professor eine führende Rolle spielte. Er zeigte sich als der Kenner, den er aussah, und wandte sich nach und nach von der Musikkunst dem Sprechen und Lesen zu, von denen er sagte, dass sie die schwierigste aller Künste seien, weil der Ton nicht da sei, sondern erst geschaffen werden müsse. Er sagte, er habe noch nie in seinem Leben einen perfekten Redner oder Vorleser gehört. Er beschäftigte sich ausführlich mit der Kunst des Sprechens, und schließlich, als er innehielt, nahm die Baronin meine Hand und sagte: „Wo wohnen Sie?" Ich gab ihr meine Adresse und sie sagte, sie würde mir den Brief schicken. Dann stand ich auf, um zu gehen, und sie versicherte mir erneut, dass sie alles tun würde, um Liszt mir gegenüber positiv zu beeinflussen . Ich dankte ihr und verabschiedete mich. Sie wartete, bis ich fast die Hälfte des Nebenzimmers hinter mir hatte, und rief mir dann nach: „Ich werde viele schöne Dinge über dich sagen!" Das war eine echte kleine Koketterie von ihrer Seite, und sie wusste, dass es mich runterziehen würde! Sie sah so süß aus, als sie das sagte, wie sie lächelnd mitten auf dem Boden stand und die Tür einen Rahmen für sie bildete. Ein paar Tage später traf ich sie auf der Straße, und sie erzählte mir, dass sie es Liszt geboten hatte, freundlich zu mir zu sein, „aber", fügte sie mit einem schelmischen Lachen hinzu, „ich habe ihm nicht gesagt, dass du so gut geschrieben hast." für die Papiere. Oh, sie ist zu faszinierend für alles! — Sie scheint einfach auf der Welle zu schweben und niemals nachzudenken. Solch eine exquisite Wahrnehmung und Intelligenz und doch Leichtigkeit!

Die letzte Aufregung in Berlin war die Hochzeit von Prinz Albrecht (dem Sohn dessen, dessen Beerdigung ich gesehen habe) mit der Prinzessin von Altenburg. Als sie ankam, fuhr sie regelmäßig in einer Kutsche aus Gold und Glas in die Stadt ein, die von acht prächtigen gefiederten Pferden gezogen wurde. Eine Musikkapelle ging vor ihr her, und sie hatte eine Eskorte, alle in großen Equipagen. Als sie prächtig gekleidet mit der Kronprinzessin auf dem Rücksitz saß und sich von einer Seite zur anderen verneigte, rieb man sich die Augen und glaubte, Aschenputtel zu sehen!

MIT LISZT.

Kapitel XVII.

Ankunft in Weimar. Liszt im Theater. Auf einer Party.
In seinem eigenen Haus.

WEIMAR, 1. Mai 1873 .

Gestern Abend bin ich in Weimar angekommen, und heute Abend war ich im Theater, das hier sehr billig ist, und der erste Mensch, den ich in einer Loge gegenüber sitzen sah, war Liszt, von dem ich, wie Sie wissen, angetan bin Ich befürchte, dass es schwierig sein wird, Unterricht zu bekommen, da mir gesagt wird, dass Weimar überfüllt ist mit Menschen, die das gleiche Ziel haben. Ich erkannte Liszt an seinem Porträt, und es machte mir große Freude und Interesse, ihn zu beobachten. Er machte sich mit drei Damen sympathisch, von denen eine sehr hübsch war. Er saß mit dem Rücken zur Bühne und schenkte dem Stück offenbar nicht die geringste Aufmerksamkeit, denn er redete die ganze Zeit selbst weiter, und doch entging ihm nichts davon, wie ich an seinem Gesichtsausdruck und seinen Gesten erkennen konnte.

Liszt ist der interessanteste und auffälligste Mann, den man sich vorstellen kann. Groß und schlank, mit tiefliegenden Augen, struppigen Augenbrauen und langem eisengrauem Haar, das er in der Mitte gescheitelt trägt. Seine Mundwinkel ziehen sich nach oben, was ihm beim Lächeln einen höchst listigen und mephistophelischen Ausdruck verleiht, und sein gesamtes Auftreten und Benehmen haben eine Art jesuitischer Eleganz und Leichtigkeit. Seine Hände sind sehr schmal, mit langen und schlanken Fingern, die aussehen, als hätten sie doppelt so viele Gelenke wie die anderer Leute. Sie sind so flexibel und geschmeidig, dass es einen nervös macht, sie anzusehen. So etwas wie sein geschliffenes Benehmen habe ich noch nie gesehen. Als er zum Beispiel aufstand, um die Loge zu verlassen, nachdem er sich von den Damen verabschiedet hatte, legte er seine Hand auf sein Herz und verbeugte sich ein letztes Mal − nicht affektiert oder aus bloßer Galanterie, sondern mit einer ruhigen Höflichkeit, die einem das Gefühl gab, dass keine andere Art, sich vor einer Dame zu verbeugen, richtig oder angemessen war. Es war höchst charakteristisch.

Aber das Außergewöhnlichste an Liszt ist seine wunderbare Ausdrucksvielfalt und sein Spiel mit den Charakterzügen. Einen Moment wird sein Gesicht verträumt, schattenhaft und tragisch aussehen. Beim nächsten Mal wird er einschmeichelnd, liebenswürdig, ironisch, sardonisch sein; aber immer die gleiche fesselnde Anmut der Art. Er ist ein perfekter Student. Ich kann mir nicht vorstellen, wie er aussehen muss, wenn er spielt. Er ist ganz und gar Geist, aber zumindest die Hälfte der Zeit ist er ein spöttischer Geist, würde ich sagen. Ich habe bereits die bemerkenswertesten

Geschichten über ihn gehört. Ganz Weimar vergöttert ihn, und man sagt, die Frauen seien noch immer völlig verrückt nach ihm. Wenn er hinausgeht, verneigt er sich vor allen wie ein König! Der Großherzog hat ihm ein wunderschön im Park gelegenes Haus geschenkt, und hier lebt er elegant und kostenlos, wann immer er dorthin kommen möchte.

———

WEIMAR, 7. Mai 1873.

In Weimar gibt es weder für Liebe noch für Geld ein Klavier zu bekommen, da es keine Manufaktur gibt und die paar, die es zu entsorgen galt, schon vor meiner Ankunft geschnappt wurden. Ich habe also eine ganze Woche mit der Suche nach einem solchen verschwendet und war gezwungen, erst nach Erfurt und schließlich nach Leipzig zu fahren, bevor ich einen finden konnte – und selbst das wurde mir nach langem Überreden und Überreden als Gefallen zugesandt. Ich war so glücklich, als ich es in meinem Zimmer sah! Als ob ich eine Stadt erobert hätte! Ich traf Liszt jedoch vor zwei Abenden bei einer kleinen Teeparty, die ein Freund und *Schützling* von ihm allen seiner Gelehrten gab, die angekommen waren, ich war mit den anderen gefragt worden. Liszt versprach, zu spät zu kommen. Wir waren nur sieben. Es waren drei junge Männer und vier junge Damen, von denen drei, mich eingeschlossen, Amerikaner waren. Fünf von ihnen hatten zuvor bei Liszt studiert, und die jungen Männer sind bereits Künstler, die der Öffentlichkeit bekannt sind.

Um die Zeit bis zur Ankunft Liszts zu überbrücken, ließ uns unsere Gastgeberin nacheinander spielen, beginnend mit dem Neuankömmling. Nachdem wir alle „ausgestellt" hatten, wurden kleine Tische aufgestellt und das Abendessen serviert. Wir waren mittendrin und amüsierten uns, als sich plötzlich die Tür öffnete und Liszt erschien. Wir standen alle auf, und er schüttelte allen die Hand, ohne auf die Vorstellung zu warten. Liszt sieht aus, als hätte er alles durchgemacht, und sein Gesicht ist *voller* Erfahrung. Er ist ziemlich groß und schmal und trägt einen langen Abbé- Mantel, der fast bis zu seinen Füßen reicht. Er ließ mich mehr als alles andere an einen alten Zauberer denken , und ich hatte das Gefühl, dass er uns alle mit einer Berührung seines Zauberstabs verwandeln könnte. Nachdem er seine Begrüßung beendet hatte, ging er ins Nebenzimmer und setzte sich. Die jungen Männer versammelten sich um ihn und boten ihm eine Zigarre an, die er annahm und zu rauchen begann. Wir anderen fuhren mit unserem Unsinn fort, wo wir waren, und ich nehme an, dass Liszt einige unserer brillanten Gespräche mithörte, denn er fragte, wer wir seien, glaube ich, und plötzlich kam die Dame des Hauses hinter Miss W. und mir, den beiden amerikanischen Fremden, her , um uns aufzunehmen und ihm vorzustellen.

Nach der ersten Begrüßung unterhielten wir uns noch ein wenig. Er fragte mich, ob ich neulich beim Konzert von Sophie Menter in Berlin gewesen sei. Ich sagte ja. Er bemerkte, dass Fräulein Menter eine große Favoritin von ihm sei und dass die Dame, von der ich ihm einen Brief gebracht hatte, viel für sie getan habe. Ich fragte ihn, ob Sophie Menter eine seiner Schülerinnen sei. Er sagte nein, er könne sich den Verdienst ihres künstlerischen Erfolgs nicht zu eigen machen. Ich habe hinterher gehört, dass er wirklich sehr viel für sie getan hat, aber er will nicht sagen, dass er unterrichtet! Nachdem er seine Zigarre ausgetrunken hatte, stand Liszt auf und sagte: „Jetzt hat Amerika das Wort" und bat Fräulein W., für ihn zu spielen. Für uns Neuankömmlinge war das eine schreckliche Tortur, denn wir hatten nicht damit gerechnet, dass wir gerufen würden. Ich begann innerlich zu zittern, denn ich war seit fast einer Woche ohne Klavier und überhaupt nicht bereit, ihm vorzuspielen, während Fräulein W. schon seit fünf Uhr morgens wach war und den ganzen Tag gereist war . Allerdings gab es kein Aussteigen. Eine Bitte von Liszt ist ein Befehl, und Fräulein W. setzte sich und sprach sich so gut aus, wie es unter den gegebenen Umständen zu erwarten war. Liszt wedelte mit der Hand und nickte von Zeit zu Zeit und schien zufrieden zu sein, dachte ich. Anschließend wandte er sich an Leitert , der eine Komposition von Liszt auf wunderbare Weise spielte. Liszt lobte ihn und klopfte ihm auf die Schulter. Sobald Leitert fertig war, schlüpfte ich ins Hinterzimmer, in der Hoffnung, dass Liszt mich vergessen würde, aber er folgte mir fast sofort, wie eine Katze mit einer Maus, nahm meine beiden Hände in seine und sagte mit äußerst gewinnender Stimme: Wie man es sich nur vorstellen kann: „ *Mademoiselle, vous jouerez quelque-chose, n'est - ce -pas?* „Ich kann Ihnen keine Vorstellung von seiner *Überzeugungskraft geben* , wenn er wählt. Es reicht aus, um Sie zu irgendetwas zu verleiten. Es war ein so verzweifelter Moment, dass ich rücksichtslos wurde, und ohne ihm auch nur zu sagen, dass ich außer Übung war und nicht." Bereit zum Spielen setzte ich mich hin und stürzte mich in die As-Dur-Ballade von Chopin, als wäre ich besessen. Das Klavier hatte einen großartigen Anschlag, zum Glück rief Liszt alle paar Minuten „Bravo", um mich zu ermutigen Irgendwie kam ich durch. Als ich fertig war, klatschte er in die Hände und sagte: „Er hat mich gefragt, mit wem ich studiert habe, und ich habe gehofft, dass er mich beiseite schieben und selbst spielen würde." , aber er tat es nicht.

Liszt ist wie ein Monarch, und niemand wagt es, mit ihm zu sprechen, bis er zuerst einen anspricht, was meiner Meinung nach keinen Spaß macht. Er spielte überhaupt nicht vor uns, außer als ihn jemand fragte, ob er R. an diesem Nachmittag spielen gehört habe. R. ist ein junger Organist aus Leipzig, der Liszt telegrafierte und ihn fragte, ob er vorbeikommen und ihm auf der Orgel vorspielen dürfe. Liszt antwortete mit seiner üblichen Liebenswürdigkeit, dass dies möglich sei. „Oh", sagte Liszt mit einem unbeschreiblich komischen Gesichtsausdruck, „er hat für mich eine ganze halbe Stunde in diesem Stil improvisiert" – und dann stand er auf, ging zum Klavier und spielte, ohne sich zu setzen, ein paar lächerliche Akkorde hinein Mitte der Tastatur und dann kleine Triller und Drehungen hoch oben im Diskant, was uns alle in Gelächter ausbrach. Kurz nachdem ich gespielt hatte , verabschiedete ich mich. Liszt war ins Nebenzimmer gegangen, um zu rauchen, und ich hatte keine Lust, ihm zu folgen, da ich sah, dass er müde war und nicht die Absicht hatte, uns etwas vorzuspielen. Unsere Gastgeberin sagte Fräulein W. und mir, wir sollten „aussteigen, damit er es nicht merkt." Gestern besuchte ihn Frau W., und er fragte sie, ob sie die Frau „ Fy " kenne, und sagte ihr, sie solle mir sagen, ich solle zu ihm kommen. Also werde ich mich morgen melden, obwohl ich nicht weiß, wie der Löwe sich verhalten wird, wenn ich ihn in seiner Höhle bärte .

————

WEIMAR, 21. Mai 1873 .

Liszt ist so von Leuten *belagert* und so mit Bewerbungen gequält, dass ich fürchte, ich hätte nur weggeschickt werden können, wenn ich ohne das Empfehlungsschreiben der Baronin von S. gekommen wäre, denn er bewundert sie außerordentlich, und ich schätze, dass sie es getan hat viel Einfluss bei ihm. Er sagt, „die Leute fliegen ihm zu Dutzenden ins Gesicht" und scheinen zu glauben, er sei „nur da, um Unterricht zu erteilen". Er gibt überhaupt *keinen* bezahlten Unterricht, dafür ist er viel zu vornehm, aber wenn jemand genug Talent hat oder ihm gefällt, lässt er einen zu sich kommen und ihm vorspielen. Ich gehe jeden zweiten Tag zu ihm, spiele aber nicht öfter als zweimal pro Woche, da ich mich nicht so gut vorbereiten kann, aber ich höre den anderen zu. Bisher waren außer mir nur vier in der Klasse, und ich bin der einzige Neue. Von 16 bis 18 Uhr empfängt er seine Gelehrten. Als ich das erste Mal dort war, habe ich ihm nicht vorgespielt, sondern dem Rest zugehört. Urspruch und Leitert , die beiden jungen Männer, die ich neulich Abend traf, haben lange Zeit bei Liszt studiert und beide spielen hervorragend. Fräulein Schultz und Miss Gaul (aus Baltimore) sind ebenfalls äußerst begabte Wesen.

Als ich Liszts Salon betrat, spielte Urspruch Schumanns Sinfonische Studien – eine gewaltige Komposition, für deren Durcharbeitung mindestens eine halbe Stunde gedauert hatte. Er spielte so großartig, dass mir das Herz bis in die Tiefe sank. Ich dachte, ich sollte *da* nie reinkommen ! Liszt trat vor und begrüßte mich sehr freundlich, als ich eintrat. Er war an diesem Tag sehr gut gelaunt und machte einige kleine Witze. Urspruch fragte ihn, welchen Titel er einem von ihm komponierten Stück geben sollte. „ *Per aspera ad astra* ", sagte Liszt. Das war ein so guter Treffer, dass ich anfing zu lachen, und er schien es zu genießen, dass ich seinen kleinen Sarkasmus zu schätzen wusste. Damals habe ich nicht gespielt, da mein Klavier gerade erst gekommen war, und ich war dazu nicht bereit, aber ich ging nach Hause und übte mehrere Tage lang intensiv Chopins h-Moll-Sonate. Es ist eine großartige Komposition und eines seiner letzten Werke. Als ich dachte, ich könnte es spielen, ging ich zu Liszt, allerdings mit zitterndem Herzen. Ich kann Ihnen nicht sagen, was es mich jedes Mal gekostet hat, seine Treppe hinaufzusteigen. Ich kann kaum den Mut aufbringen, dorthin zu gehen, und stehe meist eine Weile auf den Stufen, bevor ich mich entschließen kann, die Tür zu öffnen und hineinzugehen!

An diesem Tag war es besonders anstrengend, da es wirklich mein erster ernsthafter Auftritt vor ihm war und er so undeutlich spricht, dass ich befürchtete, ich würde seine Korrekturen nicht verstehen und er würde die Geduld mit mir verlieren, denn er kann es nicht ertragen, mir etwas zu erklären. Ich glaube, er hasst es, Deutsch sprechen zu müssen, denn er murmelt seine Worte und beendet seine Sätze nicht zur Hälfte. Gestern, als ich dort war, sprach er die ganze Zeit Französisch mit mir und Deutsch mit den anderen – eine seiner komischen Launen, nehme ich an.

Nun, an diesem Tag waren die Künstler Leitert und Urspruch und der junge Komponist Metzdorf, der immer mit Liszt verkehrt, im Raum, als ich kam. Sie hatten wahrscheinlich gespielt. Zuerst beachtete Liszt mich nicht weiter als eine Begrüßung, bis Metzdorf zu ihm sagte: „Herr Doktor, Miss Fay hat eine Sonate mitgebracht." „Na gut, lassen Sie sie uns hören", sagte Liszt. In diesem Moment verließ er für eine Minute den Raum, und ich sagte den drei Herren, sie sollten gehen und mich allein für Liszt spielen lassen, denn ich fühlte mich nervös, vor ihnen zu spielen. Sie lachten mich alle aus und sagten, sie würden keinen Zentimeter nachgeben. Als Liszt zurückkam, sagten sie zu ihm: „Denken Sie nur, Herr Doktor, Miss Fay schlägt vor, uns alle nach Hause zu schicken." Ich sagte, ich könne nicht vor so großen Künstlern spielen. „Oh, das ist gesund für Sie", sagte Liszt lächelnd und fügte hinzu: „Sie haben jetzt ein sehr erlesenes Publikum." Ich weiß nicht, ob er meine Nervosität bemerkte, aber anstatt wie so oft im Zimmer auf und ab zu gehen, setzte er sich wie jeder andere Lehrer neben mich und hörte mir den ersten Satz zu. Er war furchtbar schwer, aber ich hatte ihn so gründlich studiert, dass ich ihn ziemlich gut durchstand. Nichts konnte Liszts Liebenswürdigkeit oder die Mühe, die er sich machte, übertreffen, und anstatt mich zu erschrecken, inspirierte er mich. Nie zuvor gab es einen so wunderbaren Lehrer! Und er ist der erste sympathische, den ich je hatte. Man fühlt sich bei ihm so *frei*, und er entwickelt den Geist der Musik in einem. Er nörgelt nicht die ganze Zeit an einem herum, sondern lässt einem seine eigene Vorstellung. Ab und zu übt er Kritik oder spielt eine Passage und gibt einem mit ein paar Worten genug Stoff zum Nachdenken für den Rest seines Lebens. Alles, was er sagt, hat einen feinen *Punkt*, der so subtil ist wie er selbst. Er sagt einem nichts über die Technik. Das muss man selbst herausfinden. Als ich den ersten Satz der Sonate beendet hatte, sagte Liszt wie immer „Bravo!" Er nahm meinen Platz ein, machte ein paar kleine Kritikpunkte und forderte mich dann auf, weiterzumachen und den Rest zu spielen.

Jetzt kannte ich die anderen Sätze nur zur Hälfte, denn der erste war so extrem schwierig, dass es mich alle Mühe kostete , ihn vorzubereiten. Aber das Spielen zu Liszt erinnert mich an den Versuch, den Elefanten im Zoologischen Garten mit Stücken Zucker zu füttern. Er erledigt ganze Bewegungen, als ob sie nichts wären, und streckt sich ernst nach mehr! Zum Glück begann einer meiner Finger zu bluten, denn ich hatte das Abziehen der Haut geübt, und das war für mich ein guter Vorwand, damit aufzuhören. Ob er über diesen Beweis des Fleißes erfreut war, weiß ich nicht; aber nachdem ich auf meinen Finger geschaut und gesagt habe: „Oh!" Mit viel Mitgefühl setzte er sich hin und spielte die letzten drei Sätze selbst. Das war ein toller Deal und stellte all seine Kräfte unter Beweis. Es war das erste Mal, dass ich ihn hörte, und ich weiß nicht, welches das Außergewöhnlichste war : das Scherzo mit seiner wunderbaren Leichtigkeit und Schnelligkeit, das Adagio mit seiner Tiefe und seinem Pathos oder der letzte Satz, wo die ganze Tonart vorkam -Board schien zu „ *donnern und blitzen* ". Alles, was er spielt, ist von einer solchen Lebendigkeit, dass es nicht so wirkt, als wäre es bloße Musik, die man hört, sondern es ist, als hätte er eine reale, lebendige *Form heraufbeschworen* und man sah sie vor seinem Gesicht und seinen Augen atmen . Es gibt *mir* fast ein gespenstisches Gefühl, ihn zu hören, und es kommt mir vor, als wäre die Luft voller Geister. Oh, er ist ein perfekter Zauberer! Es ist ebenso interessant, ihn zu sehen, wie ihn zu hören, denn sein Gesicht verändert sich mit jeder Modulation des Stücks und er sieht genauso aus, wie er spielt. Er hat ein Element, das am meisten fesselt, und das ist eine Art zarte und unruhige Fröhlichkeit, die Sie hier und da immer wieder anstarrt! Es ist höchst eigenartig, und wenn er so spielt, erscheint der bezauberndste kleine Ausdruck auf seinem Gesicht. Es scheint, als würde ein kleiner Geist der Freude mit Ihnen Verstecken spielen.

Am Freitag kam Liszt zu mir und spielte sogar ein wenig auf meinem Klavier. – Denken Sie nur, was für eine Ehre ! Gleichzeitig forderte er mich auf , am Nachmittag zu ihm zu kommen und ihm vorzuspielen, und lud mich auch zu einer Matinee ein, die er am Sonntag für eine angesehene Gräfin geben wollte, die für ein paar Tage hier war. Keiner der anderen Gelehrten wurde gefragt, und als ich den Raum betrat, befanden sich neben Liszt nur drei Personen darin. Der eine war der Großherzog selbst, der andere die Gräfin von M. (geborene russische Prinzessin) und der dritte war die Frau eines russischen Ministers. Sie standen alle vier in einer kleinen Gruppe da und sprachen gemeinsam Französisch. Ich hatte keine Ahnung, wer sie waren, da der Großherzog ein Morgenkostüm trug und keinen Stern oder Orden trug, um ihn zu unterscheiden. Ich erkannte jedoch auf den ersten Blick, dass es sich bei allen um Geschwätzige handelte, und so sprach ich glücklicherweise mit keinem von ihnen, obwohl es durchaus möglich war, dass ich nichts gesagt hatte, um der Peinlichkeit zu entgehen, wie ein Pfosten da zu stehen , denn man hatte mir vorher gesagt, dass Liszt nie Menschen einander vorstellte. Liszt begrüßte mich sehr freundlich und stellte mich der Gräfin vor, aber sie war so furchtbar verärgert, dass es unmöglich war, mehr als ein paar eisige Worte aus ihr herauszuholen. Ich war dankbar genug, als mehr Leute kamen, sodass ich mich in eine Ecke zurückziehen und mich unbemerkt hinsetzen konnte, denn es war eine sehr unangenehme Situation, als Fremder in der Nähe von vier Modemännern zu stehen und es nicht zu wagen, mit *einem* von ihnen zu sprechen sie, weil sie mich nicht angesprochen haben.

Nachdem die Gesellschaft vollständig versammelt war, zählte sie achtzehn Personen, von denen fast alle einen Titel trugen. Ich war der einzige Unwichtige darin. Liszt war so süß. Er kam immer wieder zu mir, redete mit mir und versprach mir eine Eintrittskarte für ein Privatkonzert, bei dem nur seine Kompositionen aufgeführt werden sollten. Er schien entschlossen zu sein, dass ich mich wie zu Hause fühlte. Er spielte fünf Mal, aber kein *großartiges* Werk, was für mich eine Enttäuschung war, insbesondere weil er die letzten drei Male Duette mit einem führenden Weimarer Künstler namens Lassen spielte, der anwesend war. Er ließ mich kommen und die Blätter umdrehen. Gnädig! wie er *liest* ! Das Umblättern fällt ihm sehr schwer, denn er liest viel früher als das, was er spielt, und erfasst auf einen Blick ganze fünf Takte. Man muss also raten, wo er die Seite Ihrer *Meinung nach* gerne hätte. Einmal drehte ich es zu spät und einmal zu früh, und er riss es mir aus der Hand und wirbelte es zurück. – Nicht ganz die Situation für mich, die ängstlich war, oder?

21. Mai – Da heute mein Geburtstag ist, dachte ich, ich müsste zur Feier nach Liszt gehen. Ich war noch nicht wirklich bereit, ihm vorzuspielen, aber ich nahm seine zweite Ballade mit und dachte, ich würde ihm ein paar Fragen zu einigen schwierigen Stellen darin stellen. Er bestand darauf, dass ich es spiele. Als wir hereinkamen, wirkte er unwohl und nervös, und es waren zufällig viele Künstler dort. Wir legen unsere Noten immer auf den Tisch, und er nimmt sie, schaut sie sich an und ruft auf, was er gespielt hat. Er bemerkte dieses Stück und rief: „ *Wer.* " *spielt diese eklig mächtige Ballade von mir?* (Wer spielt diese großartige und mächtige Ballade von mir?)" Ich hatte das Gefühl, als hätte er gefragt: „Wer hat Cock Robin getötet?" und als wäre ich derjenige, der es getan hätte, nur hatte ich keine Lust, mich dazu zu bekennen Es war ganz so leichtfertig wie der Spatz, denn Liszt schien sehr schlecht gelaunt zu sein und hatte den, der vor mir gespielt hatte, verärgert. Ich nahm schließlich meinen Mut zusammen und sagte „ *Ich* ", sagte ihm aber, dass ich es nicht wusste vollkommen noch. Er sagte: „Egal; spiele es." Also setzte ich mich

hin und erwartete, dass er mir den Kopf abschlagen würde, aber seltsamerweise schien er von meinem Spiel begeistert zu sein und sagte, ich hätte ihn „ziemlich berührt". Denken Sie an das von Liszt und Als ich seine eigene Komposition spielte, begleitete er mich zur Tür, nahm meine Hand in seine beiden und sagte: „Heute hast du dich mit Ruhm bekleckert ! ", und ich hoffte, er würde es mich noch einmal spielen lassen, wenn ich es besser wüsste. „Ich muss dir ein noch größeres Kompliment machen, muss ich?" „Il faut vouz . "*gâter ?* „ Oui ", sagte ich. Er lachte.

Kapitel XVIII.

Liszts Salon. Eine Künstler-Walking-Party. Liszts Lehre.

WEIMAR, *29. Mai 1873* .

Ich habe die himmlischste Zeit in Weimar, während ich bei Liszt studiere, und manchmal kann ich kaum merken, dass ich auf dem Höhepunkt meines Ehrgeizes bin, *sein* Schüler zu werden! Ich bin mir sicher, dass es der Brief der Baronin von S. war, der es mir gesichert hat. Er ist so überfüllt mit Menschen, dass es meiner Meinung nach ein Wunder ist, dass er zu jedem höflich ist, aber er ist der liebenswürdigste Mann, den ich je gekannt habe, obwohl er auch furchtbar sein *kann* , wenn er will, und er versteht es, Menschen zu behandeln in kürzester Zeit vor seiner Tür stehen. Ich gehe dreimal pro Woche zu ihm. Zu Hause trägt Liszt nicht seinen langen Abbé-Mantel, sondern einen kurzen, in dem er viel kunstvoller aussieht. Seine Figur ist bemerkenswert schlank, aber sein Kopf ist äußerst imposant. – Es ist *so* köstlich in seinem Zimmer! Die Großherzogin selbst hat alles für ihn eingerichtet und in Ordnung gebracht. Die Wände sind hellgrau, mit einer vergoldeten Bordüre umläuft der Raum bzw. zwei Räume, die durch purpurrote Vorhänge getrennt, aber nicht getrennt sind. Die Möbel sind purpurrot und alles ist so *bequem* – ein echter Kontrast zur deutschen Kargheit und Steifheit im Allgemeinen. In einem Fenster steht ein prächtiger Flügel (er bekommt jedes Jahr einen neuen). Das andere Fenster ist immer weit geöffnet und blickt auf den Park. Direkt gegenüber dem Fenster befindet sich ein Taubenschlag, auf dessen Dach die Tauben auf und ab spazieren, umherfliegen und manchmal auch auf dem Fensterbrett selbst surren . Das freut Liszt. Sein Schreibtisch ist wunderschön mit passenden Dingen ausgestattet. Alles ist aus Bronze – Tintenfass, Briefbeschwerer, Streichholzschachtel usw., und darauf steht immer eine brennende Kerze, an der er und die Herren ihre Zigarren anzünden können. Auf dem Boden liegt ein Teppich, eine Seltenheit in Deutschland, und Liszt geht im Allgemeinen umher, raucht und murmelt (man kann nie sagen, dass er *redet*) und fordert den einen oder anderen von uns zum Spielen auf. Von Zeit zu Zeit setzt er sich hin und spielt dort, wo ihm eine Stelle nicht passt, und wenn er gut gelaunt ist, macht er ständig kleine Scherze. Sein Spiel war für mich eine völlige Offenbarung und hat mir einen völlig neuen Einblick in die Musik gegeben. Ohne ihn zu hören, kann man sich nicht vorstellen, wie poetisch er ist oder welche tausend *Nuancen* er in die einfachste Sache einbringen kann, und er ist auf allen Seiten gleichermaßen großartig. Vom Zephyr bis zum Sturm steht ihm die gesamte Skala gleichermaßen zur Verfügung.

Aber Liszt ist überhaupt nicht wie ein Meister und kann auch nicht wie einer behandelt werden. Er ist ein Monarch, und wenn er sein königliches Zepter ausstreckt, können Sie sich hinsetzen und für ihn spielen. Sie können ihn nie bitten, etwas für Sie zu spielen, egal wie sehr Sie es unbedingt hören wollen. Wenn er in der Stimmung ist, wird er spielen, wenn nicht, müssen Sie sich mit ein paar Bemerkungen begnügen. Sie können nicht einmal anbieten, selbst zu spielen. Sie legen Ihre Noten auf den Tisch, damit er sehen kann, dass Sie spielen *möchten*, und setzen sich. Er geht im Zimmer auf und ab, sieht sich die Noten an, und wenn ihn das Stück interessiert, wird er Sie aufsuchen. Wir bringen ihm dasselbe Stück nur einmal und spielen es nur einmal durch.

Gestern hatte ich für ihn sein *Au Bord d'une Source vorbereitet*. Ich war nervös und habe schlecht gespielt. Er ließ sich jedoch nicht aus der Fassung bringen, sondern tat so, als ob er meinte, ich hätte charmant gespielt, und dann setzte er sich hin und spielte das ganze Stück selbst, oh, *so* exquisit! Ich fühlte mich wie ein Holzhacker. Die Noten schienen einfach von seinen Fingerspitzen zu kräuseln, ohne dass eine wahrnehmbare Bewegung zu erkennen war. Als er sich dem Ende näherte, bemerkte ich, dass dieser lustige kleine Ausdruck auf seinem Gesicht erschien, den er immer hat, wenn er Sie überraschen will, und plötzlich nahm er einen unerwarteten Akkord und improvisierte einen poetischen kleinen Schluss, der ganz anders war als der geschriebene. – Do Wundern Sie sich, dass die Leute von ihm abgelenkt sind?

Weimar ist ein hübscher kleiner Ort, und überall gibt es wunderschöne Spaziergänge. Da hier Himmelfahrt ein Feiertag ist, machten wir Pianisten alle eine Wandergruppe nach Tiefurt, das etwa drei Kilometer entfernt liegt. Wir gingen nachmittags und kehrten abends zurück. Der Spaziergang führte durch den Wald und war die ganze Zeit über vollkommen herrlich. Als wir abends zurückkamen, sangen die Nachtigallen, und ich konnte mir nicht helfen, mir zu wünschen, dass P. da wäre, um sie zu hören, da er eine solche Leidenschaft für Vögel hat. Es gibt hier auch Kuckucke, und man hört sie „Kuckuck, Kuckuck" rufen. Metzdorf und ich tanzten auf der harten Straße, zur Erbauung aller anderen. In Tiefurt nahmen wir an einem herrlichen Mahl teil, das aus einem Krug Bier, Schwarzbrot und Wurst bestand! Einige der Gruppe bevorzugten Kaffee, unter ihnen Metzdorf, der uns zum Lachen brachte, indem er die Kaffeekanne in seine Innentasche steckte, sobald er seine erste Tasse eingeschenkt hatte, um sicherzustellen, dass die anderen nicht mehr als ihren Anteil nahmen; er nahm es kühl heraus, bediente sich und steckte es wieder zurück. Der Diener, der wartete, bekam Angst und dachte, er würde es stehlen. Später, als wir Spiele spielten und die Tür schließen wollten, kam der Wirt und öffnete sie und erlaubte uns nicht, sie zu schließen, weil er sagte, wir könnten etwas wegnehmen! Wie ist das!

———

Als ich das erste Mal kam, waren es nur fünf von uns, die bei Liszt studierten, aber in letzter Zeit sind ziemlich viele andere dort gewesen. Vorgestern kam eine junge Dame, die in St. Petersburg Schülerin von Henselt war . Sie ist ungeheuer talentiert, erst siebzehn Jahre alt, und ihr Name ist *Laura Kahrer.* Es ist sehr selten, eine Schülerin von Henselt zu sehen , denn es ist sehr schwierig, bei ihm Unterricht zu bekommen. Er steht neben Liszt. Diese Laura Kahrer spielt alles, was man je gehört hat, und sie hat neulich eine Fuge ihrer eigenen Komposition gespielt, die wirklich kraftvoll und gut war. Ich war ganz erstaunt zu hören, wie sie sich das erarbeitet hatte. Sie hat eine große Konzerttournee durch Russland gemacht. Ich habe noch nie eine solche Hand gesehen wie sie. Sie konnte sie nach hinten biegen, bis es aussah, als hätte sie ihre Handfläche nach außen gestülpt. Sie war ein interessantes kleines Wesen mit dunklen Augen und Haaren, und man konnte an ihrer türkischen Halskette und ihren zahlreichen Armreifen sehen, dass sie Geld verdient hatte. Sie spielte mit größter *Souveränität* , obwohl ihr Anschlag für mein Ohr eine gewisse Rauheit hatte. Sie hat mich nicht mitgerissen, aber ich habe nicht viele Stücke von ihr gehört.

Im Vergleich zu Liszt klingt jedoch alles Spiel öde, denn *er* ist die lebendige, atmende Verkörperung von Poesie, Leidenschaft, Anmut, Witz, Koketterie, Kühnheit, Zärtlichkeit und jeder anderen faszinierenden Eigenschaft, die man sich vorstellen kann! Die Hälfte der Zeit, die ich bei ihm war, hätte ich mich am liebsten erhängt. Oh, er ist in jeder Hinsicht ein phänomenaler Mensch! Alles, was Sie von ihm gehört haben, würde Ihnen keine Vorstellung von ihm vermitteln. Kurz gesagt, er repräsentiert die gesamte Skala menschlicher Emotionen. Er ist ein vielseitiges Prisma und reflektiert das Licht in allen Farben , ganz gleich, wie man ihn betrachtet. Seine Schüler *verehren* ihn, wie es eigentlich jeder andere tut, aber bei einer Person, deren Genie ständig so hervorblitzt und deren Charakter so gewinnend ist, kann man nichts anderes machen.

Eines Tages in dieser Woche, als wir mit Liszt zusammen waren, war er so gut gelaunt, dass es war, als wäre er plötzlich zwanzig Jahre jünger geworden. Ein Student des Stuttgarter Konservatoriums spielte ein Liszt-Konzert. Sein Name ist V. und er ist furchtbar nervös. Liszt ließ die ganze Zeit, in der er spielte, ein kleines, satirisches Feuer aufkommen, aber auf eine gutmütige Art und Weise. Wenn ich es gewesen wäre, hätte es mir nichts ausmachen sollen. Tatsächlich glaube ich, dass es mich inspiriert hätte; aber der arme V. wusste kaum, ob er auf dem Kopf oder auf den Füßen war. Es war zu lustig. Alles, was Liszt sagt, ist so beeindruckend. An einer Stelle zum Beispiel, wo V. die Melodie eher schwach spielte, setzte sich Liszt plötzlich ans Klavier und sagte: „Wenn *ich* spiele, spiele ich immer für die Leute auf der Galerie [mit der Galerie meinte er den Hahn- Dachboden, wo immer das Gesindel sitzt und wo die Plätze so gut wie nichts kosten], damit auch die Leute etwas hören, die für ihren Sitzplatz nur fünf Groschen bezahlen. Dann begann er, und ich wünschte, Sie hätten ihn hören können! Der Ton schien nicht sehr *laut zu sein* , aber er war durchdringend und weitreichend. Als er fertig war, hob er eine Hand in die Luft, und man schien zu sehen, wie alle Menschen auf der Galerie das Geräusch aufsaugen. So lehrt dich Liszt. Er präsentiert Ihnen eine *Idee , die sich schnell in Ihrem Kopf festsetzt und dort hängen bleibt.* Musik ist für ihn eine so reale, sichtbare Sache, dass er in der materiellen Welt immer sofort ein Symbol hat, um seine Idee auszudrücken. Eines Tages, als ich spielte, bewegte ich meine Hand zu sehr in einer rotatorischen Art von Passage, die ich nur schwer vermeiden konnte. „Halten Sie Ihre Hand ruhig, Fräulein", sagte Liszt; „ *Mach kein Omelett* ." Ich musste lachen, es traf mich so schön am Kopf. Leider geht er viel zu sparsam mit seinem Spiel um und setzt sich wie Tausig meist nur hin und spielt ein paar Takte auf einmal. Es ist furchtbar, wenn er aufhört, gerade wenn man gerade auf dem Höhepunkt seines Vergnügens ist, aber er ist so durch und durch *gleichgültig* , dass er keine Lust hat, anzugeben, und es nicht mag, wenn ihm jemand ein Kompliment macht . Sogar am Hof ärgerte er sich so sehr, dass die Großherzogin den Leuten sagte, sie sollten keine Rücksicht nehmen, als er vom Klavier aufstand.

Am selben Tag, an dem Liszt so gut gelaunt war , waren eine fremde Dame und ihr Mann da, die eine lange Reise nach Weimar unternommen hatten, um ihn spielen zu hören. Sie wartete lange geduldig während der gesamten Unterrichtsstunde, und schließlich hatte Liszt Mitleid mit ihr und setzte sich mit seiner Lieblingsbemerkung hin , dass „die jungen Damen viel besser spielten als er, aber er würde sein Bestes tun, sie nachzuahmen", und spielte dann etwas Eigenes so wunderbar, dass wir alle wie Pfosten dastanden, als er fertig war, und das Gefühl hatten, es gäbe *nichts* zu sagen. Aber er, als fürchtete er, wir könnten in eine Lobrede ausbrechen, stand sofort auf und ging zu einem Freund, der dort stand und auf einem Anwesen in der Nähe von Weimar lebte, und sagte im alltäglichsten Ton, den man sich vorstellen kann: „Übrigens, was ist mit den Eiern? Wirst du mir welche schicken?" Es scheint ihn nicht nur zutiefst zu langweilen, sondern auch eine Art Überempfindlichkeit seinerseits zu sein. Wie er es ertragen kann, *uns* spielen zu hören, kann ich mir nicht vorstellen. Es muss ihm schrecklich in den Ohren weh tun, denke ich, denn im Vergleich zu seiner eigenen wunderbaren Vorstellung *muss ihm alles ausdruckslos vorkommen* . Ich versichere Ihnen, egal wie schön wir ein Stück spielen, sobald Liszt es spielt, würden Sie es kaum wiedererkennen! Sein Anschlag und sein eigenartiger Einsatz des Pedals sind zwei Geheimnisse seines Spiels, und dann scheint er in die verborgensten Gedanken des Komponisten einzutauchen und sie an die Oberfläche zu holen, so dass sie Ihnen einzeln wie Sterne entgegenleuchten!

Je mehr ich Liszt sehe und höre, desto mehr verliere ich mich im Staunen! An den Tagen, an denen ich zu ihm gehe, kann ich weder essen noch schlafen. Mein gesamtes Musikstudium war für ihn bisher nur ein Schulbesuch, eine Vorbereitung. Ich denke oft an das, was Tausig einmal gesagt hat: „Oh, im Vergleich zu Liszt sind wir anderen Künstler allesamt Dummköpfe." Ich habe es damals nicht geglaubt, aber ich habe die Wahrheit darin erkannt, und beim Studium von Liszts Spiel kann ich erkennen, woher Tausig viele seiner eigenen wunderbaren Eigenheiten hat. Ich denke, er war Liszt am ähnlichsten von allen Armeen, die das Privileg hatten, von ihm unterrichtet zu werden . – Ich habe diesen Brief am Sonntag begonnen, und jetzt ist es Dienstag. Gestern ging ich zu Liszt und stellte fest, dass Bülow gerade angekommen war. Wunderbarerweise war keiner der anderen Gelehrten gekommen, und ich wollte gerade weggehen, als Liszt herauskam, mich bat, kurz vorbeizukommen, und mich Bülow vorstellte. Da war ich ganz allein mit diesen beiden großen Künstlern im *Salon von Liszt* ! War *das nicht* eine Situation? Ich blieb natürlich nur ein paar Minuten, obwohl ich gerne Stunden damit verbracht hätte, aber unser Gespräch war in höchstem Maße amüsant, während ich dort *war* . Bülow war gerade von seiner großen Konzerttournee zurückgekehrt und zum ersten Mal in London gewesen. In wenigen Monaten hatte er einhundertzwanzig Konzerte gegeben! Auch er ist ein faszinierendes Geschöpf, wie alle diese Meisterkünstler, aber völlig anders als Liszt, klein, schnell und luftig in seinen Bewegungen und mit einer der kühnsten und stolzesten Stirnen, die ich je gesehen habe. Er sieht aus wie die personifizierte Willensstärke . Liszt blickte „seinen Hans", wie er ihn nennt, mit größtem Stolz an und schien über seine Ankunft vollkommen glücklich zu sein. Es war wie seine schöne Höflichkeit, mich hereinzurufen und Bülow vorzustellen, anstatt mich gehen zu lassen. Er glaubte, ich sei gekommen, um ihm vorzuspielen, und wollte nicht, dass ich mir diese Mühe umsonst machte, obwohl er mich wohl in Jericho gewollt haben musste. Man könnte meinen, ich hätte ihm hundert Dollar pro Unterrichtsstunde gezahlt, anstatt dass *er sich herabließ, mir* seine wertvolle Zeit umsonst zu opfern.

KAPITEL XIX.

Liszts Ausdruck im Spielen. Liszt über Konservatorien. Tortur der Liszt-Lektionen. Liszts Güte.

WEIMAR, *19. Juni 1873* .

In Liszt kann ich endlich sagen, dass mein Ideal in *etwas* verwirklicht wurde. Er übertrifft alles, was ich erwartet hatte, bei weitem. So etwas vollkommen Schönes, wie er aussieht, wenn er am Klavier sitzt, habe ich noch nie gesehen, und doch ist er jetzt fast ein alter Mann. [E] Ich genieße ihn wie ein exquisites Kunstwerk. Seine persönliche Anziehungskraft ist immens, und ich kann es kaum ertragen, wenn er spielt. Er kann mich so oft zum Weinen bringen, wie er will, und das will etwas heißen, denn ich habe so viel Musik gehört und war *nie* davon berührt. Sogar Joachim, den ich für göttlich halte, hat mich nie berührt. Wenn Liszt etwas Pathos spielt, klingt es, als hätte er alles durchgemacht, und es reißt alle Wunden von neuem auf. Alles, was man je erlitten hat, kommt wieder vor einen. Wen habe ich einmal sagen hören, er habe Clara Schumann vor Jahren während einer von Liszts Aufführungen weinend am Podium sitzen sehen? – Liszt kennt seinen Einfluss auf die Menschen genau, denn er richtet seine Augen immer auf jemanden von uns, wenn er spielt, und ich glaube, er versucht, uns das Herz zu rühren. Wenn er eine Passage spielt und dabei über die Tasten *trommelt* , schaut er oft zu mir herüber und lächelt, um zu sehen, ob ich es schätze.

Aber ich bezweifle, dass er selbst eine besondere Emotion empfindet, wenn er Sie mit seiner Interpretation durchdringt. Er hört einfach jeden Ton und weiß genau, welche Wirkung er erzielen möchte und wie er das tut. Tatsächlich ist er praktisch zwei Personen in einer – der Zuhörer und der Interpret. Aber was für eine enorme Selbstbeherrschung das erfordert! Egal, wie schnell er spielt, Sie haben immer das Gefühl, dass er „genügend Zeit" hat – kein Grund zur Sorge! Sie könnten genauso gut versuchen, eine der Pyramiden zu bewegen, als *ihn aus der Fassung zu bringen* . Tausig besaß diese Ruhe auf technische Weise und sein Anschlag war wunderbar ; aber er trieb einem nie die Tränen in die Augen. Er konnte sich nicht durch alle subtilen Labyrinthe des Herzens schlängeln, wie es Liszt tut.

Liszt macht so bezaubernde Kleinigkeiten! Neulich zum Beispiel spielte ihm Fräulein Gaul etwas vor, und darin waren zwei Läufe und nach jedem Lauf zwei Staccato-Akkorde. Sie hat sie wunderbar gemeistert und gleich danach die Akkorde angeschlagen. „Nein, nein", sagte Liszt, „nachdem Sie einen Lauf gemacht haben, müssen Sie eine Minute warten, bevor Sie die Akkorde anschlagen, als ob Sie Ihre eigene Leistung bewundern würden. Sie müssen innehalten, als wollten Sie sagen: ‚Wie gut ich das gemacht habe.' .'" Dann setzte er sich hin und machte selbst einen Lauf, wartete eine Sekunde und schlug dann die beiden Akkorde im Diskant an, wobei er „Bravo" sagte, *und* dann spielte er erneut, schlug den anderen Akkord an und sagte noch einmal „Bravo ", und tatsächlich war es, als hätte das Klavier leise applaudiert! So spielt er alles. Es scheint, als würde das Klavier mit einer *menschlichen* Zunge sprechen.

Unsere Klasse ist mittlerweile auf etwa ein Dutzend Personen angewachsen, und viele andere kommen und spielen ihm ein- oder zweimal vor und gehen dann wieder. Wie ich L. neulich schrieb, war die liebe kleine Henselt - Schülerin Fräulein Kahrer eine von ihnen, aber sie blieb nur drei Tage. Sie war ein höchst interessantes kleines Wesen und erzählte einige lustige Geschichten über Henselt , von dem sie sagt, er habe ein sehr heftiges Temperament und sei sehr streng. Sie sagte, eines Tages habe er Prinzessin Katherina (wer auch immer das ist) eine Unterrichtsstunde gegeben und sei so wütend über ihr Spiel gewesen, dass er ihr die Noten weggerissen und auf den Boden geworfen habe. Die Prinzessin verlor jedoch nicht ihre Gelassenheit, sondern verschränkte die Arme und sagte: „Wer soll sie aufheben?" Und er musste sich bücken und sie an ihren Platz zurücklegen.

Ich habe Liszt nur einmal wütend gesehen, aber dann war er furchterregend. Wie ein Löwe! Eines Tages versuchte ein Student des Stuttgarter Konservatoriums, die Sonate Appassionata zu spielen . Er hatte eine gute Technik und eine einigermaßen gute Vorstellung davon, aber dennoch war er dem Werk völlig unzulänglich – und tatsächlich sollte nur ein *großer* Künstler wie Tausig oder Bülow versuchen, es zu spielen. Es war ein heißer Nachmittag, und die Wolken hatten sich zu einem Sturm zusammengezogen. Als der Stuttgarter die ersten Töne der Sonate spielte, wogten die Baumwipfel plötzlich wild, und in der Ferne war ein leises Grollen von Donner zu hören. „Ah", sagte Liszt, der mit seiner feinen Auffassungsgabe am Fenster stand, „eine passende Begleitung." (Sie wissen, dass Beethoven die Appassionata eines Nachts schrieb, als er in ein Gewitter geriet.) Wenn Liszt sie nur selbst gespielt hätte, wäre das Ganze wie ein Gedicht gewesen. Aber er ging im Zimmer auf und ab und zwang sich, zuzuhören, obwohl er es, wie ich sah, kaum ertragen konnte. Ein paarmal schob er den Schüler beiseite und spielte selbst ein paar Takte, und wir sahen, wie die Leidenschaft in sein Gesicht sprang wie ein greller Blitz. So etwas Großartiges wie das Wenige, das er *spielte* , und die verblüffende Individualität seiner Vorstellung, hatte ich noch nie gehört oder mir vorgestellt. Ich hatte das Gefühl, als wüsste ich nicht, ob ich „im Körper oder außerhalb des Körpers" war. – HERRLICHES WESEN! Er ist ein zweischneidiges Schwert, das alles durchschneidet.

Der Stuttgarter machte einige so eklatante Fehler, nicht in den Noten, sondern im Rhythmus usw., dass es schließlich aus Liszt herausplatzte: „Sie kommen aus Stuttgart und spielen so ! " und dann begann er eine Tirade gegen Konservatorien und Lehrer im Allgemeinen. Er selbst war wie ein

Gewitter. Er runzelte die Stirn und neigte den Kopf, und sein langes Haar fiel ihm ins Gesicht, während der arme Stuttgarter wie ein geschlagener Hund dasaß. Oh, es war schrecklich! Wenn ich es gewesen wäre, wäre ich, glaube ich, völlig verkümmert, denn Liszt ist immer so liebenswürdig, dass der Kontrast umso stärker war. – „ Aber *das geht Sie nichts an* “, sagte er in versöhnlichem Ton, hielt plötzlich inne und lächelte. „ *Spielen Sie weiter* .“ – Er meinte, dass er nicht auf den Studenten, sondern auf die Konservatorien wütend gewesen sei.

Liszt ist nicht so nervös und reizbar wie Künstler, im Gegenteil, er hat das erlesenste und ruhigste Gemüt der Welt. Wir waren ununterbrochen dort und ich habe ihn nur zwei- oder dreimal aufgeregt gesehen, und dann war er müde und nicht er selbst, und das war eine sehr vorübergehende Sache. Wenn ich daran denke, was für ein kleiner Wilder Tausig oft war und wie schneidend sarkastisch Kullak manchmal sein konnte, bin ich erstaunt, dass Liszt so selten die Fassung verliert. Er hat die Fähigkeit, die beste Seite eines jeden zum Vorschein zu bringen und auch die wunderbarste und unmittelbarste Wertschätzung dafür, was diese Seite ist. Wenn *etwas in Ihnen* steckt , können Sie sicher sein, dass Liszt es weiß. Ob er Sie glauben lassen will, dass er es weiß, ist jedoch eine andere Sache.

WEIMAR, den 15. Juli 1873 .

Liszt ist eine so gewaltige, inspirierende Kraft, dass man versuchen muss, mit ihm doppelt so schnell voranzukommen, wenn auch mit doppeltem Aufwand! Heute bin ich mehr tot als lebendig, denn wir hatten gestern eine vierstündige Unterrichtsstunde bei ihm. Es waren zwanzig Künstler anwesend, die alle darauf brannten, zu spielen, und da er in bester Laune war , spielte er zwischendurch immer so viel selbst. Es war absolut großartig, aber erschöpfend und aufregend bis zum Äußersten. Wenn ich vom Unterricht nach Hause komme , werfe ich mich auf das Sofa und habe das Gefühl, nie wieder aufstehen zu wollen. Es ist jedes Mal ein furchtbarer Arbeitstag, wenn ich zu ihm gehe. Zuerst vier Stunden Üben am Morgen. Dann ein nervöses, ängstliches Gefühl, das mir den Appetit nimmt und mich daran hindert, mein Abendessen zu essen. Und dann mehrere Stunden bei Liszt, wo eine Abfolge von Konzerten, Fantasien und allerlei gewaltigen Sachen gespielt wird. Man weiß nie, vor wem man dort spielen muss, denn es ist das musikalische Hauptquartier der Welt. Direktoren von Konservatorien, Komponisten, Künstler, Aristokraten, alle kommen hierher, und man muss die Hauptlast so gut wie möglich tragen. Im ersten Monat, als ich hier war, als wir nur zu fünft waren, war das noch eine ganz andere Sache, aber jetzt ist der Raum jedes Mal überfüllt.

Liszt gab neulich eine Matinee, bei der ich eine „Soirée de Vienne" von Tausig spielte – furchtbar schwer, aber sehr brillant und eigenartig. Ich weiß nicht, wie ich das jemals durchgestanden habe, denn ich hatte es erst seit ein paar Tagen studiert und konnte es nicht einmal auswendig, noch hatte ich es Liszt vorgespielt. Er sagte mir auch erst am Abend zuvor gegen acht Uhr: „Morgen gebe ich eine Matinee; bringen Sie Ihre Soirée de Vienne mit." Ich eilte nach Hause und übte bis zehn, und dann stand ich am nächsten Morgen früh auf und übte ein paar Stunden. Die Matinee war um elf Uhr. Zuerst spielte Liszt selbst, dann sang eine junge Dame mehrere Lieder, dann gab es ein Stück für Klavier und Flöte, gespielt von Liszt und einem Flötisten, und dann kam ich. Ich war so verängstigt, wie ich nur sein konnte! Metzdorf (mein russischer Freund) und Urspruch setzten sich zu mir, um mir Mut zu machen und die Blätter umzublättern, aber Liszt bestand darauf, selbst zu blättern, und stellte sich hinter mich und tat es auf seine geschickte Art. Er sagt, es sei eine Kunst, die Blätter richtig umzublättern! Er war *so* freundlich, und wann immer ich etwas gut machte , rief er „ *charmant !* ", um mich zu ermutigen. Es gilt als großes Kompliment, wenn man gebeten wird, bei einer Matinee zu spielen, und ich weiß nicht, warum Liszt es mir auf Kosten anderer machte, die dort waren und viel besser spielen als ich – darunter eine junge Dame aus Norwegen, die vor kurzem gekommen ist und eine ganz *hervorragende* Pianistin ist. Sie war auch eine Schülerin von Kullak, aber es ist vier Jahre her, dass sie ihn verlassen hat, und sie hat viel konzertiert. Gestern spielte sie Schumanns a-Moll-Konzert großartig. Ich war überrascht, dass Liszt sie nicht ausgewählt hatte, aber man kann nie wissen, was man von Liszt erwarten kann. Bei ihm ist „nichts zu vermuten oder zu verzweifeln" – wie das Sprichwort sagt. Er ist so voller Stimmungen und Phasen, dass man eine sehr scharfe Wahrnehmung haben muss, um ihn überhaupt zu verstehen, und er kann Sie alle ordentlich in Stücke schneiden, ohne dass Sie es jemals erraten. Er beschämt selten jemanden durch eine offene Beleidigung, aber was vielleicht noch schlimmer ist, er schafft es, den Rest der Klasse wissen zu lassen, was er denkt, während das arme Opfer darüber völlig im Dunkeln bleibt ! – Ja, er kann sehr grausame Dinge tun.

Letzten Endes aber verdanken die Leute es im Allgemeinen ihrem eigenen Selbstvertrauen oder ihrem eigenen Mangel an Taktgefühl, wenn sie mit Liszt nicht klarkommen. Wenn sie voller Selbstüberschätzung zu ihm kommen oder in der Erwartung, Eindruck auf *ihn zu machen* , oder nur um zu sagen, dass sie mit ihm zusammen waren, anstatt sich ihm demütig zu Füßen zu setzen, wie sie es sollten, und zu lernen, was immer er ihnen mitteilen möchte – er findet es bald heraus und behandelt sie entsprechend. Jemand fragte Liszt einmal, was er geworden wäre, wenn er kein Musiker gewesen wäre. „Der erste Diplomat Europas", war die Antwort. Angesichts dieser machiavellistischen Neigung ist es nicht überraschend, dass er sich manchmal dazu hingibt, die Eingebildeten oder Stumpfsinnigen zum Wohle der

Umstehenden auszunutzen. Aber die wahre *Grundlage* seines Wesens ist Mitgefühl. *Er zerbricht weder das geknickte Rohr, noch verachtet er das demütige und gefügige Herz!*

Fräulein Gaul erzählt eine charakteristische Geschichte über den „Meister", wie wir Liszt nennen. Als sie vor ein oder zwei Jahren zum ersten Mal zu ihm kam, brachte sie ihm eines Tages Chopins b-Moll-Scherzo mit – eines dieser Standardstücke, die jeder Künstler lernen *muss* und das auch von unzähligen Tyros zu Tode getrommelt wurde. Liszt sah es an und schrie zu ihrem Schrecken und ihrer Bestürzung in einem Anfall von Ungeduld: „Nein, ich *werde es nicht* hören!" und schleuderte es wütend in die Ecke. Am nächsten Tag besuchte er sie, entschuldigte sich für seinen Wutausbruch und sagte, dass er sich als Buße dafür zwingen würde, ihr nicht nur eine, sondern zwei oder drei Lektionen im Scherzo zu erteilen, und zwar auf die minutiöseste und sorgfältigste Weise Art und Weise – was er dementsprechend auch tat! Stellen Sie sich einen Musiklehrer vor, von dem Sie jemals gehört haben, der sich so vor einem kleinen Mädchen von fünfzehn Jahren demütigt, und dann denken Sie daran, dass Tausig, der größte moderne Virtuose, über Liszt sagte: „Kein Sterblicher kann sich mit Liszt messen. Er wohnt auf einer einsamen Höhe." ."

Aber Sie brauchen nicht zu befürchten, dass ich „amerikanische Maßstäbe aufgebe", weil ich Liszt so grenzenlos verehre. In Europa ist nach *unseren* moralischen Vorstellungen alles auf den Kopf gestellt, und sie haben nicht das, was wir hier „Menschen" nennen. Aber sie *haben* Künstler, an die wir nicht herankommen! Ich betrachte Liszt als Kunstmeister und schreibe über ihn, und seine bloße Anwesenheit ist für seine Schüler ein solcher Ansporn und eine solche Freude, dass ich, wenn ich *ihn verlasse* , das Gefühl haben werde, den besten Teil meines Lebens hinter mir gelassen zu haben!

KAPITEL XX.

Liszts Kompositionen. Sein Beethovenspiel und seine Lehrtätigkeit. Seine „Effekte" im Klavierspiel. Exkursion nach Jena. Ein neuer Musikmeister.

WEIMAR, *den 24. Juli 1873* .

Liszt reist heute ab. Er hätte schon vor einigen Tagen abreisen sollen, aber der Kaiser von Österreich oder Russland (ich weiß nicht welcher) kam, um den Großherzog zu besuchen, und natürlich musste Liszt anwesend sein und einen Tag mit ihnen verbringen. Er ist selbst ein so großer Herr, dass Könige und Kaiser für ihn eine Selbstverständlichkeit sind. Noch nie wurde ein Mann so umworben und verwöhnt wie er! Die Großherzogin selbst besucht ihn häufig. Aber er lässt nie zu, dass ihn jemand zum Spielen auffordert, und selbst sie wagt es nicht. Das ist der einzige Punkt, an dem man Liszts Gefühl für seine eigene Größe erkennen kann; Ansonsten ist sein Auftreten bemerkenswert bescheiden.

Liszt wird bis Mitte August weg sein, und ich werde dankbar sein, ein paar Wochen Ruhe zu haben und in Ruhe lernen zu können. Bei ihm steht man ständig unter Druck, und ich habe von ihm viel mehr Ideen mitgenommen, als ich auf die Schnelle verarbeiten kann. Tatsächlich hat mir Liszt eine völlig neue Idee des Klavierspiels offenbart. Er ist übrigens ein wunderbarer *Komponist*, und darauf war ich bei ihm nicht vorbereitet. Sein Oratorium über *Christus* wurde diesen Sommer hier aufgeführt, und viele Fremde und Prominente kamen, um es zu hören, unter anderem Wagner. Es war großartig und eines der edelsten und zweifellos großartigsten Oratorien, die ich je gehört habe. Ich hatte nie Zeit, darüber nach Hause zu schreiben, denn ich hatte das Gefühl, dass es einer Dissertation an sich bedarf, um dem gerecht zu werden. Ich wünschte, es könnte in Boston aufgeführt werden, da seine Orchester- und Chorwerke in Deutschland leider nur sehr langsam ihren Weg finden. „Liszt hat Wagner geholfen", sagte er traurig zu mir, „aber wer wird Liszt helfen? Allerdings ist es für ein Oratorium im Vergleich zur Oper ebenso viel schwieriger, einen Platz zu erobern, als für einen Pianisten im Vergleich zu einem Sänger, Erfolg zu haben." ." Er hat also das Gefühl, dass die Dinge gegen ihn laufen, obwohl sein Herz und seine Seele so sehr mit der Kirchenmusik verbunden sind, dass er mir sagte, sie sei für ihn „das Einzige geworden, wofür es sich zu leben lohnt". Er scheint sich wirklich kaum um sein Klavierspiel oder seine Klavierkompositionen zu kümmern.

Und doch, welche Schönheit steckt in diesen Kompositionen! In Berlin hatte man mir immer beigebracht, dass Liszt ein Möchtegern-Komponist sei, dass er keine Melodie schreiben könne, dass er nicht originell sei und dass seine Kompositionen nur Glitzer seien, um die Augen des Publikums zu blenden.

Wie ungerecht und unwahr habe ich all diese Behauptungen gefunden! Jetzt habe ich die Gelegenheit, seine Klavierwerke in *Massen und* Tag für Tag zu hören (da alle jungen Künstler sie spielen), und meine bisherigen Vorstellungen haben sich völlig auf den Kopf gestellt. Wenn Liszt *etwas ist*, dann ist er *originell*. Das sieht man auf den ersten Blick, wenn man sich einfach vorstellt, seine Musik wäre weggelassen. Wo gibt es etwas, das ihren Platz einnehmen könnte? Wenn Künstler eine „Wirkung" erzielen und das Publikum aufwühlen wollen – „die bleiernen Tausende verschmelzen", wie Chopin es ausdrückte – was spielen sie dann? LISZT! — Nicht nur ist seine Musik brillant – er schüttet nicht nur diese Fülle von Perlen und Diamanten über die Klaviatur, sondern seine Stücke erreichen große Höhepunkte, sind grandios im Stil, überschreiten alle Grenzen und wirbeln Sie mit der Heftigkeit der Leidenschaft davon. Und dann welche Leichtigkeit der Berührung in den kleineren *Morceaux*, wo er oft den Gipfel der Zärtlichkeit, Anmut und märchenhaften Verspieltheit erreicht, während in den melancholischen Stücken welch subtiles Gefühl nach den Emotionen, die sich in den entlegensten Winkeln des Herzens zusammenrollen! Sie sind so reich an Harmonie, so unheimlich, so wild, dass Sie sich wie Seetang fühlen, der auf den Schoß des Ozeans geworfen wurde, wenn Sie sie hören. Und was könnte dann tiefer und poetischer sein als Liszts Transkriptionen von Schuberts und Wagners Liedern? Sie sind insgesamt exquisit. Schließlich bestehen Liszts Kompositionen den härtesten Gütetest. Sie sind *langlebig*. Sie können sie lange spielen und werden ihrer nie überdrüssig. Kurz gesagt, sie umfassen jedes Element *außer* dem klassischen, und die Frage ist, ob diese luftigen oder intensiven Ideen, die Sie durch ihren Schleier aus Schimmer und Glanz ansprechen, nicht auf ihre eigene Art eine Art Klassiker sind!

Liszts Christus ist für Klavier zu vier Händen arrangiert, und ich wünschte, ich hätte es, und auch Bülows großartige Ausgabe von Beethovens Sonaten – Oh! Sie können sich nichts *vorstellen*, das Liszts Interpretation von Beethoven gleicht. Wenn *er* eine Sonate spielt, ist es, als ob die Komposition von den Toten auferstanden wäre und verklärt vor Ihnen stünde. Sie fragen sich: „Habe *ich* das jemals gespielt?" Aber es langweilt ihn so schrecklich, die Sonaten zu hören, dass ich, obwohl ich ihn viele unterrichten gehört habe, nicht den Mut hatte, ihm eine mitzubringen. Ich nehme an, er hat den Klang der Sonaten satt, oder vielleicht liegt es daran, dass er sich verpflichtet fühlt, Beethoven gewissenhaft zu unterrichten!

Wenn einer der jungen Pianisten Liszt eine Sonate bringt, setzt er einen resignierten Gesichtsausdruck auf und beginnt im Allgemeinen einen halben Protest, über den er später anders nachdenkt. – „Nun, machen Sie weiter", sagt er dann und wird dann sehr streng. Er unterrichtet Beethoven immer mit Notizen, was zeigt, wie gewissenhaft er mit ihm umgeht, denn natürlich kennt er alle Sonaten auswendig. Er hat Bülows Ausgabe, die er öffnet und auf das Ende des Flügels legt. Wenn er dann auf und ab geht , kann er anhalten und darin nachschlagen und dem Rest der Klasse Passagen zeigen, während sie gespielt werden. Bülow hat wahrscheinlich viele seiner Ideen von Liszt übernommen. Eines Tages, als Herr Orth das Allegro der Sonate Op. 110 spielte, bestand Liszt darauf, es auf eine bestimmte Weise zu spielen, und ließ ihn zurückgehen und es immer wieder wiederholen. Eine Zeile darin ist besonders schwer. Liszt ließ jeden in der Klasse sich hinsetzen und es versuchen. Die meisten scheiterten, was ihn amüsierte . – „Ach ja", sagte er lachend, „wenn ich einmal anfange, den Pädagogen zu spielen, dann lasse ich mich nicht übertrumpfen!" Und dann erzählte er zur Veranschaulichung seiner „Pädagogik" eine kleine Anekdote von einem seiner ehemaligen Schüler, der heute ein bedeutender Künstler ist. „Der junge M. hat mir sehr gut gefallen", sagte er. "Er spielte wunderschön, aber er neigte dazu, faul zu sein und die Dinge auf die leichte Schulter zu nehmen. Eines Morgens brachte er mir Chopins e-Moll-Konzert und überflog diese schwierige Passage in der Mitte des ersten Satzes, als hätte er sich nicht die Mühe gemacht, sie wirklich zu studieren. Seine Ausführung war nicht sauber. Also dachte ich, ich würde ihm eine Lektion erteilen, und ich ließ ihn diese beiden Seiten ein oder zwei Stunden lang immer wieder spielen, bis er sie beherrschte. Seine Arme müssen kurz davor gewesen sein, zu brechen, als er fertig war! In der nächsten Stunde gab es kein M. Ich ließ nachfragen, warum er nicht erschien. Er antwortete, er sei auf der Jagd gewesen und habe sich den Arm verletzt, sodass er nicht spielen könne. In der darauffolgenden Stunde erschien er dementsprechend mit dem Arm in einer Schlinge. Aber ich vermutete immer, dass es eine List seinerseits war, um dem Spielen aus dem Weg zu gehen, und dass ihm nichts wirklich fehlte. Er hatte für eine Weile genug", fügte Liszt mit einem schelmischen Lächeln hinzu.

Am Montag hatte ich ganz zufällig ein höchst reizendes Tête-à-Tête mit Liszt. Ich hatte Gelegenheit, ihn wegen etwas aufzusuchen, und seltsamerweise war er allein, saß an seinem Tisch und schrieb. Normalerweise sind dort oben alle möglichen Leute. Er bestand darauf, dass ich eine Weile blieb, und wir hatten das amüsanteste und unterhaltsamste Gespräch, das man sich vorstellen kann. Es war das erste Mal, dass ich Liszt wirklich reden hörte, denn er begnügt sich meist mit kleinen Scherzen. Er ist voller *Esprit* . Wir sprachen über die Fähigkeit zur Nachahmung, und er erzählte mir eine so lustige kleine Anekdote über Chopin. Er sagte, als er und Chopin jung waren, habe ihm jemand gesagt, Chopin habe ein bemerkenswertes Talent zur Nachahmung, und so sagte er zu Chopin: „Kommen Sie heute Abend zu mir nach Hause und zeigen Sie Ihr Talent." Also kam Chopin. Er hatte sich eine blonde Perücke gekauft („Ich war damals sehr blond", sagte Liszt), die er aufsetzte, und schlüpfte in einen von Liszts Anzügen. Bald darauf kam ein Bekannter von Liszt herein, Chopin ging ihm statt Liszt entgegen und ahmte dessen Stimme und Benehmen so perfekt nach, dass der Mann ihn tatsächlich mit

Liszt verwechselte und für den nächsten Tag eine Verabredung mit ihm vereinbarte – „und da stand ich im Zimmer", sagte Liszt. War das nicht bemerkenswert?

An einem anderen Abend war ich gegen Abend dort und Liszt saß am Klavier und sah sich ein neues Oratorium an, das gerade in Paris erschienen war, über „Christus", dasselbe Thema wie sein eigenes Oratorium. Er bat mich, für ihn zu blättern, und war offensichtlich nicht interessiert, denn er übersprang ganze Seiten und begann hier und da von vorne. Es gab nur eine einzige Lampe, und *die* war ziemlich schwach, so dass der ganze Raum im Schatten lag und Liszt sein Merlin-ähnliches Aussehen annahm. Ich bat ihn, mir zu erzählen, wie er einen bestimmten Effekt erzielte, den er in seiner Bearbeitung der Ballade in Wagners *Fliegendem Holländer macht* . Er sah sehr „ *fin* " aus, wie die Franzosen sagen, antwortete aber nicht. Er gibt nie eine direkte Antwort auf eine direkte Frage. „Ah", sagte ich, „das werden Sie nicht sagen." Er lächelte und spielte dann sofort die Passage. Es war ein langes Arpeggio, und der Effekt, den er erzielte, war, wie ich vermutet hatte, ein Pedaleffekt. Er ließ das Pedal die ganze Zeit gedrückt und spielte den Anfang der Passage in einer großartigen, *rollenden* Art und Weise und dann den ganzen Rest mit einem sehr pianissimo-Anschlag und so leicht, dass die Kontinuität der Arpeggios zerstört wurde und die Noten einfach *verstreut schienen* , als ob man einen Blumenkranz zerbricht und sie nach Lust und Laune verstreut. Es ist ein äußerst eindrucksvoller und schöner Effekt, und ich sagte ihm, ich könne nicht verstehen, wie er jemals darauf gekommen sei. „Oh, ich habe sehr viele Dinge erfunden", sagte er gleichgültig – „ *das hier* zum Beispiel" – und er begann, einen doppelten Oktavenwirbel in Chromatik im Bass des Klaviers zu spielen. Es war sehr großartig und ließ den Raum widerhallen. „Großartig", sagte ich. „Haben Sie mich jemals einen Sturm spielen hören?", sagte er. „Nein." „Ah, Sie sollten mich einen Sturm spielen hören! Stürme sind meine *Stärke* !" Dann *sagte* er zu sich selbst zwischen den Zähnen, während ein seltsamer Ausdruck in seine Augen kam, als könne er die Explosion tatsächlich beherrschen: „ *Da KRACHEN die Bäume* !"

Wie sehr wünschte ich mir, er *würde* „einen Sturm spielen", aber natürlich *tat er es nicht* , und bald begann er in seinem *blasierten* Stil über die Tasten zu stolpern. Ich nehme an, er konnte sich nicht ganz zu der Anstrengung durchringen, aber dieser Blick und Tonfall verrieten, wie Liszt es machen *würde* . – Ach, dass wir armen Sterblichen hier unten so oft das Schicksal von Moses teilen und nur einen flüchtigen Blick auf das Gelobte Land erhaschen müssen, und das ohne den Trost, Moses zu sein! Aber vielleicht ist die Vision doch besser als die Wirklichkeit. Wir sehen das *ganze Land* , wenn auch nur aus der Ferne, anstatt nur auf den Punkt beschränkt zu sein, auf den unser Fuß tritt.

Wieder einmal sah ich Liszt in einer ähnlichen Stimmung, obwohl sein Gesichtsausdruck diesmal eher *behaglich* als *wild* destruktiv war. Es war, als Fräulein Remmertz ihm sein Es-Dur-Konzert vorspielte. Es gab zwei Flügel im Raum, und sie saß an einem, er an dem anderen, und begleitete und interpolierte, wie es ihm gerade in den Sinn kam. Schließlich kamen sie an eine Stelle, wo es eine Reihe von Passagen gab, die mit beiden Händen in der Mitte des Klaviers begannen und in entgegengesetzter Richtung zu den Enden der Tastatur gingen und jedes Mal mit einem kurzen, scharfen Akkord endeten. " *Alles zum Fenster hinaus* „*Alles aus dem Fenster werfen* ", sagte er in gemütlicher, lockerer Art und Weise, und er begann diese Passagen zu spielen und auf jeden Akkord zu schlagen, als ob er alles zertrümmern und hinausschleudern *wollte* , und das mit so viel Vergnügen, dass man das Gefühl hatte, man möchte selbst bei der allgemeinen Zerstörung mithelfen! Aber ich werde nie Liszts Blick vergessen, als er so träge vorschlug, „alles aus dem Fenster zu werfen". Er erinnerte mich an den Ausdruck einer großen getigerten Katze, die dasitzt und schnurrt, mit den Augen blinzelt und halb zu schlafen scheint, wenn sie plötzlich –!— ! mit beiden Krallen zuschlägt, und wehe dem, was in ihrer Reichweite ist! Vielleicht ist das Geheimnis von Liszts Faszination letztlich diese Kraft intensiver und wilder Emotionen, die er, wie man spürt, besitzt, zusammen mit der vollkommensten Kontrolle darüber.

Liszt schlägt beim Spielen manchmal falsche Töne an, aber das stört ihn nicht im Geringsten. Im Gegenteil, es macht ihm viel Spaß. Er erinnert mich an einen der Kabinettsminister in Berlin, von dem man sagt, er habe ein erstaunliches Talent, Fehler zu machen, aber ein noch erstaunlicheres Talent, aus ihnen herauszukommen und sie zu vertuschen. Auf Liszt trifft der erste Teil davon nicht zu, denn wenn er einen falschen Ton anschlägt , liegt das einfach daran, dass er sich für Nachlässigkeit entscheidet. Aber der letzte Teil davon trifft in hohem Maße auf ihn zu. Es amüsiert ihn immer, anstatt ihn zu verunsichern, wenn er völlig *daneben liegt* , denn es gibt ihm die Gelegenheit, seinen Einfallsreichtum zu zeigen und den Dingen eine solche Wendung zu geben, dass die falsche Note einfach wie ein Schlüssel erscheint, der zu neuen und unerwarteten Schönheiten führt. Ein solcher Unfall ereignete sich bei ihm in einer der Sonntagsmatineen, als der Saal voller angesehener Persönlichkeiten und seiner Schüler war. Er drehte das Klavier auf wirklich großartige Art und Weise in Arpeggios, als er einen Halbton unterhalb der hohen Note anschlug, mit der er enden wollte. Ich hielt den Atem an und fragte mich, ob er uns so zurücklassen würde, sozusagen mitten in der Luft und mit ungelöster Harmonie, oder ob er auf die Demütigung reduziert werden würde, sich wie gewöhnliche Sterbliche zu korrigieren und sich das Recht zu nehmen Akkord. Ein halbes Lächeln huschte über sein Gesicht, als wollte er sagen: „Ich glaube nicht, dass mich *dieses* kleine Ding stört", und er schlenderte sofort im Einklang mit der falschen Note, die er angeschlagen hatte, das Klavier hinunter und rollte sich dann absichtlich hin und her in einem zweiten großen Schwung, *dieses* Mal treffend wahr. Ich habe noch nie ein köstlicheres Stück Klugheit gesehen. Es war so schlagfertig und so genau typisch für Liszt. Anstatt Ihnen die Chance zu geben zu sagen: „Er hat einen Fehler gemacht", zwang er Sie zu sagen: „Er hat gezeigt, wie man aus einem Fehler herauskommt."

An einem anderen Tag hörte ich ihn von einem Stück zum anderen übergehen, indem er das Finale des ersten zum Vorspiel des zweiten machte . Die beiden waren so wunderbar miteinander verwoben, dass man kaum sagen konnte, wo das eine aufhörte und das andere begann. – Ach, *was für* eine leichte Anmut! *Niemand* wird ihm je gleichkommen, mit diesen rollenden Bässen und diesen blumigen Diskanttönen. Und dann seine Adagios! Wenn man ihn in einem davon hört , fühlt man, dass sein Spiel den Punkt erreicht hat, an dem es von allem irdischen Schlacken gereinigt ist und ein Ausatmen der Seele ist, das geradewegs in den Himmel aufsteigt.

WEIMAR, 8. August 1873 .

Neulich haben wir alle einen Ausflug nach Jena gemacht, das von hier aus etwa drei Autostunden entfernt liegt. Wir fuhren in Waggons in einem langen Zug und hielten in einem Hotel namens The Bear an. Dort nahmen wir unser zweites Frühstück ein. Um fünf Uhr sollte in einer Kirche ein Konzert stattfinden, bei dem einige Werke von Liszt aufgeführt werden sollten. Nach dem Frühstück gingen wir in die Kirche, wo Liszt uns traf und die Probe stattfand. Nach der Probe gingen wir zum Abendessen. Wir hatten drei lange Tische, die Liszt nach seinen Wünschen arrangierte, wobei sein eigener Platz in der Mitte war. Er meistert jedes noch so kleine Detail stets mit größtem Fingerspitzengefühl und achtet darauf, niemals zwei Damen oder zwei Herren zusammensitzen zu lassen, sondern immer abwechselnd eine Dame und einen Herrn. „ *Immer eine „ Bunte Reihe machen* " sagte er. Das Abendessen war für mich sehr unterhaltsam, weil ich mich mit Liszt unterhalten und alles hören konnte, was er sagte, da er mir fast gegenüberstand. Ich war in sehr guter Stimmung An diesem Tag, und da auch Kellerman, Bendix und Urspruch in meiner Nähe waren, hatten wir endlosen Spaß. Wir aßen neue Kartoffeln mit Schale, und Liszt warf eine nach mir, und ich fing sie dort war ein junger Künstler aus Brüssel namens Gurickx , den ich nicht kannte, weil er nur Französisch sprach, und da ich es nicht spreche, hatten wir in der Klasse nie ein Wort gewechselt, deshalb schenkte ich ihm keine Aufmerksamkeit. Als mein linker Nachbar plötzlich meinen Arm berührte, reichte er mir eine Blume aus Brot „von Monsieur Gurickx ". Es hätte die Wirkung einer Röhrenrose gehabt Das Blütenblatt war so sanft gedreht, als ob die Natur es selbst getan hätte. Das Brot war frisch, und Gurickx hatte es zwischen seinen Fingern so bearbeitet, dass es die Konsistenz von Ton hatte, und dann diese kleinen Blumen modelliert, die er auf einen Stiel geklebt hatte. Es war so künstlerisch gemacht und es war eine so kleine Kleinigkeit, dass ich sofort sah, dass er interessant war und dass er diesen wunderbaren französischen Geschmack besaß.

Seitdem sind wir sehr gute Freunde geworden und er bringt mir bei, Französisch zu sprechen . Er spielt wunderbar und wurde am berühmten Brüsseler Konservatorium ausgebildet , dessen Leiter Dupont ist. Dort erhielt Servais auch seine musikalische Ausbildung. Beide raten mir, für ein Jahr dorthin zu gehen, da Dupont in der Tat ein sehr großer Meister ist und Brüssel die eigentliche Heimat und das Zentrum von Kunst und Geschmack aller Art ist – ein „kleines Paris" – aber ernster, deutscher. Gurickx durchlief sowohl die Kunstschule in Brüssel als auch das Konservatorium, so dass er sowohl malt als auch spielt, und es fiel ihm ziemlich schwer, zu entscheiden, welcher Kunst er sich widmen sollte. Sein Stil ist grandios und feurig. Rubinstein ist sein Vorbild und er spielt Liszts Rhapsodien, wie ich noch nie einen anderen gehört habe. Er bringt all ihre Kraft, Brillanz und wilde Karriere zum Vorschein und macht sie zum größten Aufsehen. Was für gewaltige, mitreißende Akkorde! Liszt selbst spielt die Akkorde nicht so gut wie Gurickx ; – vielleicht, weil er jetzt keine Lust hat, die Kraft aufzubringen.

Aber zurück nach Jena. Nach dem Abendessen sagte Liszt: „Jetzt gehen wir ins Paradies." Also zogen wir unsere Sachen an und gingen weiter am Fluss entlang zu einem Ort namens Paradies, wegen seiner Schönheit. Wir kamen an der Universität vorbei, an deren Ecke an der Wand des Raumes, in dem Goethe wohnte, eine Tafel mit der Aufschrift „W. von Goethe" hängt. Es kam mir seltsam vor, mit unserem ebenso geliebten Liszt am Zimmer meines geliebten Goethe vorbeizugehen ! – Dieser Spaziergang am Fluss entlang war bezaubernd. Die Strömung war sehr schnell und die Weiden wehten alle im Wind. Es gibt einen seltsamen dreieckigen Hügel, der auf einer Seite sehr kühn und abrupt ansteigt und Fox's Head genannt wird. Der Weg verlief unter einer doppelten Reihe hoher Bäume, die sich oben trafen und einen grünen Bogen über unseren Köpfen bildeten. Es war alles eine Brise und Frische, und das Sonnenlicht fiel malerisch schräg auf die Berghänge. Ich fing an, mit Liszt zu gehen, aber er war so umzingelt, dass es schwierig war, an ihn heranzukommen, also ging ich stattdessen mit einem interessanten jungen Künstler namens O., der gleichzeitig außerordentlich hässlich und äußerst klug war.

Nach unserem Spaziergang gingen wir zum Konzert, das sehr schön war, und dann wurden wir um sieben Uhr alle zum Tee in das Haus eines Freundes von Liszt eingeladen. Er war ein sehr großer Mann und hatte eine sehr große und gastfreundliche Tochter, fast so groß wie er selbst, die uns sehr herzlich empfing. Der Tee stand auf Tischen im Garten und die Würstchen kochten über einem Feuer auf dem Gelände. Wir setzten uns ununterbrochen irgendwo hin, ich neben Liszt, der mir immer wieder Dinge auf den Teller legte. Als das Abendessen vorbei war , zog er sich mit einigen seiner Freunde in ein kleines Sommerhaus zurück, um zu rauchen. Wir schlenderten um die Rasenfläche davor herum, bis Liszt uns aufrief, hereinzukommen und uns neben ihn zu setzen, was wir auch taten, bis er bereit war zu gehen.

Ich habe in letzter Zeit von einem neuen Musikmeister gehört. Als meine Freundin Fräulein B. hier war, erzählte sie mir, dass sie nach meiner Abreise in Berlin einen „Herrn Regisseur Deppe" getroffen und ihm alles über mich und meinen Kampf um die Eroberung des Klaviers erzählt hatte. Er schien sehr interessiert zu sein und sagte: „Oh, wenn sie nur zu mir gekommen wäre! *Ich* hätte ihr geholfen", und soweit ich das hören kann, denke ich, dass er der richtige Mann für mich sein muss. Er interessiert sich für Sherwood, der letzten Winter immer mit mir über ihn gesprochen hat. Sherwood sagt, er sei völlig desinteressiert und der Kunst ergeben und lebe ganz in der Musik. Er sei ein edelherziger Mann und der „musikalischste Mensch, den er je getroffen habe". Sherwood schwankt oft zwischen ihm und Kullak, und Deppe würde Sherwood am liebsten unterrichten, wenn er könnte, einfach aus Interesse an ihm. – Deppe hat einen Schüler, den er ganz selbst ausgebildet hat und den er nächsten Winter mitbringen wird. Sherwood sagt, er habe noch nie etwas so Schönes gehört wie ihr Spiel. Sie verbringt den Sommer in der Nähe von Deppe und er hört sie jeden Tag das Programm spielen , das sie nächsten Winter in Berlin geben wird. Stellen Sie sich vor, was für eine ungeheure Gewissheit das geben muss!

KAPITEL XXI.

Liszts Spiel. Tausig. Exkursion nach Sondershausen .

WEIMAR, *den 23. August 1873* .

Liszt ist von seiner Reise zurückgekehrt, und ich habe diese Woche zweimal für ihn gespielt und werde am Montag wieder hingehen. Er hat mich am Dienstag sehr gelobt und gesagt, ich hätte bewundernswert gespielt. Ich wusste, dass er erfreut war, denn wann immer er mich korrigierte , sagte er so sanft : „ *Nein, Kindchen !*" „ *Kind* " ist das deutsche Wort für Kind, und „ *Kindchen* " ist eine Verkleinerungsform, und wann immer er Sie so nennt, können Sie erkennen, dass er eine Vorliebe für Sie hat.

Diese Woche konnte ich zum ersten Mal ohne Nervosität für ihn spielen und meine Finger fühlten sich warm und natürlich an. Es war wirklich eine schreckliche Tortur, dort zu spielen, denn nicht nur Liszt selbst war anwesend, sondern auch eine solche Menge von Künstlern, die alle bereit waren, Fehler in Ihrem Spiel zu finden und zu sagen: „Sie hat nicht viel Talent." Ich bin so froh, dass ich bis zu Liszts Rückkehr geblieben bin, denn jetzt ist der Ansturm vorbei und er hat viel mehr Zeit für diejenigen von uns, die noch da sind, und spielt selbst viel mehr. Gestern spielte er uns eine von ihm selbst arrangierte Etüde von Paganini und auch seine Campanella. Ich sehnte mich nach M., da sie die Campanella so liebt. Liszt spielte sie mit einer samtigen Weichheit, Klarheit, Brillanz und perlenartigen Note, die unnachahmlich war. Und oh, seine Anmut! *Niemand* kann sich mit ihm messen! Alle anderen klingen schwer neben ihm!

Es hat mich jedoch getröstet, zu wissen, dass es nicht allein Liszts Genie ist, das ihn zu einem solchen Spieler macht. Er hat so viele technische Studien absolviert wie vielleicht kein anderer außer Tausig. Er spielt alles, was es gibt, in der Art von *Etuden* – er hat sie gespielt, meine ich. Am Dienstag brachte ich ihn dazu, über die Komponisten zu sprechen, die als junger Mann in Paris in Mode waren – Kalkbrenner, Herz usw. – und ich fragte ihn, ob er uns nicht etwas von Kalkbrenner vorspielen könne. „Oh ja! Ich muss noch ein paar Sachen von Kalkbrenner im Kopf haben", und dann spielte er einen Teil eines Konzerts. Danach sprach er weiter über Herz und sagte: „Ich werde Ihnen eine kleine Studie über Herz vorspielen, die unglaublich schwer ist. Es ist ein dummes kleines Thema", und dann spielte er das Thema, „aber *jetzt* passen Sie auf." Dann spielte er die Studie selbst. Es war eine äußerst gefährliche Sache, bei der sich die Hände ständig mit großer Geschwindigkeit kreuzten und in den schwierigsten Positionen Töne schlugen. Es brachte uns alle zum Lachen; und Liszt traf jedes Mal die Noten, obwohl es ekelhaft schwer war, und wie er selbst sagte: „Er geriet darüber immer in Rage." Offensichtlich hatte er es so gut studiert, dass er es nie vergessen konnte.

Anschließend sprach er über Moscheles und seine Kompositionen. Er sagte, dass Moscheles im Alter zwischen dreißig und vierzig hervorragend spielte, aber als er älter wurde , wurde er zu altweibisch und eingefahren – und dann nahm er Moscheles ab und spielte seine Etuden in seinem Stil. Es war sehr lustig. Aber es zeigte, wie Liszt *alles* studiert hat und wie universell sein Wissen ist, denn er kennt die Studien von Tausig und Rubinstein ebenso wie die von Kalkbrenner und Herz. Es kann nicht viele Menschen auf der Welt geben, die mit der gesamten Bandbreite der Musikliteratur so Schritt halten wie er.

Liszt liebte Tausig wie sein eigenes Kind und freut sich immer, wenn wir seine Musik spielen. Sein Tod war ein schrecklicher Schlag für Liszt, denn er pflegte zu sagen: „Er wird der Erbe meines Spiels sein." Ich nehme an, er dachte, er würde in ihm wieder aufleben, denn er sagt immer: „Niemals kam mir ein solches Talent in die Hände." Ich würde alles dafür geben, sie zusammen gesehen zu haben, denn Tausig war ein wunderbar kluger und bezaubernder Mann, und ich kann mir vorstellen, dass er Liszt fasziniert haben muss. Man sagt, er sei der unartigste Junge gewesen, von dem man je gehört hat, und er habe Liszt unendlich viel Ärger und Ärger bereitet; aber er vergab ihm immer, und nachdem der Ärger vorbei war, tätschelte Liszt ihm den Kopf und sagte: „ *Carlchen , entweder wirst du ein großer Lump oder* „Entweder wirst du ein großer Dummkopf oder ein großer Meister." Das ist Liszt durch und durch. Er ist so nachsichtig, dass er im Hinblick auf Talent alles *verzeiht* .

Tausigs Vater, der selbst Musiklehrer war, brachte ihn im Alter von vierzehn Jahren zu Liszt, in der Hoffnung, dass dieser das kleine Wunderwerk als Schüler und Schützling empfangen würde.

Aber Liszt wollte den Jungen nicht einmal spielen hören. „Ich habe genug", erklärte er positiv, „von Wunderkindern. Es kommt nie zu viel." Tausigs Vater willigte offenbar in die Antwort ein, doch während er und Liszt zusammen Wein tranken und rauchten, gelang es ihm, das Kind auf den Klavierhocker hinter Liszt zu schmuggeln und ihm zu winkten, mit dem Spielen zu beginnen. Der kleine Tausig stürzte sich mit solchem Feuer und Kühnheit in Chopins As-Dur-Polonaise, dass Liszt seinen Adlerkopf drehte und nach ein paar Takten rief: „Ich nehme ihn!" Ich hörte Liszt einmal sagen, dass er Wunderkinder nicht ertragen könne. „Ich habe keine Zeit", sagte er, „für diese Künstler *die WERDEN* sollen *!* "

———

Diese Woche war in Weimar wegen der Hochzeit des Sohnes des Großherzogs eine Woche voller Aufregung. Es war allerhand los, und der Kaiser und die Kaiserin kamen aus Berlin. Im Theater gab es sehr viele Proben mit verschiedenen Stücken, und natürlich war Liszt maßgeblich an der musikalischen Gestaltung beteiligt. Er dirigierte die Neunte Symphonie und spielte selbst zweimal mit Orchesterbegleitung. Eines der Stücke, die er spielte, war Webers Polonaise in E-Dur, und das andere war eine seiner eigenen Rhapsodien Hongroises . Bei der Probe war ich dabei. Als er auf die Bühne kam, war der Applaus enorm und reichte allein schon aus, um einen zu begeistern und zu elektrisieren. Ich war entzückt, die Gelegenheit zu haben, Liszt als Konzertmusiker zu hören. Der Leiter des Orchesters ist selbst ein wunderbarer Pianist und Komponist sowie ein großartiger Dirigent, aber es war leicht zu erkennen, dass er all seine Sinne zusammennehmen musste, um Liszt zu folgen, der seiner Fantasie freien Lauf ließ und das Tempo *nach* Lust und Laune schwanken ließ. Was Liszt betrifft, so *sah er kaum* auf die Tasten, und es war erstaunlich zu sehen, wie seine Hände das Klavier auf und ab rasten und Passagen von äußerster Geschwindigkeit und Schwierigkeit spielten, während sein Kopf die ganze Zeit dem Orchester zugewandt war und er ständig Bemerkungen mit ihnen machte. „ Ihr Geigen, hier *scharf anschlagen* .“ „Ihr Trompeten , dort nicht zu laut“ usw. Er tat alles mit größter *Gelassenheit* und schien seinen Händen keine Aufmerksamkeit zu schenken, die sich von selbst bewegten, als wären sie unabhängige Wesen und hätten ihr eigenes Gehirn und alles! Er machte nie zweimal dasselbe auf die gleiche Weise. Wenn es beim ersten Mal eine Tonleiter war, spielte er sie beim zweiten Mal in doppelten oder gebrochenen Terzen und so weiter, wobei er einen ständig mit einer neuen Wendung überraschte. Während man das lange Rollen der Welle bewunderte, wurde man plötzlich von einer Gischt überschüttet, die einem den Atem stocken ließ! Nein, noch nie hatte es einen solchen Spieler gegeben! Die nervöse Intensität seines Anschlags packt einen sofort. Als er fertig war, schrien und klatschten alle wie verrückt in die Hände, und das Orchester ließ einen derart *lauten* Applaus erschallen, dass der Lärm geradezu überwältigend war. Liszt lächelte und verbeugte sich und verließ gleichgültig die Bühne, ohne sich die Mühe zu machen, zurückzukommen. Bald darauf setzte er sich ruhig auf das Parkett und die Probe ging weiter. Das Konzert selbst fand im Hof statt, so dass ich es nicht hörte. Metzdorf war jedoch da und sagte, dass Liszt natürlich fabelhaft spielte, aber dass er nicht so inspiriert war wie am Morgen und nicht denselben Eindruck machte.

WEIMAR, *15. September 1873* .

Neulich wurde ein Ausflug nach Sondershausen vereinbart , eine Stadt etwa drei Autostunden von Weimar entfernt. Zu Ehren Liszts sollte dort ein Konzert stattfinden und ein ganzes Programm seiner Musik aufgeführt werden. Ungefähr ein halbes Dutzend der „ Lisztianer “ – wie die Weimarer Liszts Schüler nennen – waren bereit zu gehen, ich war natürlich einer davon. Liszt selbst, die Gräfin von X. und Graf S. sollten die Partei anführen. Der

Morgen, an dem wir begannen, war einer dieser perfekten Herbsttage, an denen es einfach eine Freude ist, zu *leben* .

Nach dem Frühstück eilte ich zum Bahnhof, wo ich die anderen traf, alle in bester Stimmung. Liszt und seine betitelten Freunde reisten allein in einem Waggon der ersten Klasse . Der Rest von uns fuhr in der zweiten Klasse im nächsten Waggon dahinter. Wir waren in der Tat sehr fröhlich und die Zeit schien nicht lange zu dauern, bis wir in Sondershausen ankamen , wo wir unsere Sitze in den Waggons gegen Sitze in einem Omnibus eintauschten und zum Haupthotel fuhren. Wegen der vielen Fremden, die zum Fest gekommen waren, gab es nicht genügend Unterkünfte für uns alle, also gingen Frau S. und ich in ein kleineres Hotel in einem weiter entfernten Teil der Stadt, um Zimmer zu reservieren, mit der Absicht, zurückzukehren und Essen Sie mit Liszt und den anderen. Gerade als unser lärmendes Fahrzeug vor dem Gasthaus klapperte und einige der Herren heraussprangen, um die Angelegenheit zu regeln, erklangen aus einer Kirche in der Nähe feierliche Klänge eines Chorals mit ihrer großartigen und rollenden Orgelbegleitung. Irgendwie machte es mich traurig, das zu hören, und ein Gefühl der *Vergänglichkeit* der Dinge überkam mich. Es schien eine dieser Stimmen aus der anderen Welt zu sein, die uns hin und wieder anruft.

Nachdem wir unsere Zimmer bezogen hatten, fuhren wir zurück zum Hotel, in dem Liszt wohnte und wo wir sofort zu Abend essen wollten. Es lag im Zentrum der Stadt und direkt gegenüber dem Palast, der sich kühn auf einer Art Anhöhe erhob, mit großen Steintreppen, die zu beiden Seiten zur Straße hinabführten. Es sah ziemlich imposant aus. Eine Allee schlängelte sich rechts davon den Hügel hinauf. Im Speisesaal des Hotels stand ein langer Tisch, und alle Gedecke waren sorgfältig gedeckt. Mein Platz war neben Graf S. und nicht weit von Liszt entfernt. Ich saß also sehr gut. Alle begannen sofort zu reden, sobald das Abendessen serviert wurde, wie es in Deutschland bei Tisch immer der Fall ist. Gegen Ende gab es die übliche Anzahl von Toasts zu Ehren von Liszt, auf die er ziemlich gelangweilt reagierte. Es wundert mich nicht, dass er sie satt hat, denn es ist immer dasselbe. Er schien nicht in seiner üblichen Stimmung zu sein und wirkte müde.

Nach dem Abendessen sagte er: „Jetzt lasst uns zu Fräulein Fichtner gehen.“ Fräulein Fichtner war die junge Dame, die an diesem Abend im Konzert sein Konzert in A-Dur spielen sollte. Sie ist eine bekannte Pianistin in Deutschland und sowohl hübsch als auch brillant. Wir begannen in einer Prozession, wie man es immer mit Liszt macht. Es erinnert mich an die Schneebälle, die die Jungs zu Hause zusammenrollen – die Menge versammelt sich, während es weitergeht! Als wir am Haus ankamen , betraten wir einen dunklen Korridor und begannen, eine dunkle und schmale Treppe hinaufzusteigen. Jemand hat ein Wachsstreichholz angezündet. "Gut!" rief Liszt mit seiner sonoren Stimme. „ *Leuchten Sie voraus* .“ Oben angekommen klingelten wir und wurden von Fräulein Fichtners Mutter hereingelassen. Fräulein Fichtner selbst schien über die Zahl ihrer Gäste überhaupt nicht bestürzt zu sein, obwohl wir den Eindruck erweckten, als kämen wir, um das Haus zu stürmen. Fröhlich holte sie alle Stühle hervor, die es gab, und wer keinen Platz fand, musste stehen! Sie war diesen Sommer für ein paar Tage in Weimar. Wir kannten sie also alle schon einmal, und ich hatte sie einmal einige Duette von Schumann mit Liszt spielen hören, der es genoss, mit „Pauline", wie er sie nennt, zu lesen. Ihr hat Raff sein exquisites „ *Märchen* " gewidmet. Sie ist eine strahlende Brünette mit einem Gesicht voller Intelligenz. Man sagt, sie schreibe bezaubernde kleine Gedichte und sei vielseitig begabt. Um sie für das Konzert nicht zu ermüden, blieben wir nur etwa zwanzig Minuten.

Zurückgehend gönnte sich Liszt eine kleine anmutige *Badinage* anlässlich des Konzerts. Sie wissen, dass er zwei Konzerte geschrieben hat. Das Es-Dur-Stück wird oft gespielt, das A-Dur-Stück jedoch sehr selten. Es ist überaus schwierig und gehört zu den wenigen seiner Kompositionen, bei denen es Liszt interessiert, zu wissen, dass die Leute sie spielen. „Ich würde es sonst schreiben, wenn ich es jetzt schreibe", erklärte er mir, während wir weitergingen. „Manche Passagen sind sehr mühsam *in* der Ausführung. Ich war jünger und weniger erfahren, als ich sie komponierte", fügte er mit einem dieser erhellenden Lächeln hinzu, „wie das Aufblitzen eines Dolches in der Sonne", wie Lenz sagt.

Hotel erreichten, gingen alle hinein, um Siesta zu machen – den „ Mittagsschlaf ", der in Deutschland gesetzlich vorgeschrieben ist. Ich wollte nicht schlafen und wollte die Altstadt erkunden. Also machten Graf S. und ich uns auf den Weg. Sondershausen ist ein verträumter, verschlafener Ort mit so wenig Leben, dass man kaum merkt, dass dort überhaupt Menschen sind. Es ist angenehm gelegen und von sanften Hügeln und welligem Land umgeben, aber es scheint, als sei die Stadt schon lange tot und dies sei ihr Grab, über das man ruhig spaziert. Wir nahmen die Straße, die sich am Schloss vorbeischlängelte. Es war von Bäumen umgeben und hinter dem Schloss befanden sich Gärten und Gewächshäuser. Die Straße führte auf der anderen Seite bergab und wir folgten ihr, bis wir unerwartet auf einen kleinen kreisförmigen Park stießen. So ein verlassener, verwitweter kleiner Park, wie es schien! Wir begegneten keiner Menschenseele, als wir durch seine Wege wanderten. An den Rändern wuchsen Unmengen von beerenbeladenen Schneebeerensträuchern, die ich sehr mag. Der Park wirkte irgendwie öde und ungepflegt, als wäre er sich selbst überlassen. Sogar der Bach, der durch ihn floss, floss träge dahin, als hätte er keinen besonderen Lebenszweck. – Ich habe ihn sehr genossen, und es war sehr erholsam, darin spazieren zu gehen. Man spürte dort die Wahrheit von R.s Lieblingsspruch : „Es macht keinen Unterschied. *Nichts* macht einen Unterschied."

Graf S. plapperte weiter, aber ich hörte nicht mehr als die Hälfte von dem, was er sagte. Er ist ein vergnügungssüchtiger Weltmann, der die Musik liebt, aber ein vollkommener Materialist ist und sich nicht von dem „ *Soufflé vers le beau* " belästigen lässt, das so viele Leute quält. Gleichzeitig ist er anerkennend und sehr unterhaltsam, und man hat keine Gelegenheit, sich mit *ihm* der Melancholie hinzugeben . Wir schlenderten bis spät in den Nachmittag herum und kehrten dann zum Kaffee ins Hotel zurück, bevor wir zum Konzert gingen, das um sieben begann. Der Konzertsaal befand sich hinter dem Schloss und schien ein Teil davon zu sein. Liszt, die Gräfin von X. und Graf S. saßen in einer Loge, wie es die Aristokraten taten. Der Rest von uns saß im Parkett. Ich war erstaunt über das Orchester, das sehr groß war und herrlich spielte. Es kam mir so gut vor wie das des Gewandhauses in Leipzig, obwohl ich annehme, dass es das nicht sein kann. – „ Warum hat mir nie jemand dieses Orchester erwähnt?" Ich fragte Kellermann, der neben mir saß: „Und wie kommt es, dass man an einem solchen Ort ein solches Orchester findet?" „Oh", sagte er, „dieses Orchester ist sehr berühmt und der Fürst von Sondershausen ist ein großer Förderer der Musik." So ist das nun einmal in Deutschland. Hin und wieder erlebt man solche Überraschungen. Man weiß nie, wann man in der entlegensten Ecke auf ein Juwel stößt.

Wir waren alle sehr aufgeregt über Fräulein Fichtners Spiel, und es war ein großer Spaß, sozusagen hinter den Kulissen zu stehen und eine von uns auftreten zu sehen . Wir applaudierten gewaltig, als sie herauskam. Sie war nicht im Geringsten nervös, sondern begann mit großem *Selbstbewusstsein* und spielte wunderschön. Das Konzert machte auf mich einen insgesamt blendenden und schwierigen Eindruck, aber es „fesselte" mich nicht besonders. Ich weiß nicht, wie Liszt mit ihrer Interpretation zufrieden war, denn ich hatte keine Gelegenheit, ihn zu fragen. Sie spielte auch seine Vierzehnte Rhapsodie mit Orchesterbegleitung in einem äußerst kühnen und schneidigen Stil. Fräulein Fichtner ist eher bravourös als sentimental, und sie hat eine gewisse Breite, Auffassungsgabe und Frische. Das letzte Stück auf dem Programm war Liszts Chorsinfonie, die großartig war. Der Chor kam am Ende, wie in der Neunten Symphonie. Mrs. S. sagte, sie kenne das Stück, weil sie es von Thomas' Orchester in New York gehört habe . — Dieses Orchester scheint sich übrigens, wie ich höre, zu etwas Bemerkenswertem entwickelt zu haben. Es ist eine große Sache für die musikalische Ausbildung des Landes, wenn eine solche Organisation jeden Winter auf Reisen ist. Und was für eine Offenbarung ist ein Orchester, wenn man es zum ersten Mal hört, selbst wenn es nur ein schlechtes ist ! — Musik kommt leibhaftig vom Himmel herab! Und hier in ihrer musikalischen Dunkelheit wird den Amerikanern in den Provinzen ein Orchester der allerhöchsten Güte in voller Pracht dargeboten . Was *könnte* amerikanischer sein? Sie haben immer das Beste oder gar nichts!

Um neun Uhr abends war das Konzert zu Ende und wir kehrten alle zum Abendessen ins Hotel zurück. Wir waren alle verzweifelt hungrig nach so viel Musik und Begeisterung. Alle wollten sofort geholfen werden und die Kellner waren fast abgelenkt. Graf S. saß neben mir und war sehr lustig. Er klopfte wie verrückt auf den Tisch, aber ohne Erfolg. Schließlich rief er: „ *Jetzt.* "*geh* ' ICH *auf Jagd* !' und sprang von seinem Stuhl auf, eilte zum anderen Ende des Speisesaals, nahm sich einige Gerichte, die die Kellner servierten, und kehrte triumphierend zurück. *Ich* konnte Ich konnte mir das Lachen nicht verkneifen, und er machte viele Witze auf Kosten der Kellner und aller anderen. Ich konnte nichts von Liszts Unterhaltung hören, aber ich glaube nicht, dass er in einer ruhigen Stimmung war Das Gleiche gilt, wenn er mit Aristokraten zusammen ist und sein Schwert zückt. Wenn er mit „Swells" zusammen ist, scheint er nur zu ihrem Vergnügen mit seinem Genie zu spielen . Zumindest soweit *meine Beobachtung von ihm bei den wenigen Gelegenheiten, die ich ihn in der Beau Monde* gesehen habe . Die Anwesenheit der stolzen Gräfin von X. in Sondershausen hielt ihn sozusagen auf Distanz zu allen anderen. und er war nicht überschäumend vor Spaß und Fröhlichkeit wie in Jena. Sie ging natürlich nicht mit uns zu Fräulein Fichtner, was ein Glück war. Nach dem Abendessen gingen alle früh zu Bett, ziemlich erschöpft von der Aufregung des Tages.

Diese hochmütige Gräfin übte übrigens schon immer eine große Faszination auf mich aus, weil sie wie eine Frau aussieht, die „eine Geschichte hat". Ich habe sie oft bei Liszts Matineen gesehen, und nach allem, was ich über sie höre, ist sie ein Frauentyp, wie er vermutlich nur in Europa existiert und wie ihn die Heldinnen ausländischer Romane zum Vorbild haben. Sie ist Witwe und dem Aussehen nach etwa sechsunddreißig oder acht Jahre alt, mittelgroß, schlank bis dünn, aber äußerst anmutig. Sie ist immer in Schwarz gekleidet und in ihrer Kleidung völlig nachlässig, doch nichts kann ihre angeborene Eleganz ihrer Figur verbergen. Ihr Gesicht ist blass und ihr Haar dunkel. Sie vermittelt einen Eindruck von eisiger Kälte und gleichzeitig tropischer Hitze. Der Stolz Luzifers gegenüber der Welt im Allgemeinen – völlige Hingabe an den Einzelnen. Ich treffe sie oft im Park, wenn sie entlang geht, „in Zobelgewändern wie die Nacht", umgeben von ihren vier wunderschönen Jungen – wie Graf S. sagt, „einer schöner als der andere". Sie haben so romantische Gesichter! Dunkle Augen und dunkles lockiges Haar. Der Älteste ist etwa vierzehn und der Jüngste fünf.

Der Kleine ist zu hübsch, mit seinen braunen Locken, die ihm über die Schultern fallen! Ich werde nie vergessen, wie hochmütig die Gräfin ihr Fernglas herausnahm und mich musterte, als ich eines Tages im Park an ihr vorbeiging. Da Weimar ein „ *kleines Nest* " ist, wie Liszt es nennt, fällt jeder Fremde sofort auf. Sie wartete, bis ich ganz nah herangekommen war, setzte dann absichtlich das Fernglas ab und musterte mich von Kopf bis Fuß, dann

ließ sie es mit halb verächtlicher, halb gleichgültiger Miene fallen, als ob die
musternde Betrachtung die Mühe nicht belohnte . – Ich war so amüsiert. Ihre
Arroganz reizt ganz Weimar, und man hört nie auf, über sie zu reden. Ich
kann nie umhin, mir zu wünschen, sie in einer modischen Toilette zu sehen.
Wenn sie in einem eher weniger als gewöhnlichen Kleid so *distinguée ist, was
wäre* sie dann in einem Pariser Kostüm? Ich meine, was die Anmut betrifft,
denn hübsch ist sie nicht. – Aber als psychologisches Studienobjekt ist sie
vielleicht interessanter, so wie sie ist. Sie kommt mir immer so vor, als ob sie
allmählich zugrunde geht – ein ausgebrannter Vulkan, auf den ihre eigene
Asche herabfällt und sie bedeckt. Sie ist sehr gebildet und bereitet ihren
ältesten Sohn selbst auf die Universität vor. Was für ein Thema wäre sie für
einen Balzac gewesen!

Den nächsten Tag übernachteten wir in Sondershausen , da ein weiteres
Orchesterkonzert stattfinden sollte – diesmal mit abwechslungsreichem
Programm . Fräulein Fichtner war bereits abgereist, aber der erste Geiger
spielte Mendelssohns berühmtes Violinkonzert. – Nicht in Wilhelmjs
meisterhaftem Stil, aber äußerst gut. Gegen 17 Uhr fuhren wir mit dem Zug
nach Weimar. Auf dem Rückweg saß ich mit Liszt im Waggon. Er setzte sich
mir gegenüber und begann nach und nach zu reden. Das Gespräch drehte
sich um Weitzmann, meinen ehemaligen Harmonielehrer, der, wie Sie sich
erinnern, so entschlossen war, mich zum Lernen zu bringen. Liszt bemerkte
den Umfang seines Wissens und sagte: „Wenn ich nicht so alt wäre , würde
ich gerne noch einmal zu Weitzmann zur Schule gehen." Er habe eines Tages
mit Weitzmann gesprochen, sagte er, und Weitzmann habe ihm
vorgeschlagen, einen Kanon zu schreiben. „Ich habe mich hingesetzt und
eine ganze Weile daran gearbeitet, habe es aber schließlich aufgegeben. – Ich
weiß nicht warum, aber ich hatte nie Erfolg beim Schreiben von Kanons.
Weitzmann setzte sich dann hin und hatte in einer halben Stunde zwei
ausgezeichnete Kanons verfasst. " Er führte dies als Beispiel für Weitzmanns
Bereitschaft an . – Ein Kanon ist, wissen Sie, eine Art musikalisches Rätsel.
Die rechte Hand spielt das Thema. Die linke Hand nimmt es etwas später
auf und imitiert die rechte. Die beiden verschränken sich, und das Thema
bildet Melodie und Begleitung zugleich, je nachdem, ob es von der rechten
oder linken Hand gespielt wird – etwa nach dem Prinzip des Rundensingens.
Die Schwierigkeit besteht darin, Monotonie bei dieser kontinuierlichen
Wiederholung des Themas zu vermeiden, das nach Belieben in verschiedenen
Abständen, invertiert usw. wiederholt werden kann. Es scheint eher ein
mathematischer als ein musikalischer Kompositionsstil zu sein. Ich sollte
annehmen, dass *Bach* Kanonen ohne Ende abfeuern könnte! Er entwickelte
es in allen erdenklichen Formen. – Liszt gehört jedoch einer ganz anderen
Schule an!

Gegen acht Uhr abends kamen wir wieder in Weimar an und dieser köstliche Ausflug *musste wie alle anderen enden* . Aber die ruhige Altstadt mit ihrem musikalischen Namen und ihrem tollen Orchester wird mir noch lange in Erinnerung bleiben.

Adieu, Sondershausen !

KAPITEL XXII.

Abschied von Liszt! Deutsche Konservatorien und ihre Methoden. Wieder Berlin. Liszt und Joachim.

WEIMAR, *24. September 1873* .

Unsere letzte Unterrichtsstunde bei Liszt hatten wir vor ein paar Tagen, und nächste Woche verlässt er Weimar. Die letzten beiden Male war er so mit seinen Verpflichtungen beschäftigt, dass er uns nicht viel Aufmerksamkeit schenken konnte. Ich spielte mein Rubinstein-Konzert. Er begleitete mich selbst auf einem zweiten Klavier. Wir waren gegen 18 Uhr dort. Liszt war nicht da, aber er hatte uns gesagt, dass wir warten müssten, wenn wir kämen . Gegen sieben kam er zurück, und die Lampen wurden angezündet. Er war schrecklich schlecht gelaunt , und ich habe ihn noch nie so niedergeschlagen gesehen. „Wie steht es mit unserem Konzert?", fragte er mich, denn er hatte mir vorher gesagt, ich solle die zweite Klavierbegleitung bestellen, und er würde sie mit mir spielen. Ich sagte ihm, dass es leider keine zweite Klavierstimme gebe. „Dann, Kind, bist du auf den Kopf gefallen, wenn du das nicht weißt, dann musst du zumindest eine zweite Kopie des Konzerts haben!" Ich sagte ihm, dass ich es auswendig kenne. „Oh!", sagte er in besänftigtem Ton. Also nahm er mein Exemplar und spielte den Orchesterpart, der über dem Klavierpart angegeben ist, und ich spielte ohne Noten. Ich fühlte mich inspiriert, denn das Klavier, an dem ich saß, war ein prächtiger Flügel, den Steinway Liszt erst vor kurzem geschenkt hatte. Liszt saß mir gegenüber an einem anderen Flügel, und der Raum war von ein oder zwei Lampen schwach beleuchtet. Ein paar Künstler saßen im Schatten herum. Es war die Stunde der Dämmerung, „ *l'heure du mystère* ", wie der poetische Gurickx zu sagen pflegte, und kurz gesagt, der Anlass war perfekt und konnte nicht noch einmal so sein. Wir haben unseren Unterricht nämlich immer nachmittags, und es war reiner Zufall, dass es diesmal so spät war. Ich fühlte mich also wie in einem elektrisierten Zustand. Ich hatte das Stück so lange studiert, dass ich mir seiner vollkommen sicher war, und dann mit Liszts großartiger Begleitung und seinem schönen Gesicht, zu dem ich hinüberschaute – das reichte aus, um alles in einem hervorzubringen, was darin steckte. Wenn er nur er selbst gewesen wäre, hätte ich mir nichts mehr wünschen können, aber er war in einer seiner bitteren, sarkastischen Stimmungen. Ich jedoch raste dem Ende entgegen – wie ein Sturzbach, der in die Dunkelheit stürzt, könnte ich sagen – denn es war auch das Ende meiner Stunden bei Liszt!

Als Antwort auf Ihre musikalischen Fragen: Ich weiß nicht, dass es über Konservatorien viel zu erzählen gibt, von dem Sie nichts wissen. Der in Stuttgart gilt als der beste; und dort werden die Schüler einer regelmäßigen, abgestuften Methode unterzogen, beginnend mit dem Erlernen des Handhaltens und mit den einfachsten Fünf-Finger-Übungen. Es gibt bestimmte Dinge, Studien usw., die *alle* Gelehrten lernen müssen. Das war auch in Tausigs Konservatorium der Fall. Zuerst mussten wir durch Cramer, dann durch den Gradus ad Parnassum , dann durch Moscheles , dann Chopin, Henselt , Liszt und Rubinstein. Ich bin selbst nicht weiter gekommen als Chopin, aber als ich nach Kullak ging, habe ich ein ganzes Jahr lang Czernys Schule für Virtuosen studiert , das Buch, auf das er „schwört". Ich werde diesen Winter mit ihnen weitermachen. Es dauert Jahre, sie alle durchzugehen, aber wenn man sie durchgearbeitet *hat* , ist man ein Künstler.

Ich selbst halte die „Schule des Virtuosen " für unverzichtbar, so sehr ich sie auch verabscheue. Erstens gibt es nichts Vergleichbares, um Ihnen eine Technik zu vermitteln. Es besteht aus Passagen, die im Allgemeinen etwa zwei Zeilen lang sind und die Czerny Sie auffordert, zwanzig bis dreißig Mal hintereinander zu spielen. Sie können sich bei diesem Tempo vorstellen, wie lange es dauert, eine Seite durchzuspielen! Langweilig bis zum *letzten* Grad! Aber es gleicht und stärkt die Finger erheblich und sorgt für eine reibungslose und elegante Ausführung. Es lehrt Sie, sich Zeit zu nehmen, oder wie die Deutschen es nennen, es gibt Ihnen „ *Ruhe* ", die *unabdingbare Voraussetzung* ! Sie lernen , Ihre Passagen „auszuspielen" , wie Kullak immer sagt; Das bedeutet, dass Sie sich nicht beeilen oder die letzten Noten verschwimmen lassen, sondern klar und im richtigen Takt bis zum Ende der Passage spielen. Ich habe Lebert, den Leiter des Stuttgarter Konservatoriums, diesen Sommer hier gesehen und mehrere lange Gespräche mit ihm geführt, und er sagte mir, dass er Bach für das beste Studium hielt und das Wohltemperierte Clavichord als Grundlage für alles ansah. Die Stuttgarter studieren jeden Tag Bach, und ich selbst halte es für einen Kapitalplan. Ich habe auch damit begonnen. Es war eine großartige Sache für mich, dieses Bachviertel, das ich mit Mr. Paine in Cambridge belegte, und es war eine Ihrer Inspirationen, als Sie „ besser bauten , als Sie wussten." – Ich habe noch nie jemanden mit einem solchen Instinkt *gesehen* Finden Sie heraus, was das Richtige für Sie ist! Ohne das wäre ich nie so vertraut mit Bach geworden oder hätte mich nie darauf einlassen können, ihn selbst zu studieren, denn ich habe viel getan. Es ist ebenso gut für die Finger wie „gut für die Seele". Lenz sagt in seiner Chopin-Skizze, dass Chopin ihm bei der Vorbereitung auf ein Konzert gesagt habe , er habe seine eigenen Kompositionen überhaupt nicht studiert, sondern sich verschlossen und Bach geübt!

Allerdings nehme ich an, dass es am Ende auf dasselbe hinausläuft, wenn man Bach, Czerny oder Gradus studiert, nur dass man die ganze Zeit *bei* einem davon bleiben muss. Das Tolle daran ist, dass jeder Ihrer fünf Finger gleich oft „ dum , dum " macht, was das Prinzip aller drei ist! Tausig war für Gradus, wissen Sie, und hat es jeden Tag selbst geübt. Er pflegte die Etüden

in verschiedene Tonarten zu transponieren, sie in der linken Hand genauso
zu spielen wie in der rechten Hand und ihre Schwierigkeiten in jeder Hinsicht
zu verstärken, aber *ich* fand sie immer schwer genug, so wie sie geschrieben
waren! Bach stärkt die Finger und macht sie unabhängig. Czerny gleicht sie
aus und ermöglicht eine einfache und elegante Ausführung, und Gradus ist
nicht nur gut für die Fingertechnik, sondern trainiert auch Arm und
Handgelenk und ermöglicht eine viel kraftvollere Ausführung.

Ich glaube, dass es in allen Konservatorien mindestens sechs
Unterrichtsstunden pro Woche gibt, zwei Solostunden, zwei in Lesen vom
Blatt und zwei in Komposition. Dann gibt es oft Vorlesungen zu
musikalischen Themen, die von einigen der Professoren oder von jemandem
gehalten werden wer hierfür eingesetzt wird. Alle großen Konservatorien
verfügen über ein Orchester, das sich in der Regel aus den Studierenden
selbst zusammensetzt und für die Behebung von Defiziten einige Profis
engagiert. Damit spielen die besten Klavierschüler ihre Konzerte einmal im
Monat oder alle sechs Wochen. Die Anzahl der öffentlichen Vertretungen
variiert in jedem Konservatorium. An der Hochschule in Berlin nehmen sie
zweimal im Jahr an der Sing-Akademie teil. Kullak *behauptet, einen* zu haben ,
aber er hat so wenig Interesse an seinen Gelehrten, dass er ihn weglässt, wenn
es ihm passt. In Stuttgart gibt es meiner Meinung nach vier. Ich weiß nicht
viel über die Inneneinrichtung von Kullaks Wintergarten, da ich nur seine
eigene Klasse besucht habe. Ich wohnte zu weit weg, um am Theorie- und
Kompositionskurs teilzunehmen. Liszt sagt, dass Kullaks Schüler immer die
bestausgebildeten von allen seien, was mich ziemlich überraschte, denn
zwischen ihm und Stuttgart besteht eine gewisse Vertrautheit , und er
empfiehlt immer Schüler für das Stuttgarter Konservatorium.

Die Stuttgarter haben eine enorme Technik und ich glaube, sie werden besser
unterrichtet, wie man lernt. Mir kommt es so vor, als ob Stuttgart der Ort
wäre, um die Maschine in Gang zu bringen, aber ich glaube eher, dass Kullak
den Kopf mehr schult. Es gibt hier einen jungen Amerikaner namens Orth,
der zwei Jahre bei Kullak studiert hat, dann ein Jahr in Stuttgart verbracht hat
und jetzt zu Kullak zurückkehren wird. Er sagt, er glaube, dass nicht Lebert,
sondern Pruckner das eigentliche Rückgrat des Stuttgarter Konservatoriums
sei, aber dass selbst bei *ihm* ein Jahr ausreiche. Fräulein Gaul hingegen, bei
der sich Lebert die größtmögliche Mühe gegeben hat, hält ihn für einen
großartigen Meister und er hat sie sicherlich bewundernswert gefördert. Es
ist wahrscheinlich mit ihm wie mit ihnen allen. Wenn sie dich mögen, werden
sie viel für dich tun; wenn nicht, *nichts* ! Liszt ist keine Ausnahme von dieser
Regel. Ich habe erlebt, wie er junge Künstler mit außerordentlichem Talent
und außerordentlicher Virtuosität brüskierte und völlig vernachlässigte, nur
weil sie ihm persönlich nicht gefielen.

———

Voilà!, wie Liszt immer sagt. Hier bin ich wieder im alten Berlin, und wenn ich mich jemals „wie eine Katze in einer fremden Dachkammer" gefühlt habe, dann jetzt. Ich habe das liebe kleine Weimar vor zwei Tagen verlassen und mich heute vor einer Woche von unserem verehrten Liszt verabschiedet. Er ist nach Rom gefahren. *Noch nie* hatte ich das Gefühl, jemanden oder einen Ort so sehr zu verlassen, und Berlin kommt mir wie eine große, brüllende Wildnis vor. Die Entfernungen sind hier so *endlos* . Entweder muss man sich beim Gehen umbringen oder ein Vermögen für Droschken ausgeben . Die Häuser kommen mir alle so vor, als wären sie gewachsen. Überall werden ungeheuer viele neue Häuser gebaut, und der Lärm, die Menschenmenge und die Verwirrung reichen aus, um einen nach dem idyllischen Leben, das ich geführt habe, abzulenken. Na *ja* ! *Es* war *eben* ZU *schön* !

Gestern und heute habe ich mich nach einer neuen Pension umgesehen. Ich habe seit meiner Rückkehr zwei Einladungen zum Essen erhalten, aber alle und alles kommen mir so langweilig und stumpf, prosaisch und langweilig vor, dass ich beide abgelehnt habe und keinem meiner Freunde meine Adresse gegeben habe, bis ich ein wenig Zeit hatte, mich allmählich von den Freuden Weimars zu lösen.

Als es an der Zeit war, sich zu verabschieden, war Liszt die Freundlichkeit selbst, aber ich brachte kaum ein Wort heraus, noch konnte ich ihm für alles danken, was er für mich getan hatte. Ich wollte nicht zusammenbrechen und eine Szene machen, wie ich das Gefühl hatte, ich sollte es tun, wenn ich versuchte, etwas zu sagen. Ich fürchte also , er hielt mich für eher undankbar und selbstverständlich, denn er konnte nicht wissen, dass ich ein Übermaß an Emotionen verspürte, das mich zum Schweigen brachte. Ich vermisse es unaussprechlich, zu ihm zu gehen, und obwohl ich gestern Abend meinen Lieblings- Joachim gehört habe, erbleichte selbst *er* vor Liszt. Er ist auf der Geige das, was Liszt auf dem Klavier ist, und ist der einzige Künstler, der es verdient, mit ihm in einem Atemzug genannt zu werden.

Wie Liszt belebt er alles so sehr, dass ich ihn jedes Mal, wenn ich ihn höre, wieder ganz neu wahrnehmen muss. Ich bin immer wieder aufs Neue erstaunt, verblüfft und entzückt, und selbst wenn ich zuhöre, kann ich kaum glauben, dass der Mann so spielen *kann* ! Aber Liszt hat neben seinem wunderbaren Spiel diese einzigartige und imposante Persönlichkeit, während Joachim auf den ersten Blick nicht besonders auffällt. Liszts Gesicht ist ein Spiel der Züge, ein Glühen der Phantasie, ein Aufflammen der Vorstellungskraft, während Joachim in seine Geige vertieft ist und sein Gesicht nur einen Ausdruck feiner Unterscheidungskraft und intensiver Besorgtheit hat, seine künstlerischen Effekte hervorzubringen. Liszt schaut nie auf sein Instrument; Joachim schaut nie auf irgendetwas anderes. Liszt ist ein vollkommener Schauspieler, der das Publikum mitreißen will, der nie vergisst, dass er vor ihm steht, und der sich dementsprechend verhält. Joachim ist sich dessen überhaupt nicht bewusst. Liszt unterwirft sich die Leute allein durch die Art und Weise, wie er die Bühne betritt. Er schüttelt seinen stolzen Kopf, wirft einen elektrisierenden Blick aus seinen Adleraugen und setzt sich mit einer Miene hin, als wolle er sagen: „Jetzt werde ich mit euch machen, was ich will, und ihr seid nichts als Marionetten, die meinem Willen unterworfen sind." Eines Tages sagte er zu uns in der Klasse: „Wenn ihr auf die Bühne kommt, tut so, als ob euch das Publikum völlig egal wäre und als ob ihr mehr wüsstet als alle anderen. So habe ich es immer gemacht. – Aber das hat die Kritiker provoziert!", fügte er mit einem unbeschreiblichen Blick boshafter Bosheit hinzu. So sehen Sie also sein Prinzip, und genau so hat er es bei der Probe im Theater in Weimar gemacht, von der ich Ihnen geschrieben habe. Joachim hingegen ist der ruhige Gentleman-Künstler. Er geht auf die unprätentiöseste Weise vor, aber während er seine Geige zurechtrückt, blickt er mit der ruhigen Miene eines musikalischen Monarchen über sein Publikum, als wolle er sagen: „Ich vertraue ganz meiner Kunst und brauche keine ,Manieren oder Sitten'." In Wirklichkeit bewundere ich Joachims Prinzipien am meisten, aber Liszts Eigensinn hat etwas unbeschreiblich Faszinierendes und Unterwerfendes. Man spürt sofort, dass er ein großes Genie ist und man selbst *nichts* weiter als seine Marionette, und irgendwie empfindet man ein niederträchtiges Vergnügen an der Demütigung! Die beiden Männer sind äußerst interessant, jeder auf seine Weise, aber sie sind Extreme.

[Neben seinem Spiel und seinen Kompositionen mag dem allgemeinen Leser im Folgenden klar werden, was Liszt für die Musik und für Musiker getan hat und warum er daher so überragend der größte und beliebteste Meister der Musikwelt ist Auszug aus einer Übersetzung von „Franz Liszt, ein musikalisches Charakterporträt" von La Mara in *Dwight's Journal vom 23. Oktober 1880 in der Gartenlaube* : „Wir müssen es zu den außergewöhnlichen Verdiensten von Liszt zählen, dass er die Welt geebnet hat Weg zur Anerkennung unzähliger Anwärter, da er stets ein offenes Herz und offene Hände für alle künstlerischen Bestrebungen zeigt. Er war der erste und aktivste Förderer des riesigen Bayreuther Unternehmens und der Hauptgründer der in ganz Deutschland blühenden Musikvereine oder -verbände . Und für wie viele edle und wohltätige Zwecke hat er seine künstlerischen Mittel nicht in seinem früheren virtuosen Werdegang eingesetzt, um von den Millionen, die er verdiente, weit mehr zu profitieren als seinen eigenen? Für sich selbst war es eine bescheidene Summe, während er allein viele Tausend für die Vollendung des Kölner Doms, für das Beethoven-Denkmal in Bonn und für die Opfer des Hamburger Flächenbrandes beisteuerte – so ist seine öffentliche künstlerische Tätigkeit seit dem Ende seiner Karriere als Pianist aktiv ausschließlich zum Wohle anderer, für künstlerische Unternehmungen oder für wohltätige Zwecke geweiht. Seit Ende 1847 ist weder durch Klavierspielen und Dirigieren noch durch Unterrichten ein Pfennig in seine eigene Tasche geflossen. All dies, was anderen so reiches Kapital und Zinsen beschert hat, hat ihn selbst nur Zeit- und Geldopfer gekostet.“] – Hrsg.

KAPITEL XXIII.

Kullak als Lehrer. Die vier großen Virtuosen, Clara Schumann, Rubinstein, Von Bülow und Tausig.

BERLIN, *7. November 1873* .

Seit meiner Rückkehr befinde ich mich in einer Art geistiger Apathie – vermutlich das Ergebnis der großen künstlerischen Aufregung den ganzen Sommer über. Natürlich übe ich sehr fleißig und nehme wieder Privatunterricht bei Kullak. Ich habe ihm vor zwei Wochen mein Rubinstein-Konzert vorgespielt und ihm gesagt, dass ich es in einem Konzert spielen möchte. Er sagt, ich brauche an vielen Stellen mehr Kraft darin, und wenn ich es jeden Tag übe, hoffe ich, dass ich es endlich schaffe, da ich die technischen Schwierigkeiten darin überwunden habe. Es gab zwei Seiten darin, von denen ich dachte, dass ich sie nie bewältigen *könnte* . So ist es bei allen Konzerten. Es sind furchtbar schwierige Dinge zu spielen, und *meiner Meinung nach* weitaus schwieriger als Soli, weil die Anstrengung so nachhaltig ist. Für mich sind sie die interessantesten Dinge, die es zu hören gibt, und ich kann mir nicht vorstellen, wie man denken kann, dass Klavier und Orchester „nicht dafür gemacht sind, zusammenzupassen“. Allerdings habe ich selbst Konzerte nie geschätzt, bis ich nach Deutschland kam. Kullak ist der entmutigendste Lehrer, den man sich vorstellen kann. Wenn man mit ihm spielt, ist es, als würde man seine Haut durch ein Vergrößerungsglas betrachten. Alle deine Fehler scheinen aufzutauchen und dich anzustarren. Ich glaube jedoch nicht, dass ich mir selbst jemals gerecht werde, wenn ich vor ihm spiele, weil er eine Art betäubende Wirkung auf mich hat und ich für ihn etwas empfinde, was Owen dem alten Peter in Hawthornes Geschichte angetan hat „Der Künstler des Schönen.“ Ich kann nicht umhin, die Wahrheit seiner Beobachtungen anzuerkennen, selbst wenn ich unter ihnen zusammenzucke, und gleichzeitig habe ich das Gefühl, dass er den Kern der Sache nicht ganz erschließt. Kullak ist *so* pedantisch! Er übersieht *nie* eine technische Unvollkommenheit und bindet Sie an die Technik, sodass Sie Ihrer Fantasie nie freien Lauf lassen können. Er setzt sich an das andere Klavier, und gerade als Sie davonlaufen, schlägt er in sich hinein und sagt: „Beeilen Sie sich nicht, Fräulein“ oder so etwas in der Art, und dann beginnen Sie darüber nachzudenken, Ihre Finger zurückzuhalten und alle zu spielen Sogar Notizen usw. Nun erwarte ich nie, die technische Perfektion zu erreichen, die all diese Künstler haben, die während ihrer Kindheit trainiert haben, während sich ihre Hand formte. Kullaks eigene Technik ist großartig, aber jetzt, wo ich meinen Abschluss gemacht habe, sollte er mich sozusagen auf meine eigene Weise spielen lassen und nicht von mir erwarten, dass ich so spiele wie *er* , und dann könnte ich meine eigenen Effekte erzielen. Das ist genau der Unterschied zwischen ihm und Liszt. Liszts großes Prinzip besteht darin, Ihnen Ihre Freiheit zu lassen, und wenn Sie ihm vorspielen, fühlen Sie sich wie ein Pegasus, der in der Luft umherschweift. Wenn man Kullak vorspielt, kommt es einem so vor, als ob einem plötzlich die Flügel gestutzt würden und man ein Geschirr angelegt hätte, um einen Schnellzugwagen zu ziehen! Allerdings glaube ich nicht, dass es gut wäre, zu Liszt zu gehen, ohne zuvor eine solche Ausbildung absolviert zu haben, denn wenn man bei *ihm studiert, möchte man wissen, worauf man sich einlässt* . Sie müssen über eine gute, solide *Basis verfügen* , auf der Sie seine luftigen Aufbauten errichten können. Kullak betrachte ich als Grundlage.

Sie bitten mich in Ihrem Brief, Ihnen einen Vergleich – eine Zusammenfassung – zwischen Clara Schumann, Bülow, Tausig und Rubinstein zu schreiben, aber das fällt mir nicht sehr leicht, da sie alle so unterschiedlich sind. Clara Schumann ist eine durch und durch klassische Spielerin. Beethovens Sonaten und auch Bach spielt sie hervorragend, aber mir scheint, dass sie weder *Finesse* noch viel Poesie in ihrem Spiel hat. Ihre Konzeption hat nichts Subtiles. Sie hat viel Feuer, und ihr ganzer Stil ist erhaben, vollendet, vollkommen abgerundet, solide und zufriedenstellend – was die Deutschen „ *gediegen* " *nennen* . Man kann ihr als *gesunde* Künstlerin zuhören, aber sie hat nichts Analytisches an sich, nichts Balzac oder Hawthorne. Beethovens Variationen in c-Moll sind vielleicht die beste Aufführung, die ich je von ihr gehört habe, und sie sind außerdem ungeheuer schwierig; ich fand, dass sie sie besser gespielt hat als Bülow, obwohl Bülow ein so großer Beethovenist war . Ich glaube, sie wiederholt dieselben Stücke ziemlich oft, vielleicht weil sie die moderne Art, alles ohne Noten zu spielen, sehr anstrengend findet. Ich habe sogar gehört, dass sie weint, weil sie es tun muss; und es ist gewiß töricht, bei einer so großen Künstlerin wie Clara Schumann so viel Wert darauf zu legen. – Wenn man den Menschen *doch nur* ihre eigene Individualität lassen könnte!

Bülows Spiel ist vielseitiger und zeichnet sich vor allem durch große Kraft aus; Seine nervöse Energie kennt kein Ende und je mehr er spielt, desto mehr steigt das Interesse. Er ist mein Favorit von den vieren. Aber er spielt Chopin genauso gut wie Beethoven und auch Schumann. Insgesamt ist er ein Pianist der Superlative, wenn auch keineswegs treffsicher in seinem Spiel. Ich habe gehört, wie er fürchterlich durcheinander geriet. Ich glaube, er vertraut *zu* sehr auf sein Gedächtnis und bereitet sich nicht ausreichend vor. Er spielt alles auswendig, und solche Programme ! Er trifft den Nagel immer genau auf den Kopf, und er hat so ein Gespür! Seine Akkorde halten dich fest. Zum Beispiel sollten Sie zu Beginn der beiden letzten Sätze der Mondscheinsonate hören, wie er das Arpeggio in der rechten Hand so leicht und im Pianissimo hochfährt, jede Note so fein artikuliert, und dann die beiden Akkorde auf der rechten Hand *krach-schmettert* Spitze! Und wenn er Bachs Gavotten, Gigues usw. in den Englischen Suiten spielt, huscht ein lachender, schelmischer

Ausdruck über sein Gesicht, und er verleiht ihnen die unbeschreiblichste Witzigkeit und Originalität. Sie sehen, dass er den Punkt so gut versteht, und das lässt *Sie* es auch erkennen. Ja, es macht großen Spaß, Bülow dabei zuzuhören. – Vielleicht lässt sich seine besondere Größe am besten zusammenfassen, wenn man sagt, dass er den Eindruck hinterlässt, dass er das Instrument nur dazu benutzt, Ideen auszudrücken. Mit ihm vergisst man das Klavier und ist nur noch im Gedanken oder der Leidenschaft für das Stück versunken.

Rubinstein, das haben Sie gehört. Die meisten stellen ihn neben Liszt. Dass Sie ihn kalt vorfanden, hat mich überrascht, denn wenn es etwas gibt, wofür er hier gefeiert wird, dann ist es das Feuer und die Leidenschaft seines Spiels sowie seine Fantasie und Spontaneität. Ich denke, Tausig, Bülow und Clara Schumann, alle drei, wissen schon vorher, wie sie ein Stück spielen werden, aber Rubinstein schafft es im Moment. Er spielt ohne *Plan* . Wahrscheinlich war er an dem Nachmittag, als Sie ihn hörten, nicht in der richtigen Stimmung und daher nicht in Bestform. Als Komponist übertrifft er die anderen drei bei weitem.

Tausig ähnelte Liszt mehr in der Subtilität, die Liszt besitzt, und war daher ein besserer Chopin-Spieler als jeder andere außer Liszt. Ich werde nie vergessen, wie er Chopins große Ballade in g-Moll spielte, als ich ihn das allererste Mal im Konzert hörte. Es ist eine göttliche Komposition, und seine Interpretation war nicht nur voller Wärme und Inbrunst ; sie war auch so wunderbar poetisch, dass sie das Publikum förmlich in ihren Bann zog, und es vergingen ein oder zwei Minuten, bevor es zu applaudieren beginnen konnte. Es war wie ein Traum von Schönheit, der in der Luft vor einem schwebte – dort schwebte – und man wollte ihn nicht stören. Tausig liebte Chopin innig und wünschte sich immer, er hätte ihn kennen können. Ich denke, er war virtuoser und hatte doch mehr Feingefühl als Rubinstein oder Bülow. Sein Finish, seine Perfektion und vor allem sein Anschlag übertrafen alles. Aber außer bei Chopin war er kühl, zumindest im Konzertsaal. Im Konservatorium schien er ein sehr leidenschaftlicher Spieler zu sein; aber in der Öffentlichkeit war das irgendwie nicht der Fall. Leider hatte ich damals so wenig studiert, dass ich mich nicht kompetent fühle, ihn zu beurteilen. Er war Liszts Liebling , und Liszt sagte: „Er wird mein Spiel erben.“ Aber ich bezweifle, dass das so gewesen wäre, denn im Winter vor Tausigs Tod bemerkte Kullak mir gegenüber, dass sein Spiel von Jahr zu Jahr „trockener“ wurde, wahrscheinlich aufgrund seiner krankhaften Abneigung gegen „ Spectakel “, wie er es nannte; während Liszt seinen Gefühlen immer freien Lauf lässt.

Als ich in Weimar war , hörte ich viel von Tausigs *Eskapaden* , als er dort als Junge studierte. Man sagt, er sei damals furchtbar wild und rücksichtslos gewesen, und Liszt habe seine Schulden immer wieder bezahlt. Manchmal, wenn Liszt auf aristokratischen Festen keine Lust hatte, selbst zu spielen, forderte er Tausig auf, zu spielen, und vielleicht hatte Tausig auch keine Lust dazu. Obwohl seine Hände klein waren, verfügte er über enorme Kraft in seinen Fingern, und er ging zum Klavier und tat so, als würde er spielen, und schlug die ersten Akkorde mit einem solchen Krachen an, dass drei oder vier Saiten fast sofort rissen. und dann war natürlich auch das Klavier für den Abend aufgebraucht!

Tausigs Vater besorgte ihm einmal einen prächtigen Flügel aus Leipzig, und kurz darauf schnitzte Tausig die Ecken aller Tasten ab, damit sie schwerer zu schlagen waren, und sein Vater musste eine hohe Summe bezahlen, um sie reparieren zu lassen. Ein anderes Mal bekam er ein Schachspiel geschenkt, und als ihn am nächsten Tag jemand besuchte, sah er, dass die Figuren alle auf dem Boden herumlagen. „Aber, Tausig, was ist mit deinen Schachfiguren passiert?" „Oh, ich wollte sehen, ob sie leicht zu zerbrechen sind, also habe ich das Brett zerschlagen." Er schien von einem Geist der Zerstörung besessen zu sein. Gottschal erzählte mir, dass Tausig einmal, als er „knapp" Geld hatte, die Partitur von Liszts Faust für fünf Taler zusammen mit einem großen Stapel seiner eigenen Banknoten an einen Diener verkaufte. Der Diener verkaufte sie an einen Altpapierhändler, und Gottschal, der zufällig davon hörte, ging zu dem Mann und kaufte sie. Dann ging er zu Liszt, um ihm zu sagen, dass er die Partitur habe. Zufällig hatte der Verleger sie am selben Tag bestellt, und Liszt stellte das Haus auf den Kopf und suchte überall danach.

Zu dieser Zeit lebte er in einem riesigen Haus auf einem Hügel, das man Altenburg nennt. Liszt wohnte im ersten Stock, ein fürstlicher Freund im zweiten, und in der obersten Etage befand sich ein großer Ballsaal, in dem im Allgemeinen neun Flügel standen. Sie veranstalteten die prächtigsten Unterhaltungen, und Liszt gab jedes Jahr dreißigtausend Taler aus. Er lebte damals wie ein Prinz – ganz anders als seine heutige Einfachheit. Nun, er war in einem schrecklichen Geisteszustand, weil seine Partitur nirgends zu finden war. „Ein ganzes Jahr Arbeit verloren!" Er weinte und war so wütend, dass Gottschal, als er ihn zum dritten Mal fragte, was er suche, sich umdrehte, mit dem Fuß nach ihm stampfte und sagte: „Du verdammter Kerl, kannst du mich nicht in Ruhe lassen?", und mich nicht mit deinen dummen Fragen quälen?" Gottschal wusste genau, was ihm fehlte, aber er wollte ein wenig Spaß an der Sache haben. Schließlich hatte er Mitleid mit Liszt und sagte: „Herr Doktor, *ich weiß*, was Sie verloren haben. Es ist die Partitur für Ihren Faust." „Oh", sagte Liszt und änderte sofort seinen Ton, „wissen Sie etwas davon?" „ Natürlich tue ich das", sagte Gottschal und erzählte weiter von Meister Tausigs Leistung und wie er die kostbare Musik gerettet hatte. Liszt war überglücklich, dass es gefunden wurde, und rief nach oben: „Carolina, Carolina, wir sind gerettet! Gottschal hat uns gerettet." und dann sagte

Gottschal, dass Liszt ihn in seiner Verzückung umarmte und nicht genug sagen oder tun konnte, um es wiedergutzumachen, dass er so unhöflich zu ihm gewesen war. Nun, man hätte annehmen können, dass mit Meister Tausig nun alles vorbei sei; überhaupt nicht. Ein paar Tage später war Tausigs Geburtstag, und Carolina nahm Gottschal beiseite und flehte ihn an, das Thema des Geldscheindiebstahls fallenzulassen, denn Liszt war so in seinen Carl vernarrt, dass er es vergessen wollte. Tatsächlich küsste Liszt Carl, gratulierte ihm zu seinem Geburtstag und tröstete sich mit der gleichen alten Bemerkung: „Entweder wirst du ein großer Dummkopf, mein kleiner Carl, oder ein großer Meister."

Tausig hatte große Ambitionen, Komponist zu werden, und veröffentlichte in seiner frühen Jugend eine Reihe von Kompositionen. Später wurde er äußerst kritisch gegenüber seiner eigenen Arbeit und kaufte schließlich alle Exemplare auf, die er in die Finger kriegen konnte, und verbrannte sie! Das ist ganz typisch für seinen ausgeprägten Sinn für Perfektion und kann jungen Komponisten als Beispiel dienen, die ehrgeizig sind, in der Musik etwas zu sagen, obwohl sie oft gar nichts zu sagen haben! Tatsächlich bin ich oft erstaunt über die Kühnheit, mit der sich Menschen in die Drucklegung stürzen, ohne zu bedenken, dass es enormes Talent erfordert, auch nur ein kurzes Musikstück zu produzieren, das etwas wert ist. Nur ein Genie kann das.

Meiner Meinung nach *besaß Tausig* ein außergewöhnliches kompositorisches Genie, obwohl er nur wenige Werke hinterlassen hat, die dies bezeugen. Besonders hervorzuheben sind seine einzigartigen Bearbeitungen von drei Walzern von Strauss. Er hatte eine Leidenschaft für Philosophie und war ein großer Kenner von Kant und Hegel. Diese „Arrangements" verraten seine metaphysische und vorsichtige Haltung und können nur das Produkt höchster geistiger Kraft und Kultur gewesen sein. Wenn wir den Walzer selbst als die Kette der Komposition bezeichnen, dann finden wir durch seine einfachen Fäden einen subtilen, komplizierten und tragischen Geist, ein äußerst raffiniertes und zartes Gefühl und eine pikante , luftige Fantasie, die hin und her huscht, bis schließlich ein brillantes und brillantes Gefühl entsteht verwirrende Transkription – eher Verklärung – von endloser Faszination und verlockender Schönheit, die niemand außer einem Virtuosen spielen und niemand außer einem Kenner verstehen kann. Seine Musik hinterlässt auf besondere Weise *Spuren* im Herzen, und für diejenigen, die es zu schätzen wissen, ist Tausig als Komponist ein tiefer und unwiederbringlicher Verlust. – Wenn er nicht selbst originelle Ideen hatte, besaß er sicherlich die Kraft denen anderer ein völlig neues Gesicht zu geben.

MIT DEPPE.

KAPITEL XXIV.

Gibt Kullak für Deppe auf. Deppes Methode für Anschlag und Tonleiterspiel. Fräulein Steiniger. Pedalstudie.

BERLIN, *11. Dezember 1873* .

Seit ich Ihnen das letzte Mal geschrieben habe , habe ich einen sehr wichtigen Schritt getan, und zwar *diesen* : Nachdem ich drei oder vier Stunden bei Kullak genommen hatte , HABE ICH IHN AUFGEGEBEN und studiere jetzt bei einem neuen Meister. Sein Name ist Herr Capelmeister Deppe. Ich nehme an, Sie werden mich alle für verrückt halten, aber ich glaube, ich weiß, was ich tue. Er scheint mir ein sehr bemerkenswerter Mann zu sein und ist für mich der zufriedenstellendste Lehrer, den ich bisher hatte. Natürlich zähle ich den unnahbaren Liszt nicht dazu, wenn ich das sage, denn Liszt ist kein „ *professeur du piano* “, wie er selbst verächtlich zu bemerken pflegte.

Ich lernte Herrn Deppe ganz zufällig auf einer Musikparty kennen, die ein hier lebender amerikanischer Gentleman für Anna Mehlig gab. Ich hatte oft von ihm gehört und wollte ihn unbedingt kennenlernen, aber irgendwie war mir das nie gelungen. Er ist Dirigent, und ich habe ihn oft Orchesterkonzerte dirigieren sehen. Tatsächlich war das der Grund, warum er vor einigen Jahren zum ersten Mal nach Berlin kam – um Sterns Orchesterkonzerte während dessen Abwesenheit in Italien zu dirigieren. Deppe ist ein versierter Dirigent, und ich habe Beethovens zweite Ouvertüre zu Leonora noch nie so klingen hören wie unter seinem Dirigat .

Aber es war Sherwood, der meine Aufmerksamkeit zuerst auf ihn als Lehrer lenkte. Eines Tages stürmte er in mein Zimmer und sagte: „Oh, ich habe gerade das schönste Spiel gehört, das ich je in meinem Leben gehört habe!“ Ich fragte ihn, wer ihn so im Sturm erobert hatte, und er sagte, es sei ein junges englisches Mädchen namens Fannie Warburg gewesen, und sie sei eine Schülerin von Deppe. „Nun, was ist an ihr so bemerkenswert“, sagte ich. „Oh, *alles* ! – Ausführung, Ausdruck, Stil, Anschlag – alles ist *perfekt* ! Ich habe nie etwas gehört, das ihr gleicht, und ich habe das Gefühl, als ob ich nie wieder ein Klavier anfassen möchte.“

Für Sherwood, der sonst sehr kritisch und alles andere als enthusiastisch ist, war das eine so starke Sprache, dass mein Interesse sofort geweckt wurde. Er erzählte mir weiter, dass Deppe dieses junge englische Mädchen, jetzt erst achtzehn Jahre alt, sechs Jahre lang mit größter Sorgfalt trainiert habe und dass er ein solches Interesse an ihr gehabt habe, dass er sich nicht darauf beschränkt habe, sie zu geben Nur Unterricht, aber er machte sich daran, ihren gesamten Musikgeschmack zu formen, indem er sie zu den besten Konzerten mitnahm und die großen Opern hörte, ihre Aufmerksamkeit auf jede Besonderheit der Struktur einer Komposition lenkte und ihr alle möglichen Hinweise gab, die nur ein Mann kann tiefgründige Musikkultur geben *könnte* . Sherwood sagte außerdem, dass er sie im Sommer nach Pyrmont geschickt habe, einem Badeort in der Nähe von Hannover, wohin er selbst jedes Jahr gehe, und dass er sie dort *jeden Tag* Mozarts Konzerte und alles Mögliche spielen hörte. Ich dachte mir damals, dass der Mann, der sich für einen solchen Schüler so viel Mühe geben würde, genau der Richtige für mich gewesen wäre, denn es war leicht zu erkennen, dass Deppe mehr aus Liebe zur Kunst als aus Liebe unterrichtete Geld – eine Seltenheit in unserer materialistischen Zeit! Wissen Sie, Frau B. hat mir danach in Weimar von ihm erzählt, und ich habe Ihnen geschrieben, was sie gesagt hat.

Nun, wie ich schon sagte, ich ging zu dieser Musikparty, die Anna Mehlig gegeben wurde, wo eine Reihe von Musikern und Kritikern anwesend waren. Ich hörte Mehlig zu, als plötzlich Sherwood, der ebenfalls anwesend war, auf mich zukam und sagte: „Kommen Sie ins Nebenzimmer und lassen Sie sich Deppe vorstellen." Bei diesen magischen Worten erschrak ich und tat sofort, was mir geheißen wurde. Ich fand Deppe in einer Ecke, wo er geistesabwesend umherschaute. Er war ein Mann mittlerer Größe mit einem riesigen Gehirn, scharfen blauen Augen und einem zarten kleinen Mund, und er hatte einen sehr fröhlichen und heiteren Gesichtsausdruck. Er schüttelte mir die Hand, und dann setzten wir uns und begannen ein sehr lebhaftes Gespräch – alles über Musik. Ich erzählte ihm, wie interessiert ich war von allem, was ich von ihm gehört hatte – dass ich für einen letzten Versuch nach Kullak zurückgekehrt war – wie müde ich von seinem ewigen Pädagogismus war und wie gerne ich bei *ihm studieren würde* .

Er fragte mich, was meine größte Schwierigkeit sei, worauf ich antwortete: „Natürlich die Technik." Er lächelte und sagte: „Das sei die geringste Schwierigkeit, und jeder könne die Ausführung meistern, wenn er wisse, wie er sie angehen müsse, es sei denn, es fehle an der richtigen Entwicklung der Hand." Ich sagte, ich hätte sehr viel gelernt, aber ich hätte es nicht gemeistert, und es gäbe in jedem Stück immer eine schwierige Stelle, die ich nicht meistern könne. Er sagte, er sei sicher, dass er den Mangel beheben könne, und wenn ich ihm meine Hand ohne Handschuh zeigen würde, könne er direkt sagen, wozu ich fähig sei. Ich wollte es jedoch nicht schaffen, weil ich befürchtete, er könnte einen grundlegenden Defekt oder eine Schwäche darin finden, aber ich war so entzückt von der Art, wie er die Technik auf die leichte Schulter nahm, und von der absoluten Gewissheit, die er zu haben schien, dass ich sie überwinden könne, dass ich ihm versprach, am folgenden Mittwoch hinzugehen und für ihn zu spielen.

Also stellte ich mich am folgenden Mittwoch vor. Ich hatte erwartet, etwa eine halbe Stunde zu bleiben, blieb aber am Ende ganze *drei Stunden* , und wir redeten die ganze Zeit über so schnell wir konnten! Sie können sich also vorstellen, dass wir uns viel zu sagen hatten. Er wohnt in zwei kleinen Zimmern in der Königgrätzer Straße, nur vier Türen von W.s entfernt, wo ich so lange gewohnt habe. Wenn ich nur gewusst hätte, dass ich einem solchen Lehrer so nahe stehe! Wir müssen uns oft auf der Straße begegnet sein, und wo *war* mein guter Engel, dass er nicht meinen Arm berührte und sagte: „Das ist der Mann für dich?“ – Es ist schrecklich, daran zu denken, wie nahe man seinem größten Glück oder sogar seiner Erlösung sein kann, ohne es zu wissen!

Deppes Vorderzimmer war ziemlich voll mit einem Flügel, der, wie auch die Stühle und die meisten anderen Möbelstücke, mit Noten bedeckt war. Ich überflog die Stücke ein wenig, und es schien mir, als ob es fast jede Etüden-Reihe unter der Sonne gab, sowie Konzerte und Stücke von allen großen Komponisten, die aufs genaueste mit Bleistift markiert und mit Fingern versehen waren. Es genügte, einfach die Blätter umzublättern, um zu sehen, was für eine Studie er aus allem gemacht haben musste, was er seinen Schülern gab. Sein inneres Zimmer hatte Doppeltüren, um das Eindringen des Schalls zu verhindern. Ich klopfte an die äußere und hörte plötzlich ein lautes Drehen und Klappern von Tasten, und dann öffneten sie sich, und Deppe stand vor mir. Er streckte seine Hand auf die herzlichste und freundlichste Weise aus und begrüßte mich mit dem gewinnendsten Lächeln der Welt. Ich legte meine Sachen ab und begann, für ihn zu spielen. Er hörte ruhig zu, ohne mich zu unterbrechen. Als ich fertig war, erzählte er mir, dass meine Schwierigkeiten hauptsächlich mechanischer Natur seien – ich hätte zwar Konzeption und Stil, aber meine Ausführung sei ungleichmäßig und hastig, mein Handgelenk steif, der dritte und vierte Finger [F] sehr schwach, der Ton nicht voll und rund genug, ich wüsste nicht, wie man das Pedal benutzt, und schließlich sei ich zu nervös und aufgeregt.

„Wenn möglich, müssen Sie diese Aufregung überwinden“, sagte er. „ *Hören Sie Sich spielen* (Hören Sie sich Ihr eigenes Spiel an). Du hast Talent genug, um alle deine Schwierigkeiten zu überwinden, wenn du geduldig bist und tust, was ich dir sage.“ „Ich werde alles tun“, sagte ich. „Sehr gut.“ Aber ich warne Sie, dass Sie vorerst alles Spielen aufgeben müssen, mit Ausnahme dessen, was ich Ihnen zum Lernen gebe, und *diese* Dinge müssen Sie sehr langsam spielen.“

Das war eine angenehme Aussicht, da ich mich gerade darauf vorbereitete, in Berlin unter Kullaks Schirmherrschaft ein Konzert zu geben, und mein Programm schon zur Hälfte auswendig gelernt hatte! Aber ich hatte „den Dämon beschworen“ und fühlte mich verpflichtet, das erforderliche Versprechen abzugeben . – Und hier bin ich nun, nach vier Jahren im Ausland mit den „größten Meistern“, und gehe zurück zu den Grundprinzipien und beginne mit Fünf-Finger-Übungen! Ich hatte nie eine besondere Regel für das Halten meiner Hand erhalten, außer der allgemeinen, die Finger zu krümmen und sie sehr hoch zu heben. Deppe ist gegen dieses extreme Anheben der Finger. Er sagt, es verursacht einen *Knick* im Muskel, und man bekommt die ganze Kraft einfach aus dem Finger, während, wenn man den Finger mäßig hoch hebt, die Muskeln des ganzen Arms darauf wirken. Auch der Ton ist völlig anders. Wenn man den Finger so sehr hoch hebt und mit Kraft schlägt, versteift sich das Handgelenk und erzeugt einen leichten Ruck in der Hand, der die singende Qualität des Tons abschneidet, wie wenn man beim Singen plötzlich den Mund schließt. Es erzeugt den Effekt eines Schlags auf die Taste und der Ton ist eher scharf und schnell; wenn man den Finger hingegen einfach fallen lässt, ist er voller, weniger laut, aber durchdringender. Ich nehme an, der Hammer fällt langsamer von der Saite zurück und dadurch klingt der Ton *länger*.

Erinnern Sie sich nicht, dass ich sagte, Liszt habe eine so außergewöhnliche Art, eine Melodie zu spielen? Dass sie nicht so laut und abgehackt zu sein schien, wie die meisten Künstler, und doch so durchdringend? Nun, meine Liebe, *da* lag das Geheimnis! „ *Spielen Sie mit dem Gewicht* ", wird Deppe sagen. „Schlagen Sie nicht, sondern lassen Sie die Finger *fallen*. Zuerst wird der Ton fast unhörbar sein, aber mit der Übung wird er jeden Tag an Kraft gewinnen." – Nachdem Deppe meine Aufmerksamkeit darauf gelenkt hatte, fiel mir ein, dass ich Liszt noch nie seine Finger so furchtbar hoch heben gesehen hatte, wie es die anderen Schulen, und besonders die Stuttgarter , so sehr betonen. [G] Das ist es, was Mehlig vermisst, und das macht ihr Spiel manchmal so scharf und kantig. Wenn Sie die Finger so hoch heben, können Sie die Töne nicht so perfekt miteinander verbinden. Es gibt immer einen Bruch. Deppe bringt mich dazu, auf jeden Ton zu achten und ihn auf den nächsten zu übertragen, und darf nicht zulassen, dass ein Finger zu sehr über den anderen hervortritt – was ungeheuer schwierig ist. Deshalb habe ich vorerst alle Stücke aufgegeben und widme mich nur dem richtigen Spielen dieser kleinen Übungen.

Deppe besteht nicht nur darauf, dass die Finger so gebogen wie möglich sind, damit man genau auf den Fingerspitzen spielt, sondern er dreht die Hand auch sehr weit nach außen, so dass die Fingerknöchel des dritten und vierten Fingers höher liegen als die des Fingers Erstens und Zweitens, und da er Ihnen *nicht* erlaubt, dabei den Ellbogen auszustrecken, *muss die Drehung vom Handgelenk aus erfolgen* . Auch der *Daumen* muss leicht gebogen sein und möglichst frei von der Hand liegen. Viele Menschen behindern die Ausführung, indem sie den Daumen nicht ausreichend unabhängig vom Rest der Hand halten. In dem Moment, in dem sie sich zusammenzieht, wird die Hand geschwächt. Der Zweck des Auswärtsdrehens der Hand besteht darin, den dritten und vierten Finger zu begünstigen und ihnen beim Anheben eine höhere Senkung zu ermöglichen. Das stärkt sie sehr. Es sieht auch viel hübscher aus, wenn die Außenkante der Hand hoch ist, und eines von Deppes großen Mottos lautet: „Wenn es hübsch *aussieht*, dann ist es richtig."

Nachdem Deppe mir Fünf-Finger-Übungen nach den oben genannten Prinzipien beigebracht hatte und mir beigebracht hatte, jeden Finger anzuheben und fallen zu lassen, während das Handgelenk völlig locker war (übrigens ein höchst trügerischer Punkt, denn ich brauchte lange dafür). (Ich konnte unterscheiden, wann ich das Handgelenk unwillkürlich versteifte und wann nicht), ging er zur Waage. Er beginnt immer mit dem Lied in E-Dur, das am nützlichsten zum Üben ist. Sein Prinzip beim Spielen der Tonleiter besteht darin, den Daumen *nicht* nach unten zu drehen! sondern an jedem Fingerende ein wenig zu drehen, es fest auf die Taste zu drücken und es sozusagen um einen Drehpunkt herum zu drehen, bis der nächste Finger über seine eigene Taste gebracht wird. Auf diese Weise bereitet er sich auf den Daumen vor, der frei von der Hand gehalten und leicht gebogen ist . – Er sagte mir, ich solle die E-Dur-Tonleiter langsam mit der rechten Hand spielen, was ich auch tat. Er legte seine Hand um meine und sagte mir, solange ich richtig spiele, würde seine Hand meine nicht behindern. Ich spielte eine Oktave höher und wollte dann weitermachen, indem ich meinen ersten Finger auf Fis legte. Dazu drehte ich natürlich meine Hand nach außen, um mit dem ersten den Schritt von meinem Daumen auf E nach Fis zu machen, aber sie prallte wie eine Art Blockade gegen Deppes Hand. „Mach weiter", sagte Deppe. „Ich kann nicht, wenn du deine Hand genau im Weg hältst", sagte ich. „Meine Hand ist nicht im Weg", sagte er, „aber *deine* Hand ist fehl am Platz."

Also fing ich wieder von vorne an. Diesmal dachte ich nach, und als ich meinen dritten Finger auf Dis hatte, ließ ich meine Hand von links nach rechts schräg, bereitete mich aber auf das Herunterdrehen des Daumens und das Herunterdrehen meines ersten Fingers auf Fis vor, indem ich mein Handgelenk scharf nach außen drehte. Dadurch kam mein Daumen auf die Note und war sofort für den nächsten Schritt bereit. Tatsächlich trug mein Handgelenk meinen Finger direkt auf das Kreuz, ohne die Position der Hand zu verändern, und erzeugte so das perfekteste Legato der Welt, und ich setzte die ganze Tonleiter auf dieselbe Weise fort. Probieren Sie es einfach einmal aus, und Sie werden sehen, wie genial es ist – man muss nur darauf achten, den Ellbogen nicht herauszuwerfen, wenn man das Handgelenk herausdreht. Da man bei der aufsteigenden Tonleiter den Daumen in jeder Oktave zweimal nach unten drehen muss, vermeidet Deppes Spielweise, die Hand zweimal aus der Position zu werfen, wie es bei der alten Art des geraden Spielens der Fall ist, und die Geschmeidigkeit und Schnelligkeit der Tonleiter muss viel größer sein. Die Richtung der Hand in laufenden Passagen ist immer ein wenig schräg.

Erinnern Sie sich nicht daran, dass ich Ihnen gesagt habe, dass Liszt eine unvorstellbare Leichtigkeit, Schnelligkeit und Geschmeidigkeit in der Ausführung besitzt? Als Deppe mir das erklärte, fiel mir plötzlich ein, dass seine Finger beim Spielen von Tonleitern oder Passagen scheinbar schräg über den Tasten lagen und diese schnellen Passagen fast ohne wahrnehmbare Bewegung ausführten. So, mein Lieber, *da* war es wieder! Da Liszt ein großer Experimentator ist, tut er all diese Dinge wahrscheinlich instinktiv und ohne sich Gedanken darüber zu machen, aber deshalb klingt das Spiel von niemand anderem wie seines. Einige seiner Schüler verfügten über die umwerfendsten Techniken, und ich habe mir immer den Kopf zerbrochen, um herauszufinden, wie es war, dass Liszt, egal wie perfekt jemand anderes spielte, in dem Moment, in dem Liszt sich hinsetzte und dasselbe spielte, das vorherige Spiel im Vergleich dazu grob wirkte . Ich bin sicher, Deppe ist der einzige Meister auf der Welt, der das durchdacht hat; obwohl es, wie er selbst sagt, das Ei von Kolumbus ist – „wenn man es weiß!"

Deppe beginnt die Tonleiter immer in der Mitte des Klaviers und spielt mit der rechten Hand drei Oktaven aufwärts und mit der linken Hand drei Oktaven abwärts. Er sagt, die ganze Schwierigkeit liege im Aufwärtsgehen und das Zurückkommen sei ganz einfach, da man nur die Finger laufen lassen müsse! Er lässt mich immer zuerst jede Hand einzeln und sehr langsam spielen und dann beide Hände zusammen in entgegengesetzter Richtung, wobei das Tempo allmählich beschleunigt wird. Danach in Terzen, Sexten, Oktaven usw.

———

BERLIN, 25. Dezember 1873 .

Wie Sie sich vorstellen können, ist dies alles andere als ein „Frohes Weihnachtsfest" für mich, denn ich bin einfach der vollkommenste Sterbliche auf der Welt, der *sich boulevardiert hat !* Vor einem Monat bereitete ich mich darauf vor, selbst ein Konzert zu geben. Dann habe ich das Glück oder Unglück, Herrn Deppes Bekanntschaft zu machen und herauszufinden, wie ich in den letzten vier Jahren „hätte" studieren sollen. Ich gebe Kullak und meinen Konzertplan auf und denke, ich werde bei Deppe studieren und unter seiner Schirmherrschaft herauskommen. Nach zwei Unterrichtsstunden bei ihm kommt Ihr Brief mit der Nachricht von dieser schrecklichen nationalen Panik. – Könnte *etwas* Schlimmeres für eine Person sein, die wirklich *gewissenhaft* versucht hat, ihr Ziel zu erreichen? Ich bin wie der Professor, der einige Vorlesungen hielt, um eine bestimmte Theorie zu beweisen, und als er bei der vierzehnten angekommen war, entschied er, dass sie falsch war, und widmete die übrigen Vorlesungen dem Widerlegen aller Theorien!

Nachdem ich jedoch die Tonleiter nach Deppes Prinzipien geübt habe, stelle ich fest, dass sie mir den Weg zu einer Leichtigkeit, Schnelligkeit, Sicherheit und Eleganz der Ausführung ebnet, die ich mit meiner steifen Hand vorher nicht einmal aus der Ferne erkennen konnte! Eines seiner großen Hobbys ist *der Ton*, und er lässt mich nie eine Note spielen, ohne ihr genau zuzuhören und sie klingen zu lassen, was er „*bewüsst*" nennt. Kein mechanisches „Umherschweifen der Hände über die Tasten (wie die Romanautoren immer von ihren Heldinnen sagen) und dabei an alle möglichen Dinge denkend", sondern stattdessen eine genaue Konzentration der gesamten Aufmerksamkeit, um zu hören, ob ein Finger den anderen dominiert, und um die dabei erzeugte Wirkung zu bemerken. Ich war völlig erstaunt, wie viele kleine hässliche Angewohnheiten ich korrigieren musste, derer ich mir nicht im Geringsten bewusst war. Es scheint, als wären meine Ohren zum ersten Mal geöffnet worden! Eine solche Konzentration ist sehr anstrengend, und nach zwei oder drei Stunden Übung habe ich das Gefühl, als würde ich vom Stuhl fallen.

Ich vergaß vorher zu erwähnen, dass Deppe empfiehlt, sehr tief zu sitzen, das heißt, nicht höher als ein gewöhnlicher Stuhl. Er sagt, man könne „die Seele eines Engels" haben, und dennoch werde der Ton nicht poetisch klingen, wenn man hoch sitzt. Außerdem müssen die Finger bei einem niedrigen Sitz viel mehr arbeiten, weil man sie nicht durch das Gewicht des Arms unterstützen kann. „Ihr Ellbogen muss *Blei sein* und Ihr Handgelenk eine *Feder*." Natürlich muss der Sitz der Person angepasst werden. Ich selbst bevorzuge einen niedrigen Sitz und habe sogar meinen Klavierstuhl um zwei Zoll kürzen lassen.

Bevor Deppe sich endgültig entschied, Kullak aufzugeben und zu *ihm zu kommen*, bestand er darauf, dass ich einen seiner Schüler spielen hören sollte. Fannie Warburg ist zu Besuch in England, also konnte ich *sie nicht hören*, aber er hat eine andere junge Schülerin namens Fräulein Steiniger, auf die er sehr stolz ist. Diese junge Dame war ursprünglich eine Schülerin von Kullak gewesen, und ich hatte sie einmal in seinem Konservatorium spielen gehört. Sie war ein Mädchen mit viel Talent, aber kein Genie. Deppe sagte, als sie zu ihm kam, hatte sie alle meine Fehler, nur schlimmer. Sie hat fünfzehn Monate lang auf die furchtbarste Art bei ihm studiert, und er wollte, dass ich sehe, was er in dieser Zeit aus ihr gemacht hat. Sie wollte in einem Konzert in Lübeck spielen, und er wollte am Samstag zum letzten Mal ihre Stücke mit ihr proben. Er bat mich, dann zu kommen, und dementsprechend ging ich.

Ich war sehr beeindruckt von ihrem Spiel, das bemerkenswert war, nicht so sehr wegen der Gefühlsfülle oder der Poesie, von denen sie wenig besaß, sondern wegen der *Meisterschaft*, die sie über das Instrument hatte, und wegen der Perfektion, mit der sie alles machte. Ihre Triller und Läufe hatten eine Klarheit und Klarheit, die überraschte und erfreute. Ihre linke Hand war ebenso geschickt wie die rechte und hatte die Gabe, eine Variation aufzunehmen, die ihresgleichen sucht, und mit ihr durch die kompliziertesten Passagen zu laufen, was einen fast vor Vergnügen zum Lachen brachte! Ihre Akkorde waren von wunderbarer Vitalität, Elastizität und *Schnelligkeit* , was mich sehr beeindruckte, und ihre gesamte Darbietung einer Komposition hatte eine Einheitlichkeit in der Wirkung, die ich von Schülern anderer Meister nicht gehört habe. Die Haltung der Hand war exquisit, und alle Schwierigkeiten schienen wie Schnee dahinzuschmelzen oder mit größter Leichtigkeit überwunden zu werden. Ich sah auf den ersten Blick, dass Deppe ein großartiger Lehrer ist, und ich glaube, dass er eine eigene Schule gegründet hat.

Fräulein Steiniger spielte ein bezauberndes Quintett von Hummel, eine wunderschöne Suite von Raff, ein Präludium und eine Fuge von Bach sowie zwei Studien, und alles, so schien es mir, genau so, wie es gespielt werden *sollte* . Nachdem sie fertig war, sprachen wir lange über Kullak. Sie sagte, sie sei Jahr für Jahr bei ihm geblieben, habe ihr Bestes gegeben und nie etwas erreicht. Als er schließlich nichts für sie tat, beschloss sie, sich selbständig zu machen, und ging zu Deppe, der zu dieser Zeit Sterns Orchesterkonzerte dirigierte, und fragte ihn, ob er ihr nicht erlauben würde, bei einem davon mitzuspielen. Deppe empfing sie mit der ihm eigenen Freundlichkeit und Herzlichkeit, sagte ihr aber, bevor er ihr etwas versprechen könne, müsse er sie erst privat hören, und er legte einen Termin dafür fest.

Sie hatte Beethovens großes Es-Dur-Konzert vorbereitet, das hier jeder spielt. Für Deppe ist es ebenso schwierig, dieses Konzert zu hören, wie für Liszt, Chopins b-Moll-Scherzo zu hören. „Wir armen Schaffner!" wird er ausrufen: „Werden uns die Künstler *immer* wieder Beethovens Es-Dur-Konzert bringen? Warum nicht einmal das B-Dur-Konzert oder ein Mozart-Konzert? *Dann* sollten wir sagen: „ *Ja, mit.* " *Vergnügen* (Ja, mit Vergnügen).' *Aber jeder will großartig spielen heutzutage* (Aber heutzutage möchte jeder im großen Stil spielen). Der mächtige, rauschende Wildbach ist in Mode, aber wer schafft es, den kleinen, grübchenartigen Bach zu bewältigen? Niemand hat Finger für die *Kleinen Passagen* (kleine feine Passagen). Sie *haben* , Alle, *keine* Finger . *Abschließend* sagt er, *er* sei der einzige Mann in Deutschland, der wisse, wie man ihnen „Finger" gibt. „ *Ich weiß worauf es ankommt* (*ich* weiß, worauf es ankommt)!"

Dennoch lauschte er zum tausendsten Mal geduldig dem Es-Dur-Konzert, wie Steiniger es spielte. Dann machte er sie leise darauf aufmerksam, dass *sie* „keine Finger" hatte und völlig verzweifelt war. Er sah, dass sie energisch und arbeitswillig war, nahm sie sofort in die Hand und begann, sie zu bohren. Sie zog sich gänzlich aus der Gesellschaft zurück und widmete sich dem Praktizieren, wobei sie strikt seinen Anweisungen folgte. Mittlerweile ist sie eine wunderschöne Künstlerin, und er beschreibt jeden Schritt ihrer Karriere.

Ich bezweifle nicht, dass sie irgendwann im Gewandhaus in Leipzig spielen wird, was für jeden Künstler der Gipfel des Ehrgeizes ist und einen als „fertig" abstempelt. Dann sind Sie auf der ganzen Welt anerkannt. Deppe hat nicht vor, sie hier spielen zu lassen, bis sie zum ersten Mal an vielen kleinen Orten gespielt und Erfolg gehabt hat. Wie er neulich zu mir sagte: „Wenn du über hohe Berge springen willst, musst du zuerst über kleine Hügel (*kleine Gräben*) springen." Er rät mir, eine Zeit lang jeden Tag eine Lektion von dieser jungen Dame zu nehmen, also um den technischen Teil schnell hinter uns zu bringen.

Von Deppes junger Protegée Fannie Warburg, die er vollständig geformt hat, sagen alle, sie sei wunderbar. Fräulein Steiniger sagt, wenn man sie spielen hört, fühlt man sich fast wie etwas Heiliges, es ist so perfekt und so außergewöhnlich spirituell. Sie ist erst achtzehn. Deppe zeigte mir die Liste der Kompositionen, die sie bereits in Konzerten anderswo gespielt hat, und ich war erstaunt über die Vielfalt und den Umfang. Jeder große Komponist war vertreten.

Neben anderen Verfeinerungen seiner Lehre fragte mich Deppe, ob ich jemals Pedalstudien gemacht hätte. Ich sagte: „Nein – niemand hatte mir jemals etwas Besonderes über das Pedal gesagt, außer dass ich es beim Laufen nicht verwenden wollte, und ich nahm an, dass es Geschmackssache war." Er wählte im ersten Buch die einfache kleine Studie von Cramer in D-Dur aus – Sie kennen sie gut – und bat mich, sie zu spielen. Ich hatte Tausig diese Studie vorgespielt, und er fand keinen Fehler daran, dass ich das Pedal benutzte; Also setzte ich mich hin und dachte, ich könnte es richtig machen. Aber ich stellte bald fest, dass ich mich geirrt hatte und dass Deppe zu diesem Thema ganz andere Vorstellungen hatte. Er setzte sich hin und spielte es Satz für Satz, wobei er zwischen jedem Takt eine Pause machte, damit es „singen" konnte. Ich erkannte bald, dass man mit dem Pedal eine ebenso große Virtuosität erreichen kann wie mit allem anderen, und dass man es genauso sorgfältig studieren muss. Erinnern Sie sich, dass ich Ihnen geschrieben habe, dass ein Geheimnis von Liszts Effekten seine Verwendung des Pedals [H] war und wie er es schafft, ein Stück vom Klavier zu entkörpern und es scheinbar in der Luft schweben zu lassen? Er macht daraus eine spirituelle Form, die für Ihr inneres Auge so perfekt sichtbar ist, dass es scheint, als könnten Sie es fast atmen hören! Deppe scheint fast die gleiche Idee zu haben, obwohl er Liszt noch nie spielen gehört hat. „Das Pedal", sagte er, „ist die *Lunge* des Klaviers." Er spielte ein paar Takte einer Sonate, und in seiner ganzen Art, die Noten zusammenzubinden und das Pedal zu bedienen, erkannte ich Liszt. Das Ding schwebte! – Sofern Deppe nicht möchte, dass der Akkord besonders brillant ist, betätigt er das Pedal *nach* dem Akkord und nicht gleichzeitig mit ihm. Das verleiht ihm einen sehr idealen Klang. – Sie glauben es vielleicht nicht, aber es stimmt , dass Deppe zwar selbst kein

Pianist ist und die lustigsten kleinen roten Pfoten der Welt hat, die aber nicht so aussehen, als ob sie etwas könnten , er hat den gleichen Anschlag und die gleiche Tonqualität wie Liszt – dieses unbeschreibliche *Etwas* , das einem, wenn er nur ein paar Akkorde spielt, die Tränen in die Augen schießen lässt. Es ist zu himmlisch für alles.

KAPITEL XXV.

Akkorde spielen. Deppe ist kein „bloßer Pädagoge". Sherwood. Mozarts Konzerte. Langsam üben. Der Opernball.

BERLIN, *2. Januar 1874* .

Als ich das Prinzip der Tonleiter ziemlich gut im Kopf hatte, was sollte Deppe da hervorkramen als Czernys „ *Schule der Geläufigkeit* ", die ich seit meiner Kindheit nicht mehr angeschaut hatte und die ich mir selbst liebevoll schmeichelte Ich hatte es für immer geschafft. (Keiner von uns weiß, was vor uns liegt!) Nachdem wir Cramer, Gradus und Chopin studiert haben, können Sie sich vorstellen, dass es eine ziemliche Enttäuschung war, erneut die Schule der Geschwindigkeit zu besuchen! Und es *ganz* langsam und nur mit einer Hand zu studieren !! Das machte die Verletzung noch schlimmer. Deppe weiß jedoch, worum es geht. Er fing an, hier und dort Passagen im ganzen Buch herauszusuchen und mich sie spielen zu lassen, wobei ich so oft wie möglich den Daumen streckte und die Finger drehte. Nachdem ich die Passagen gemeistert habe, soll ich eine ganze Studie lernen, zunächst mit jeder Hand allein und dann mit beiden zusammen!

Als nächstes brachte Deppe mir bei, wie man Akkorde anschlägt. Ich musste lernen, meine Hände hoch über die Tastatur zu heben und sie ohne Widerstand auf den Akkord fallen zu lassen, *dann mit dem Handgelenk zu sinken* und die Hand genau über den Noten zu halten und dabei die Hand ausgestreckt zu halten. Es ist schon ein wenig Geschick, die Hand so fallen zu lassen, aber wenn man es einmal geschafft hat, klingt der Akkord viel reicher und voller. – Und so weiter, *bis ins Unendliche* . Deppe hatte sich ausgedacht, wie man *alles am besten* auf dem Klavier spielen kann – die Tonleiter, den Akkord, den Triller, Oktaven, gebrochene Oktaven, gebrochene Terzen, gebrochene Sexten, Arpeggios, Chromatik, Akzent, Rhythmus – alles! Er sagt, dass das Prinzip der Tonleiter und des Akkords genau entgegengesetzt sind. „Beim Spielen der Tonleiter müssen Sie Ihre Hand sozusagen zu einer Nussschale formen und auf den Fingerspitzen spielen. Beim Akkord hingegen müssen Sie die Hände ausbreiten, als wollten Sie um einen Segen bitten." ." Dies ist insbesondere bei einem großen Intervall der Fall. Er erzählte mir, ob ich Rubinstein jemals wieder spielen hören würde, um zu beobachten, wie er seine Akkorde anschlägt. „Nichts ist an *ihm eingeengt* ! Er breitet seine Hände aus, als wollte er das Universum in sich aufnehmen, und ergreift sie mit größter Freiheit und *Hingabe* !" Deppe hat die größte Bewunderung für Rubinsteins *Ton* , der seiner Meinung nach seinesgleichen sucht, aber er stellt Tausig als Künstler über sich. Er sagte, dass Tausig immer in sein Zimmer kam und ihm vorspielte, und er legte Tausigs kleine Halbverbeugung und seine Art ab, sich ans Klavier zu setzen und sofort zu beginnen, ohne Vorspiel oder Wortverschwendung, sehr lustig! Er würde sich kaum die Zeit nehmen, „*Guten Abend*" zu sagen. Deppe meint, Tausig habe einige Dinge unvergleichlich gespielt, in anderen sei er jedoch trocken und seelenlos gewesen. Clara Schumann, sagt er, ist die „musikalischste" aller großen Künstlerinnen – und Sie erinnern sich, wie sehr ich von Natalie Janotha beeindruckt war, die ihre Schülerin ist und genauso spielt wie sie.

Wenn ich Ihnen so viel über technische Details erzähle, dürfen Sie nicht denken, dass Deppe nur ein Pädagoge ist. Er ist in Wirklichkeit die Seele der Musik, und all diese Dinge sind nur „Mittel zum Zweck". Wie er selbst sagt: „Ich höre immer die Musik, die die Leute *nicht* spielen." Kein Pianist hat ihm je ganz entsprochen, und das war es, was ihn dazu brachte, das Instrument zu untersuchen, um herauszufinden, was mit ihm los war. Er freundete sich mit den großen Virtuosen an und studierte ihre Spielweisen, und das Ergebnis all seiner Beobachtungen ist, dass „Klavierspielen das Einzige ist, wo man etwas tun kann". Er erklärt, dass so viel musikalisches Talent in der Welt verschwendet wird, dass es „überall auf der Straße herumliegt", und er hat eine äußerst raffinierte Art, die Tatsache zu erklären, dass es so viele großartige Pianisten gibt, obwohl sie *seine Musik nicht kennen*. Methode: – „Begabte Menschen", sagt er, „spielen durch die Gnade Gottes; aber *jeder* könnte die Technik auf *meinem* System meistern!!"

Um Ihnen zu zeigen, dass ich Deppe nicht allein urteile – vier von Kullaks besten Schülern, darunter Sherwood!, verließen ihn nach mir für Deppe. Was ich ihnen erzählte, machte sie so unruhig, dass sie Deppe besuchten, und als sie Fräulein Steiniger spielen hörten, mussten sie zugeben, dass sie einige Geheimnisse entdeckt hatte, von denen sie nichts wussten. Sherwood ist, wie Sie wissen, ein wahres Genie, aber er fängt auch wieder ganz von vorne an. Kurz gesagt, wir sind uns alle einig, während Deppe seinerseits sehr erfreut ist, einige amerikanische Schüler zu haben . – Er schmeichelt sich, dass wir alle seine geschätzten Ideen in unser „neues und fortschrittliches Land" einführen werden.

Ach, hätte ich doch vor meiner Zeit in Weimar bei Deppe studiert! Als ich dort war, spielte ich nicht halb so oft für Liszt, wie ich es hätte tun können, so freundlich und ermutigend er auch immer zu mir war, denn ich hatte immer das Gefühl, ich sei nicht *würdig*, *sein Schüler* zu sein ! Aber wenn ich Deppe vor vier Jahren gekannt hätte, was wäre ich dann jetzt? Nachdem ich meine erste Unterrichtsstunde bei Deppe genommen hatte, machte mich dieser Gedanke vollkommen elend. Ich fühlte mich so schrecklich, dass ich weinte und weinte. Als ich morgens aufwachte, begann ich wieder zu weinen. Ich war so betrübt, dass mich schließlich meine Vermieterin, die sehr freundlich und mitfühlend ist, fragte, was mir fehlte. Ich sagte ihr, es sei so schrecklich, dass ich im letzten Moment die Person getroffen hatte, die ich vor vier Jahren hätte treffen sollen. – „ Im Gegenteil, Sie sollten sich freuen, dass Sie ihn *überhaupt getroffen haben* ", sagte sie. „Viele Menschen gehen durchs Leben, ohne jemals die Person zu treffen, die sie treffen möchten, oder sie kennen sie nicht, wenn es soweit ist." – Vernünftige Frau, Frau von H.! – Danach hörte ich auf, mir Sorgen zu machen, und versuchte zu glauben, dass es „eine Gottheit *gibt* , die unsere Ziele formt, wie grob wir sie auch gestalten."

———

BERLIN, 12. Februar 1874 .

Ich nehme jetzt drei Stunden pro Woche bei Fräulein Steiniger und eine Stunde bei Deppe selbst, und er sagt, ich sei mit der technischen Vorbereitung fast fertig, obwohl ich immer noch nur mit einer Hand und die ganze Zeit *sehr* langsam übe. Fräulein Steiniger sagt, dass sie auch sechs Monate lang die ganze Zeit langsam geübt hat, so wie ich es jetzt tue. Tatsächlich hat sie das *schnelle Spielen völlig vergessen* , und als Deppe eines Tages in der Stunde schließlich zu ihr sagte: „Jetzt spiel einmal schnell", konnte sie es nicht und musste es ganz von vorne lernen. Natürlich hat sie ihre Hand sehr bald wieder in den Griff bekommen, und jetzt hat sie die schönste Ausführung und kann *alles* perfekt spielen.

Deppe möchte, dass ich mit Fräulein Steiniger ein Mozart-Konzert für zwei Klaviere spiele, das erste, was ich öffentlich spiele. Wussten Sie, dass Mozart *zwanzig* Konzerte für Klavier geschrieben hat und dass neun davon Meisterwerke sind? Dennoch spielt sie niemand. Warum? Weil sie zu hart seien, sagt Deppe, und Lebert, der Leiter des Stuttgarter Konservatoriums, hat mir das Gleiche in Weimar erzählt. Ich erinnere mich, dass der Musikkritiker des *Atlantic Monthly* bemerkte: „Wir sollten Mozarts Passagen und Kadenzen heutzutage als Kinderspiel betrachten." In der Tat *ein Kinderspiel* ! Dieser Kritiker, wer auch immer das ist, „sollte besser wieder zur Schule gehen", wie C. immer sagt!

Deppe ist ein hervorragender Mozart-Interpret und hat ihn, wie ich glaube, besser studiert als jeder andere. Tatsächlich ist es schwindelig, seine Konzerte in die Hand zu nehmen und zu sehen, wie er sie allein *gefingert hat. Er sagt immer: „Sie müssen Fannie Warburg ein Mozart-Konzert spielen hören. Sie* kann es!" und ich bin wirklich sehr gespannt, sie zu hören.

Es ist lächerlich, Deppe über die Künstler reden zu hören, die alle anderen so großartig finden. Als langjähriger Dirigent eines Orchesters leitet er ständig deren Konzerte und wägt sie in einer unerbittlichen Waagschale ab! Neulich hat er mir Mendelssohns Konzert in g-Moll geschenkt, und gleich am Ende des ersten Satzes gibt es eine furchterregende, halsbrecherische Passage für beide Hände. "Dort!" rief Deppe, „das ist ein guter, gesunder

- 185 -

Ort. *Nehmen Sie DAS für Ihr. " täglich Gebet* (Nehmen Sie *das* als Ihr tägliches Gebet). Wenn man es acht Mal hintereinander spielen kann, ohne eine Note zu verpassen, bin ich zufrieden. Das ist einer der Orte, an denen die Pianisten, wenn sie kommen, ihren Fuß fest auf das Pedal setzen und es festhalten – *Herr Gott!* wie sie daran festhalten – und sich so selbst *belügen* sagen: „ *Herr Gott!* " auch. Es war, als hätte jemand eine Handvoll Hagel geschnappt und ihn über mich hinweggeschleudert. Br-rr-zip! Wie ist das gelaufen! - Wie ein Raketenbündel, das eine nach der anderen abgeschossen hat. Und doch das Das Konzert gehört zu den Dingen, die jeder spielt, und es ist eines der regulären Stücke, die man unbedingt in seinem Repertoire haben muss. Deppe war ziemlich schockiert, als er feststellte, dass ich es nie gelernt hatte.

Meine Unterrichtsstunde dauert normalerweise drei Stunden! Deppe hasst es, wenn man ihn durch die Stunde hetzt. Er hat gern viel Zeit, um all seine Ideen auszudrücken und zwischendurch eine Menge Anekdoten zu erzählen! Normalerweise habe ich von sieben bis zehn Uhr abends Unterricht. Dann zieht er seinen Mantel an und schlendert mit mir zu seiner Kneipe , denn er ist viel zu gesellig, um ins Bett zu gehen, ohne vorher mit jemandem ein Glas Bier getrunken zu haben . Ungefähr jeden Häuserblock steht er stocksteif da und prägt mir irgendeinen musikalischen Punkt ein, und oft hält er fünf oder zehn Minuten lang eine Standpauke, bevor er weitergeht. Es scheint ihm unmöglich zu sein, gleichzeitig zu gehen und *zu reden ! Sie können sich vorstellen, dass ich deshalb eine ganze Weile brauche, um nach Hause zu kommen.*

Am Dienstag findet im Opernhaus ein großer Ball statt, bei dem der Kaiser und der gesamte Hof anwesend sind und die erste Polonaise einläuten. Jeden Winter finden zwei dieser großen öffentlichen Bälle statt. Die Eintrittskarten sind verkauft und es ist die einzige Gelegenheit, bei der die Öffentlichkeit das Glück haben kann, Könige aus nächster Nähe zu betrachten. Ich war noch nie dort, obwohl mir alle meine deutschen Freunde in den letzten vier Jahren immer wieder eingetrichtert haben, dass ich es mir ansehen sollte, denn die Dekorationen sind großartig. Dieses Jahr soll es nur einen geben, denn dem Kaiser geht es nicht sehr gut, und ich gehe davon aus, dass es so viel sein wird, wie das Leben wert ist, rein- und wieder rauszukommen, so groß ist der Ansturm!

Die deutschen Offiziere tanzen perfekt Walzer, mit viel Temperament und Eleganz. Tanzen ist Teil ihrer militärischen Ausbildung und sie müssen es lernen. Aber sie sind keine sehr bequemen Partner, denn man reibt sein Gesicht an ihren Epauletten, wenn sie nicht genau die richtige Höhe haben, und man hat keine Ruhe für die linke Hand. Sie drehen sich nur zwei Mal im Raum und halten dann einen Moment oder zwei inne, um einem Luft zuzufächeln und sich auszuruhen – dann drehen sie sich noch zwei Mal. Die Folge ist, dass man nie richtig in Fahrt kommt, bevor man aufhören muss. Anfangs fand ich die Wirkung so vieler Menschen, die in die gleiche Richtung wirbeln, schwindelerregend und eintönig. Aber als ich mich daran gewöhnt hatte, kam mir das ständige Umdrehen der Amerikaner, die nach Berlin kommen, im Gegensatz zu dem anmutigen Kreisen der Deutschen eckig vor. Es ist hier nicht „in", dass die Mädchen rot und zerzaust aussehen – mit zerrissenen Röcken und zerzaustem Haar – wie unsere Schönheiten am Ende eines Abends. Sie verlassen den Ballsaal in tadellosem Zustand, so dass der Besuch von Festen in Deutschland für den *Familienvater* wesentlich weniger kosten muss als bei uns! Die Tanzfläche ist nie so voll mit Tänzern auf einmal, und da sie in die gleiche Richtung gehen, stoßen sie nicht zusammen wie unsere Paare. Andererseits haben sie nicht so viel „Spaß" dabei wie unsere Mädchen mit ihren langen *fünf-* und zehnminütigen Wendungen zu diesen köstlichen Walzern! Seltsam, dass, obwohl Deutschland die Heimat des Walzers ist und der Wiener Walzer alle anderen übertrifft, der Schottische oder Rheinländische Walzer ihr Lieblingstanz sein soll . Sie tanzen ihn sehr anmutig und rhythmisch .

BERLIN, 1. März 1874 .

Ich war neulich Abend auf dem Opernball, von dem ich Ihnen in meinem letzten Artikel geschrieben habe. Das gesamte Opernhaus, einschließlich der Bühne, war mit Fußböden ausgelegt und prächtig mit immergrünen Pflanzen, Spiegeln, Springbrunnen und Blumen geschmückt. Die Tickets werden für einen wohltätigen Zweck verkauft. Nur nette Leute kommen rein, denn das Ganze ist systematisch organisiert und niemand kann sein Ticket an jemand anderen weitergeben. Ich habe meins über Mr. Bancroft bekommen und war mit zwei anderen Damen und einem Herrn dort.

Wir gingen sehr früh, um eine Loge zum Sitzen zu bekommen, und ich werde *nie* den ersten Eindruck des Ballsaals vergessen! Dieser riesige, polierte Boden, der sich wie ein einziger riesiger Spiegel oder eine riesige Eisfläche erstreckt, die an den Seiten glitzernden Springbrunnen, die mit Grün umrankten Wände, ein großes Orchester, das auf dem Balkon an jedem Ende sitzt, und etwa hundert Paare prächtig gekleideter Damen und Herren die Treppen in die Zimmer hinuntersteigen und herumschlendern. Licht, Diamanten, Farbe , überall. Oh, es war absolut märchenhaft! Der Boden wurde über den Stühlen im Parkett verlegt und der Eingang erfolgte durch die königliche Loge, die sich direkt in der Mitte des Opernhauses gegenüber der Bühne befindet. Diese Box ist natürlich wie eine große Nische und nicht wie die gewöhnlichen Boxen. Auf jeder Seite befand sich ein Eingang, der vom Korridor aus führte, und eine breite, mit Teppich ausgelegte Treppe war improvisiert worden, die von dort auf den Boden führte. Es sah absolut umwerfend aus, zu sehen, wie die Paare von beiden Seiten gleichzeitig hereinkamen und die Stufen hinunterstiegen, und die Kleider der Damen wurden perfekt zur Schau gestellt. Solche Toiletten habe ich noch nie gesehen. Die Frauen waren mit Spitze, Federn und Diamanten bedeckt. Die einfacheren Kleider waren aus Tarletane (meine eingeschlossen!), aber da sie ziemlich frisch waren , wirkten sie sehr elegant. Wir hatten eine prächtige Loge, den ersten Rang, und den zweiten der Proszeniumslogen links, in denen die königliche Familie saß. In der Loge zwischen uns und diesem saß die Frau des französischen Botschafters mit der Gräfin von Seidlewitz und ihrer Schwester, und hinter ihnen befand sich eine beeindruckende Schar prächtig aussehender Offiziere in voller Uniform, auf deren Brüsten Sterne, Orden und silberne Ketten blitzten .

Die Gräfin von Seidlewitz ist eine berühmte Hofschönheit und Ehrendame der Prinzessin Carl (Schwester der Kaiserin). Sie saß direkt neben mir, da nur die Trennwand der Loge zwischen uns war, und sie war die schönste Frau, die ich je gesehen hatte – vollkommen kaiserlich sogar – weiß und prächtig wie eine Lilie. Ihre Gesichtszüge waren vollkommen regelmäßig, und sie hatte einen stolz geschnittenen Mund und so umwerfende kleine Zähne! Dann waren ihre Arme, ihr Hals und ihre Form exquisit. Sie trug die strengste Art von Kleidung, die nur eine solche Schönheit tragen konnte. Es war aus weißer Seide, natürlich mit einer riesigen Schleppe und ohne Überrock – nur hinten in einem großen Puff gewickelt. Die Taille wurde mit einem kleinen , aber sehr niedrigen Baskisch gefertigt und mit sehr kurzen Ärmeln. Um den Hals herum befand sich ein weißer Hornfransenrand, und vorn befanden sich zwei oder drei Reihen dieses Fransenstreifens , der bis zur Taille reichte, immer kleiner wurde und um das Baskenkleid herum verlief . Die gesamte vordere Breite des Rocks war in Dreiergruppen mit Satinfalten ausgelegt, und am Rand jeder dritten Reihe befanden sich wiederum Fransen, die nach unten hin immer breiter wurden. In ihrem Haar trug sie einen Kranz aus weißen Eisenkraut oder Schneebällen und grünen Blättern. Ihr einziger Schmuck war ein prächtiges Diamantmedaillon und Ohrringe von seltsamem Design. Das Medaillon hing an einer sehr feinen Goldkette, die alle Beobachter herausforderte, die Makellosigkeit ihres Halses zu bemerken. Eine hinterhältige Koketterie zeigte sich in zwei natürlichen Blumen, Maiglöckchen, mit ihren Blättern, die sie in ihre Korsage gesteckt hatte, damit sie an ihrem Hals anliegen und zeigen sollten, dass sie nicht weißer als ihre Haut waren. – Sie sehen, es gab nirgendwo Falten, da es keinen Überrock gab, sondern das ganze Kleid hing in langen Linien und zeigte die Kontur der Figur. Nichts als diese Fransen (die bei jeder Bewegung glänzten und wehten) milderten es – nicht einmal ein Stück schwarzer Samt, denn die Spitze um den Hals war mit einem weißen Seidenfaden durchzogen. In derselben Kiste befand sich auch eine andere Dame, deren Kleid ebenfalls sehr schön war, obwohl sie es selbst nicht war. Es war aus grüner Seide mit gepufftem grünem Tüll-Überkleid und darüber verstreuten silbernen Weizenähren. Die Tunika war aus silbernem Krepp, der untere Saum war mit

Muscheln ausgeschnitten und mit silbernem Weizen besetzt. Ein Weizenbüschel war als Halskette um ihren Hals geknotet und ein perfektes Bündel davon in ihrem Haar. Es war ein exquisites Kleid.

Um zehn Uhr waren alle da – etwa zweitausend Leute. Das Orchester stimmte die Polonaise an, und der Hofstaat verließ die Loge, um einen Rundgang durch die Halle zu machen (*d . h.* nur die Mitglieder der königlichen Familie mit ihren Ehrendamen) . Dem Kaiser ging es nicht sehr gut, deshalb blieb er in seiner Loge, aber die Kaiserin ging voran mit dem Herzog von Edinburgh, der zufällig hier war. Sie war in lavendelfarbenen Satin gekleidet, bedeckt mit der prächtigsten weißen Spitze. Ihr Haar war zu Zöpfen hoch oben auf ihrem Kopf geflochten, und darauf war eine doppelte Krone aus Diamanten befestigt, auf die Sterne usw. aufgeklebt waren, die wie viele kleine Sonnen funkelten. Um ihren Hals hingen an einem schwarzen Samtband Ketten aus Diamanten von großer Größe und Pracht. Man erschrak wirklich fast, wenn der Blick unerwartet auf sie fiel! Die Kaiserin ist eine sehr elegant aussehende Frau und durch und durch eine Königin. Sie bewegte sich mit würdevollem Schritt, verbeugte sich immer wieder anmutig von einer Seite zur anderen vor der Menge, die sich vor ihr teilte und verneigte, und ihr folgten der Kronprinz und die Kronprinzessin, die Prinzessin Carl, die Prinzessin Friedrich Carl (eine Schönheit) und ihre Töchter und ich weiß nicht, wer alles, mit ihren Ehrendamen . Als die Gräfin von Seidlewitz vorbeikam und ihre Fransen vor ihr wehten und glänzten, strahlte sie aus allen anderen und sogar aus den gesamten zweitausend Gästen heraus wie der Planet Venus unter den anderen Sternen. – Atemberaubend!

Das Orchester gab sein Bestes und es war ziemlich aufregend. Die drei Balkone waren voller Menschen und aller Kisten. Die Loge des Diplomatischen Korps lag uns direkt gegenüber, und darin saß unsere fröhliche kleine Frau F., gekleidet in weißen Satin. Einige meiner Freunde kamen und stellten sich unter meine Loge und versuchten, mich zum Herunterkommen zu bewegen, aber ich wollte nicht, denn ich wusste, dass ich sonst meinen Platz verlieren würde, und tatsächlich würde ich dort ohne mein Kleid nicht tanzen wollen waren etwas Superlative. Sehen Sie, alle Swells saßen in ihren Logen und blickten direkt auf die Tänzer herab, die einen kreisförmigen Platz für sich abgesperrt hatten. De Rilvas , der spanische Minister, sah jedoch mit seinem breiten blauen Band über der Brust und seinem goldenen Kreuz an seinem Hals so gut aus, dass ich sehr gerne mit ihm durch den Raum gegangen wäre.

KAPITEL XXVI.

Eine Reihe von Beethoven-Variationen. Fannie Warburg. Deppes Erfindungen. Sein Zimmer. Sein Nachmittagskaffee. Pyrmont.

BERLIN, *30. April 1874* .

Ich wünschte, Sie wären jetzt hier, damit ich Ihnen eine Reihe kleiner Variationen von Beethoven mit dem Titel „Ich habe nur eine kleine Hütte" vorspielen könnte. Sie sind *bezaubernd* , und ich denke, ich kann sie jetzt so spielen, dass sie (wie Deppe sagt) ausdrücken können, „dass er zwar nichts außer seiner kleinen Hütte hatte, aber darin ganz glücklich war." In der letzten Variation tanzt er in seiner kleinen Hütte einen Walzer! Ich habe viel aus diesen winzigen Variationen gelernt, die auf Deppes unnachahmliche Art gelehrt wurden. Als ich sie zum ersten Mal zu ihm brachte, begann ich, die zweite der Variationen zu spielen – was ziemlich klagend ist und anzudeuten scheint, dass der Besitzer der kleinen Hütte eine Befürchtung hatte, dass es irgendwo auf der Erde eine bessere Bleibe geben *könnte* – und zwar mit großem Aufwand von „Ausdruck", wie ich dachte. Ich merkte jedoch bald, dass ich es übertrieben hatte und dass es nicht immer so einfach ist zu definieren, wo guter Ausdruck aufhört und schlechter Stil beginnt. „Warum stechen diese Notizen so hervor?" fragte Deppe, als ich meinen „Seelensehnsüchten" (wie P. sagt) Luft machte. „Malen lernen in *Grossen Flaechen* (tolle Flächen)." Er ließ mich es noch einmal perfekt legato spielen, ohne dass eine Note mehr „herausragte" als eine andere. Ich sah sofort, dass er damit Recht hatte und dass die Wirkung viel besser war, während es gespielt wurde Es war einer dieser Fälle, in denen nur eine einfache Aussage von der eigentlichen Stimmung des Stücks ablenkte, anstatt es zu verstärken.

Ich habe endlich Fannie Warburg in einem Mozart-Konzert gehört, denn sie ist aus England zurückgekommen. Wie sie es gespielt hat! Zu sagen, die Passagen seien „perlend", wäre gar nichts. Das Klavier hat sie einfach wie eine Nachtigall *gesungen* ! Der letzte Satz hatte die ansteckende Fröhlichkeit, die Mozarts Stücke oft haben, mit einer großartigen Kadenz allein. Sie hat sie so perfekt und mit so naiver Unbeschwertheit wiedergegeben, dass keiner von uns widerstehen konnte und wir schließlich alle in Gelächter ausbrachen! Es gab eine kleine Orchesterbegleitung, die Deppe zusammengestellt hatte und dirigierte. Als sie zur Kadenz kam, legte er seinen Taktstock nieder und zog sich zurück, um sich an die Tür zu lehnen und es zu genießen. Sie hat es auf die meisterhafteste Weise gemacht, und oh, es war *so* schwierig! Ich musste an den Bostoner Kritiker denken, der Mozarts Kompositionen als „Kinderspiel" bezeichnete. Sie *sind* Kinderspiel – das heißt, sie sind *überhaupt nichts* , wenn sie nicht fehlerlos gespielt werden, und jeder Fehler *ist sichtbar* , was der Grund ist, warum sich so wenige an sie wagen. Dazu muss die Hand, wie Deppe sagt, „in Ordnung" sein.

Fannie Warburg ist ein süßes kleines achtzehnjähriges Mädchen. Ein schüchternes kleines Mädchen ohne Eitelkeit oder Selbstbewusstsein. Sie hat ein wunderbares Händchen für das Klavier und die Art und Weise, wie sie es benutzt, ist absolut exquisit. Es ist klein und rundlich, aber stark, mit festen kleinen Fingern. Jeder Muskel ist entwickelt, und tatsächlich könnte es nach so einem sechsjährigen Training nicht anders sein. Eine von Deppes Regeln besagt, dass der Knöchel beim Anheben des Fingers nicht herausragen darf. Der Finger muss „fest *im* Gelenk sitzen" . Fannie Warburgs Finger „ *sitzen* " so „ *fest* ", dass sie beim Spielen eine kleine Reihe Grübchen hinterlässt, wo ihre Fingerknöchel sein sollten. Es sieht für alles zu hübsch aus – genau wie die Hand eines Babys. Allerdings scheint sie nicht den geringsten Ehrgeiz zu haben und ich bezweifle, dass sie jemals etwas mit ihrer Musik anfangen wird, nachdem sie Deppe verlassen hat. Ihre Mutter stammte aus Hamburg und hatte dort Unterricht bei Deppe genommen, als sie beide noch recht jung waren. Sie hielt ihn für einen so bemerkenswerten Lehrer, dass sie erklärte, dass ihre Tochter keinen anderen Meister haben sollte. Als Fannie zwölf Jahre alt war, brachte sie sie zu ihm, und seitdem gibt er ihr Unterricht – so etwas wie Samuels Mutter, die ihn zum Tempel brachte, nicht wahr ? – und tatsächlich, als ich in Deppes schäbiges kleines Zimmer gehe, I Ich fühle mich immer wie in einem kleinen Tempel der Musik! Ich sehe gern, wie die Möbel damit übersät sind, und wie Deppe selbst an seinem Tisch sitzt, umgeben von Stapeln von Manuskripten, mit einem Stift in der Hand, wie er sie durchgeht und ordnet, um Ordnung in das Chaos zu bringen. Andere Orchesterleiter schreiben ständig und bitten ihn, ihnen seine Kopien von Oratorien usw. zu leihen.

Deppe hat alle möglichen praktischen kleinen Ideen, die ihm eigen sind. So hat er beispielsweise einen Kerzenständer erfunden, der auf einem Flügel steht. Er ist gebogen, wie die Kerzenständer, die an Klavieren befestigt sind, aber er hat einen schweren Fuß, um ihn festzuhalten. Es ist eine großartige Erfindung, denn man stellt auf jeder Seite des Notenständers einen auf und kann ihn dann drehen, um das Licht auf die Noten zu werfen, genau wie man die Ständer an Klavieren drehen kann. Er funktioniert nach dem gleichen Prinzip, nur mit dem zusätzlichen Fuß. Er ist viel praktischer als eine Lampe, weil er nicht klappert und man das Licht viel besser auf die Seite werfen kann . – Dann besteht er immer darauf, dass wir unsere Stücke separat binden lassen, in einen Umschlag aus festem blauem Papier, wie es bei Schreibheften der Fall ist. Er missbilligt es völlig, Noten in Bücher zu binden. „Wer schleppt schon ein großes, schweres Buch mit sich herum?", fragt er, „und außerdem liegen sie nicht gut offen."

Neulich sagte mir Deppe, ich solle zu Fräulein Steinigers Unterricht kommen, da sie einige interessante Stücke vorzuspielen hätte. Als ich ankam, war sie schon da. Deppe war ungewöhnlich gut gelaunt und machte ständig kleine Witze. Sie spielte eine Reihe von Stücken und endete schließlich mit Liszts Bearbeitung des Spinnliedes aus Wagners Fliegendem Holländer. Deppe ist bei diesem Stück furchtbar pingelig und machte einige so subtile und treffende Bemerkungen zur *Konzeption* der Komposition, dass sie Liszts selbst würdig waren. Ich habe vor, es zu lernen, und wenn ich nach Hause komme , werde ich es Ihnen so vorspielen, wie Deppe es Steiniger beigebracht hat, und Sie werden sehen, wie faszinierend es ist. Ich weiß, Sie werden davon hingerissen sein.

Gegen Ende der Stunde wurde es ziemlich spät und auch Zeit für Deppes Kaffee, ein Getränk, das die Deutschen bekanntlich immer spät am Nachmittag trinken, begleitet von Kuchen. Er hatte gerade seine Geige niedergelegt, da er und Fräulein Steiniger zusammen eine Sonate gespielt hatten, und hatte sich ans Klavier gesetzt, um ihr die eine oder andere Passage zu zeigen. Tief vertieft redete er ihr so viel zu, wie er konnte, als das Mädchen für alles plötzlich mit dem Kaffee auf einem Tablett hereinkam und ihn offenbar in unmittelbarer Nähe der Geige auf dem Klavier abstellen wollte. „ *Herr Gott, nicht auf die Violine* !", rief Deppe, sprang aufgeregt auf und rettete das geliebte Instrument. „Wo denn?", sagte das Mädchen. „Oh, überall, nur nicht auf der Geige." Sie stellte sie auf einen Stuhl und verschwand. Es gab nur drei Stühle im Zimmer und das Sofa war mit Noten bedeckt. Fräulein Steiniger besetzte einen Stuhl, ich den zweiten und der Kaffee den dritten. Deppe blickte sich einen Moment lang verwirrt um, setzte sich dann plump auf den Boden, nahm seinen Kaffee, streckte die Beine aus und begann, ihn unerschütterlich umzurühren. „Aber Herr Deppe!", protestierte Steiniger. „Nun", sagte er mit seinem unbeschwerten Lachen, „was soll ich denn sonst tun, wenn ich keinen Stuhl habe?" Auf dem Boden lag kein Teppich, sondern ein gewöhnlicher bemalter, und er sah komisch aus, wie er da saß, aber er genoss seinen Kaffee genauso gut! – Nachdem er ihn ausgetrunken hatte, fielen die Schatten der Nacht herein, und ihm fiel ein, dass es gut wäre, seine Wohnung zu beleuchten. Er ist der glückliche Besitzer von Fünf-Minuten-Lampen und Kerzenleuchtern, von denen keine zwei gleich hoch sind. Es sind zwei Lampen an der Zahl, und sie sind etwa so groß wie die kleinste Flüssiglampe, die wir früher zum Schlafen benutzten. Die drei Kerzenständer sind aus Porzellan und mit Mustern in Dekalkomanie verziert — wahrscheinlich die Handarbeit dankbarer Schüler, denn in Deutschland gibt es kein Geschenk, das einer „ *Handarbeit* " gleicht. Es ist das richtige Geschenk für einen Herrn. Wenn nur Fräulein Steiniger und ich anwesend sind, hält Deppe die zwei Lampen normalerweise für ausreichend. Aber wenn noch andere da sind und er abends etwas Musik machen will, holt er die drei winzigen Kerzenständer hervor, in denen jeweils ein Ende einer Kerze steckt, zündet sie an und verteilt sie an verschiedenen Stellen im Raum. Wenn jedoch, wie bei großen Anlässen, die fünf Lampen und Kerzenständer durch zwei *weitere* Kerzen auf dem Klavier in den gebogenen Kerzenständern von Deppes eigener Erfindung ergänzt werden, ist der Lichtglanz für unsere ungewohnten Augen etwas Unglaubliches! Nichts Geringeres als die Tuilerien oder der „Weiße Saal" im Schloss hier könnte dem gleichkommen!

————

BERLIN, *31. Mai 1874* .

Diese Saison mit Deppe war für mich von so großer Bedeutung, dass ich nicht weiß, *wie* viel Geld ich dafür nehmen würde. Durch das Üben dieser Methode erhält der Ton einen völlig anderen Klang, ist rund, weich und dennoch durchdringend, während die Ausführung von Passagen unendlich erleichtert und perfektioniert wird. Tatsächlich scheint es mir, dass man damit mit der Zeit alles erreichen könnte, aber mit der Zeit *wird es* so sein. Man muss monatelang sehr langsam und mit sehr einfachen Dingen lernen, sich an die Spielweise gewöhnen und in der Lage sein, über jeden Finger nachzudenken, während man ihn benutzt – um „ die Note *zu fühlen* und bewusst zu machen". Deppe lässt mich derzeit nichts zu Ende bringen, daher kann ich selbst nicht sagen, wie weit ich fortgeschritten bin. Sein Prinzip besteht darin, ein Stück niemals vollständig zu lernen, wenn man es zum ersten Mal in Angriff nimmt, sondern es zu drei Vierteln zu beherrschen und es dann liegen zu lassen, wie man eine Frucht, die man zum Reifen auf ein Regal gestellt hat, liegen lässt ; – danach nimmt man es in die Hand noch einmal und beende es. Das Prinzip *mag* gut sein, aber es verhindert, dass ich jemals etwas für andere spielen kann, und deshalb habe ich ganz aufgehört, in Gesellschaft zu spielen. Tatsächlich halte ich es für unmöglich und ich verstehe nicht, wie Sherwood das hinbekommt. *Er* verfügt über ein umfassendes Repertoire und spielt Stück für Stück köstlich. Aber er ist ein absolutes Genie und wird für Aufsehen sorgen, wenn er herauskommt. Er besitzt jene natürliche Ruhe und Unerschütterlichkeit, die für einen Künstler alles sind, die aber leider nur wenige von uns besitzen. Auch seine Kompositionen sind exquisit und so poetisch! Mrs. Wrisley, [I] aus Boston, und Fräulein Estleben aus Schweden, die Kullak verließen, als ich es verließ, sind ebenfalls begabte Wesen, während ich glaube, dass ich nur ein beständiger alter Mitläufer bin, der *nicht* aufgibt! Sherwood ist uns allen jedoch um Längen überlegen.

[Der folgende Auszug aus dem Bericht in der *Musical Review* über Mr. Sherwoods Ansprache vor der Music Teachers' National Association in Buffalo im Juni 1880 scheint zu zeigen, dass dieser herausragende junge Virtuose, der heute der mit Abstand führende amerikanische Konzertpianist ist, seine Ideen zum Studium von Anschlag und Ton sicherlich sowohl beim

Spielen als auch beim Unterrichten von Herrn Deppe übernommen hat oder nicht: - „Es macht einen großen Unterschied, ob ein Klavier mit einem Stock, mit mechanischen Fingern oder mit Fingern voller Leben und Magnetismus angeschlagen wird. Ich habe Rubinsteins Hand und Arm untersucht und festgestellt, dass sie nicht nur voller Leben und Magnetismus sind, sondern auch extrem elastisch und die Finger so weich, dass man die Knochen kaum spürt. Kann Übung diese Eigenschaften hervorbringen? Ich glaube schon, und ich lege sowohl bei meinen Schülern als auch bei mir selbst Wert darauf, langsame Bewegungen zu üben. Es ist viel einfacher, schnell als langsam anzuschlagen, aber das Üben der langsamen Bewegung entwickelt sowohl die Muskel- als auch die Nervenkraft. Und der durch diese Bewegung erzielte Ton ist viel besser als der durch Anschlagen. Die mechanische Praxis, die in Leipzig und anderen europäischen Konservatorien üblich ist, schlägt oft fehl, weil das Thema Ästhetik und Klangschönheit vernachlässigt wird. "Siehe S. 288, 302-3, 334.]—ED.

Mein Unterricht bei Deppe ist für mich immer eine echte musikalische Aufregung. In jedem steckt etwas so Neues und Unerwartetes – etwas, wovon ich noch nie zuvor geträumt habe –, dass ich in Erstaunen und Bewunderung versinke. Die Wochen vergehen wie Tage, bevor ich es weiß. Deppe gibt mir die schönste Musik und verschwendet nie Zeit mit Dingen, die mir später keinen Nutzen mehr bringen. Jedes Stück hat ein *Ziel* und es ist auch schön, es den Leuten vorzuspielen. Nun habe ich in Tausigs und Kullaks Konservatorien viel Zeit mit Dingen verschwendet, die schön genug sind und man sich selbst vorspielen kann, die aber weder im Wohnzimmer noch im Konzertsaal für andere Menschen geeignet sind – zum Beispiel Bachs Toccata in C. Das Erlernen solcher Dinge dauert eine ganze Weile und bringt im Nachhinein keinen praktischen Nutzen. Aber Deppe hat bei allem, was er tut, einen organisierten *Plan* .

Als ich in meinem Studium bei Kullak besondere Schwierigkeiten hatte, sagte er nur: „Übe immer, Fräulein. *Die Zeit wird es eines Tages für dich tun. Halte deine Hand so, wie es für dich am einfachsten ist. Du kannst es auf diese* Weise tun – oder auf *diese* Weise" – er zeigt mir verschiedene Positionen der Hand beim Spielen der schwierigen Passage – „oder Sie können es mit dem *Handrücken spielen* , wenn Ihnen das hilft!" Aber Deppe sagt mir nicht: „Oh, das kriegst du nach Jahren der Übung hin", sondern zeigt mir, wie ich die Schwierigkeit *jetzt meistern kann* . Er nimmt ein Stück, und während er es mit der wunderbarsten *Feinheit* des Konzepts spielt, zerlegt er kaltblütig die mechanischen Elemente davon, trennt sie und erklärt Ihnen, wie Sie Ihre Hand benutzen müssen, um sie nacheinander zu erfassen. Kurz gesagt, er macht die Technik und die Konzeption *identisch* , was natürlich auch sein sollte, aber ich hatte nie einen anderen Meister, der seine Schüler dazu ausbildete, es zu versuchen.

Deppe hört mich auch, glaube ich, auf die echte Art spielen, und zwar so, wie Liszt es zu tun pflegte: das heißt, er unterbricht mich nie bei einem Stück, sondern lässt mich es von Anfang bis Ende durchgehen, und *dann* wählt er die Stellen aus, die er notiert hat, und korrigiert oder macht Vorschläge. Diese Vorschläge sind immer etwas, das nicht nur für das Stück allein gilt, sondern das zu Ihrem gesamten künstlerischen Erlebnis beiträgt – ein *Prinzip* sozusagen. Ohne die großartigen Meister, denen ich meine gesamte bisherige musikalische Bildung verdanke, herabwürdigen zu wollen, kann ich das Gefühl nicht loswerden, dass ich endlich nicht in die Hände eines bloßen Klaviervirtuosen gelangt bin, wie groß er auch sein mag, sondern vielmehr eines profunden musikalischen *Gelehrten* – eines Mannes, der sowohl Geiger als auch Dirigent war und der, ohne selbst Spieler zu sein, das Klavier so studiert hat, dass wahrscheinlich alle Pianisten außer Liszt etwas von ihm lernen könnten. Sie können mich alle für „enthusiastisch" oder sogar *wild halten*, so viel Sie wollen; aber ob ich jemals meinen eigenen Block einer Hand bezwinge, der jeden Defekt hat, den eine Hand haben *kann,* haben! – wenn ich nach Hause komme und anfange, euch allen Deppes Methode beizubringen, werdet ihr der Genialität und Schönheit dieser Methode genauso erliegen wie ich. *Dann werdet ihr* alle zugeben, dass ich RECHT hatte!

22. Juli – Ich habe mich endlich dazu entschlossen, zu Deppe nach Pyrmont zu fahren und mehrere Wochen damit zu verbringen, meinen Unterricht fortzusetzen und dort vielleicht ein kleines Konzert zu geben. Ich war schon immer neugierig, eine der deutschen Badestellen zu besuchen, da sie, wie man mir sagte, äußerst angenehm seien.

PYRMONT, 1. August 1874 .

Hier bin ich in Pyrmont und ich weiß nicht, wo ich als nächstes auftauchen werde! Fräulein Steiniger ist vor mir hier angekommen, aber Deppe ist noch nicht aus Brüssel angekommen, wohin er gereist ist, um an der jährlichen Ausstellung des dortigen Konservatoriums teilzunehmen. Er wurde zu einem der Juroren für Klavierspiel ernannt. Pyrmont ist ein hübscher kleiner Ort. Es liegt in einem von Hügeln umgebenen Tal, ist stark bewaldet und hat einen wunderschönen Park, wie alle deutschen Städte, egal wie klein sie sind. Die Baumalleen übertreffen alles, was ich je gesehen habe. Der Boden hat etwas Eigenartiges an sich und ist besonders für Bäume geeignet. Sie wachsen zu einer enormen Höhe, und ihre Stämme sehen so stark aus und ihr Laub ist so ungeheuer üppig, dass es scheint, als würden sie vor lauter Leben platzen!

Fräulein Steiniger begleitete mich, um Zimmer zu suchen. Jede Familie in Pyrmont nimmt Untermieter auf, so dass es nicht schwer ist, eine gute Unterkunft zu finden. Die Frauen sind dafür bekannt, gute Hausfrauen zu sein, und ihre Zimmer sind hübsch eingerichtet, aber die Preise sind sehr hoch, da sie das ganze Jahr von dem leben, was sie im Sommer verdienen. Die Leute kommen hierher, um das Wasser der Quellen zu trinken und die Bäder zu nehmen, die sehr belebend sein sollen. Meine Zimmer liegen in der Nähe der Hauptallee , die von den Quellen wegführt. Ungefähr auf halber Höhe befindet sich eine Plattform, auf der das Orchester sitzt und dreimal täglich spielt: um sieben Uhr morgens (das ist die Stunde vor dem Frühstück, wenn es üblich ist, ein oder zwei Gläser Wasser zu trinken und ein wenig herumzuspazieren), um vier Uhr nachmittags, wenn jeder seinen Kaffee im Freien trinkt, und um sieben Uhr abends. Da ich das Wasser nicht trinke, stehe ich nicht früh auf und werde normalerweise von den Klängen des Orchesters geweckt. Vor meinem Fenster gibt es eine kleine Piazza, auf der ich mein Frühstück und Abendessen einnehme. Zum Abendessen gehe ich in ein nahegelegenes Hotel zur Table d'hôte. — Es ist eine große Erleichterung, aus Berlin herauszukommen und wieder etwas Grünes zu sehen. Ich empfinde das Wetter allerdings als sehr kühl und man braucht hier warme Kleidung.

Überall in Pyrmont gibt es die schönsten Wanderwege, die man sich vorstellen kann, und an den Hängen der Hügel verlaufen wunderschöne Waldwege. Mein Lieblingsweg ist rund um den Kegel eines kleinen Hügels rechts von der Stadt. Der Weg umschließt ihn vollständig und Sie können den Hügel umrunden und zum Ausgangspunkt zurückkehren. Es ist wie eine begrünte Galerie, und vor und hinter Ihnen liegt immer dieser geschwungene Ausblick. Immer wenn ich den Spaziergang mache, erinnert es mich an …

„Geschwungen ist die Linie der Schönheit,

Gerade ist die Linie der Pflicht;

Folge dem Letzten und du wirst sehen

Der andere folgt dir immer.

Es ist das erste Mal, dass es mir gelungen ist, die geschnitzte und die gerade Linie gleichzeitig zu kombinieren – denn natürlich ist es meine *Pflicht* , Sport zu treiben!

KAPITEL XXVII.

Das Brüsseler Konservatorium. Steiniger. Ausflug nach Kleinberg. Ein Konzert geben. Fräulein Timm.

PYRMONT, *15. August 1874* .

Deppe ist aus Brüssel zurückgekommen und hatte, wie Sie sich vorstellen können, viel über seine Flucht in die Welt zu erzählen , zumal er auch in London gewesen war. Er hatte eine wunderbare Zeit mit den Professoren des Brüsseler Konservatoriums, die alle äußerst höflich zu ihm waren, und er hörte einige talentierte junge Schüler. Da war ein Mädchen von etwa siebzehn Jahren, von dem er sagte, er würde viel dafür geben, es als *seine* Schülerin zu haben, so begabt ist sie, obwohl ihr Spiel ihm in vieler Hinsicht nicht zusagte. Er sagte, er hätte einige strenge Kritik üben können, aber er unterließ es – teils, weil er die Nutzlosigkeit davon empfand, teils, weil er sagt, „es *ist* erstaunlich, wie liebenswürdig man wird, wenn es um *junge Damen* geht!" Er war sehr begeistert von den Geigenklassen. „Was für einen Bogen spannen die jungen Leute!", rief er aus. Dupont, der große Klavierlehrer in Brüssel, muss ein Mann von beträchtlichem „ *Esprit* " sein, wenn man nach den beiden Kompositionen urteilt, die ich kenne – der „Toccata" und dem „Staccato". Ich habe viel über ihn von seinem Schüler Gurickx gehört , den ich in Weimar kennengelernt habe. Gurickx spielte großartig und mit einem *Brio , das ich selten* gehört habe . Er ist wie eine elektrische Batterie. Eine ganz andere Schule als die von Deppe – die strenge, die keusche und die klassische! Deppes Charakteristikum ist extreme *Reinheit des Stils* und nicht die Leidenschaftlichkeit oder Emotionalität. Er hat mir zum Beispiel kaum Chopin gegeben, sondern hält mich bei den Klassikern, da er sagt, dass meine musikalische Kultur in dieser Hinsicht mangelhaft sei. Er sagt, Chopin sei „so zu Tode gespielt worden, dass man ihn zwanzig Jahre lang beiseite legen sollte!" – Aber wenn Chopin ihm wirklich sympathisch wäre, könnte er *das* nie sagen ! Die Wahrheit ist, dass die moderne „ problematische " Musik nicht so einfach ist wie die von Chopin. Die „ Natur " hat für ein transparentes und einfaches Temperament wie seines keinen Reiz.

Steiniger hat in letzter Zeit sehr schön gespielt. Sie hat hier zwei eigene Konzerte gegeben und bei einem weiteren mitgespielt. Dann probte sie mit dem Orchester Mozarts B-Dur-Konzert – das schwierigste Konzert der Welt und oh, *so* vorzüglich! Obwohl ich es mir schon lange gewünscht hatte, hatte ich es noch nie zuvor gehört, und als ich zuhörte, hatte ich das Gefühl, ich könnte Deppe nie verlassen, bis ich *es spielen könnte* ! Ich wünschte, Sie hätten es hören können. Es ist voller Schwierigkeiten – so viele, dass einem die Haare zu Berge stehen! Steiniger spielte es mit einer wirklich erstaunlichen Leichtigkeit und Perfektion. Die Noten schienen ihr vor Spaß förmlich aus den Fingern zu fließen. Der letzte Satz war durch und durch Mozart, so fröhlich wie eine Grille! – Ich bezweifle, dass jemand dieses Konzert angemessen spielen kann, der nicht bei Deppe studiert hat. Das Schöne an seiner Methode ist, dass die größten Schwierigkeiten für Sie zum Spiel werden.

Ich sehe Deppe gern das Orchester dirigieren, wenn Steiniger ein Konzert von Mozart spielt. Seine klaren blauen Augen tanzen in seinem Kopf und sehen so sonnig aus, und er steht so leichtfüßig da, dass es scheint, als würde er mit seinem Taktstock in der Hand auf den Zehenspitzen davontanzen! Er ist die Verkörperung Mozarts, so wie Liszt und Joachim die Verkörperung Beethovens und Tausig die Verkörperung Chopins sind. Er verfügt über eine wunderbar feine musikalische Organisation und einen Instinkt dafür, wie Dinge gespielt werden sollten, der einem zweiten Gesicht gleichkommt. Fräulein Steiniger sagte eines Tages zu ihm: „Herr Deppe, ich weiß nicht, warum es so ist, aber ich kann die ersten Takte dieses Stücks nicht richtig klingen lassen. Es macht nicht den Eindruck, den es erwecken sollte." „Ich weiß, warum", sagte Deppe. „Es liegt daran, dass Sie den Akkord g-Moll nicht anschlagen, bevor Sie beginnen" – und so war es. Als sie den Akkord g-Moll anschlug, war das die richtige Vorbereitung und brachte einen sofort in die Stimmung für das, was folgte. Es *legte* die Tonart fest.

Abgesehen von der Musik hat Deppe, wie alle Künstler, eine sehr kindliche Natur, und ich glaube, Mozart ist ihm deshalb so besonders sympathisch, weil er selbst ein so einfaches und heiteres Temperament hat. Neulich machten wir einen schönen Ausflug mit Kutschen durch die Berge zu einem weit entfernten kleinen Dorf, wo wir im Freien Kaffee tranken. Deppe, der jeden Fußbreit des Bodens von Pyrmont kennt, das er seit seiner Jugend besucht hat, lenkte unsere Aufmerksamkeit immer wieder mit größtem Vergnügen auf alle Punkte der Landschaft und vergaß dabei völlig, dass er dasselbe fünfzig Mal wiederholte. „Das kleine Dorf dort drüben heißt Kleinberg. Es hat eine Schule und eine Kirche, und der Pfarrer heißt Köhler", sagte er zuerst zu mir. Dann wiederholte er es jedem in unserem Wagen. Dann stand er auf und rief es dem Wagen hinter uns zu. Als er dann ausgestiegen war, sagte er es der versammelten Menge, und als ich mit Fräulein Estleben voranging, hörte ich als letztes über den Hügel schwebend: „Der Pfarrer heißt Köhler" – also wusste ich, dass er noch immer jemanden über diese Tatsache belehrte. „Ich frage mich, wie oft Deppe das wiederholt hat?", sagte ich zu Fräulein Estleben. „Mindestens fünfzig Mal", sagte sie lachend. „Ich gehe zu ihm zurück und frage ihn noch einmal, wie der Pfarrer heißt." Also ging ich zurück und sagte: „Übrigens, Herr Deppe, wie hieß der Pfarrer dieses Dorfes noch?" „*Köhler*", sagte der liebe alte Deppe mit großer Deutlichkeit und mit so schlichter Gutgläubigkeit, dass ich mich vorgeworfen fühlte, ihn ausgefragt zu haben, obwohl die anderen kaum die Fassung bewahren konnten, da sie wussten, was ich wollte.

Ich bereite mich schon seit einiger Zeit auf ein Kammermusikkonzert im Salon des hiesigen Hotels vor und rechne damit, dass es heute in einer Woche stattfinden wird. Mein Kopf fühlt sich von so viel Üben ganz *lahm* an, was vermutlich eine Folge des vielen Zuhörens ist. Ich soll ein Quintett, Op. 87, in E-Dur von Hummel für Klavier und Streicher und eine Beethoven-Sonate, Op. 12, in Es für Violine und Klavier spielen, und die anderen Instrumente werden dazwischen ein Quartett von Haydn spielen. Ich finde, es ist ein wunderschönes kleines Programm – jedes Stück ist in seiner Art perfekt. Wenn mir dieses Konzert so gelingt, wie ich es hoffe, werde ich wahrscheinlich auf Deppes Flehen hören und noch eine weitere Saison unter seiner Leitung bleiben. Deppe glaubt, dass man mehrere Vorbereitungsschritte durchlaufen *muss* , bevor man für die großen Konzertwerke gerüstet ist. Ich habe herausgefunden (was er mir am Anfang sorgfältig verschwieg!), dass sein „Kurs" drei Jahre dauert!! und man kann weder ihn noch seine Methode zur Eile zwingen. Da müssen die Finger reinwachsen.— Ich bedauere es nicht im Geringsten, mit Ihnen bisher nicht im Konzert gespielt zu haben; im Gegenteil, ich halte es für eine Fügung des Schicksals, dass ich es nicht getan habe. Sehen Sie, Sie und ich haben mit ganz undurchführbaren und lächerlichen Ideen angefangen. Wir dachten, die Dinge könnten schnell erledigt werden. Nun, sie *können nicht* schnell erledigt werden und trotzdem etwas taugen. Man muss jahrelang ein Ziel im Auge behalten und sich allmählich darauf hinarbeiten. Die Zeit, die man für die Vorbereitung aufwendet, muss dieselbe sein, ob man nun als Kind beginnt (was der beste und in der Tat der einzig richtige Weg ist) oder ob man erst später beginnt, wenn man erwachsen ist. Es ist eine Arbeit von zehn Jahren , wie man es auch nehmen will.

———

PYRMONT, 15. August 1874 .

Mein Konzert fand gestern Abend statt und Deppe sagt, es sei ein voller Erfolg gewesen. Ich habe schließlich keine Solos gespielt, obwohl ich einige schöne vorbereitet hatte, denn Deppe meinte, das Programm sei zu lang und er war sich meines Mutes nicht ganz sicher. „Sie würden sich fürchten, wenn Sie ein *Herr Gott wären* !" sagte er; aber im Gegensatz zu meiner üblichen Angewohnheit hatte ich überhaupt keine Angst, und ich glaube, ich habe mich so gut erschreckt, wie ich bei einer so zitternden, zitternden Besorgnis hätte erwarten können, zumal meine Hände zwei kleine Teufel sind, die das *nicht tun würden* spiele, wenn ihnen nicht danach ist, tue, was ich will, um sie zu machen! – Mein Programm war *à la* Joachim (!) – nur drei Kammermusikstücke: –

1. Quintett, Op. 87, E-Dur,   Hummel.

2. Quartett , G-Dur,   Haydn.

3. Sonate für Klavier und Violine, Op. 12, Es. Beethoven.

Deppe arrangierte das Ganze sehr praktisch. Wir hatten einen großen *Saal* im Hotel Bremen, der hervorragend proportioniert war, und einen neuen Flügel aus Berlin. Deppe ließ nur so viele Stühle aufstellen, wie er Einladungen verschickt hatte, und die Folge war, dass jeder Stuhl besetzt war und es keine Reihen leerer Sitze gab. Mein „Publikum" war sehr musikalisch und kritisch, und es waren so viele gute Juroren da, dass ich mich wunderte, dass ich nicht nervös war; aber in diesem Moment kam mir eine Art Inspiration.

Die Musiker, die mich begleiteten, waren für einen Ort wie Pyrmont außerordentlich gut, und meine streng *klassischen* Stücke wurden vom Publikum mit großer Zustimmung aufgenommen! Dieses Quintett von Hummel ist eine äußerst reizende Komposition – so fließend und elegant – und man kann im letzten Teil eine Menge Virtuosität zeigen. Ich spielte zuerst und zuletzt, und das Quartett dazwischen wurde nur von den Streichinstrumenten gespielt. Nachdem ich das Quintett beendet hatte, ließ mir Deppe, der am äußersten Ende des Saals stand, ausrichten, dass ich „großartig spiele und dass er begeistert sei", und das ermutigte mich, sodass auch meine Sonate wunderbar lief. Als sie zu Ende war, kamen viele Leute zu mir und gratulierten mir, und Fräulein Timm, Deppes Oberlehrerin in Hamburg, machte mir sogar ein Kompliment zu meiner „außerordentlichen Leichtigkeit der Ausführung". Ich konnte mir das Lachen nicht verkneifen, mit meiner störrischen Hand, die nie etwas tun wird und die nur durch intensivstes Studium geschult wurde – aber in Wahrheit war ich selbst ganz überrascht über die glaubwürdige Art, mit der sie alle Schwierigkeiten meisterte! Eine ganze Reihe von Deppes Schülern waren anwesend, allesamt Kritiker und einige von ihnen hervorragende Pianisten. Zwei nette amerikanische Mädchen, Schwestern, aus dem Westen, kamen eigens für mein Konzert aus Berlin. Sie halfen mir beim Anziehen und überreichten mir einen exquisiten Blumenstrauß. Eine von ihnen nimmt Unterricht bei Deppe, die andere hat ein großes Talent zum Zeichnen und studiert seit zwei Jahren in Berlin. Sie sagt, sie habe erst jetzt einen „Anfang" gemacht und wolle noch „auf unbestimmte Zeit" studieren . – So ist es in der Kunst! Ich finde, ihre Köpfe sind schon jetzt ausgezeichnet.

Nach dem Konzert gab mir Deppe zusammen mit den Fräuleins Timm, Steiniger und diesen beiden jungen Damen ein kleines Champagner-Abendessen. Als er den Wein einschenkte, sagte er, er wolle auf zwei Damen einen Toast ausbringen; eine davon war natürlich ich selbst, „und die andere", sagte er, „ist in Amerika, nämlich die Freundin von Fräulein Fay, die ich für eine geniale Frau halte, so wahrhaftig und richtig hat sie die Kunst (ich habe Hs Briefe an ihn übersetzt) und so edel hat sie mit Fräulein Fay sympathisiert und ihr zur Seite gestanden. – Auf Frau A., deren Bekanntschaft ich unbedingt machen möchte!" – Sie können sicher sein, dass ich mit Begeisterung auf *diesen* Toast getrunken habe. Ach, es war ein angenehmer Abend nach so vielen Jahren fruchtloser Arbeit! Der dicke und nette alte Wirt kam selbst, um mich in den Wagen zu setzen und zu sagen, dass alle im Publikum ihre Freude und Genugtuung über meine Darbietung zum Ausdruck gebracht hätten. Ich bedaure jetzt ein wenig, dass ich meine Soli nicht gespielt habe, aber vielleicht ist es genauso gut, sie auf ein anderes Mal zu verschieben. Ich bin „über einen kleinen Hügel gesprungen" – um Deppes Gleichnis zu verwenden – und habe eine Vorstellung von dem Schwung bekommen, der nötig sein wird, um „mich über den Berg zu tragen".

———

PYRMONT, *4. September 1874* .

Nach der ungewohnten Begeisterung über den Erfolg meines kleinen Konzerts habe ich eine entsprechende Reaktion erlitten, teilweise weil Fräulein Timm, Deppes Hamburger Assistentin, bei der ich jetzt studiere, ihren Unterricht, wie es Lehrer immer tun, damit begann, mich in einen tieferen Sumpf der Verzweiflung zu werfen als sonst. Folglich war ich nicht sehr heiter, obwohl ich allmählich wieder an die Oberfläche komme, denn ich bin ziemlich schwer zu ertränken!

Fräulein Timm gehört zur ledigen Schwesternschaft, ist aber eine von der frischen und gelassenen Sorte und so gepflegt wie Wachs. Sie hat ein großes Gehirn und eine bemerkenswerte Begabung für das Unterrichten, für das sie eine *Leidenschaft hegt* . Ich verehre sie wirklich, wenn sie ihre Brille aufsetzt, denn dann sieht sie wie die Personifizierung von Sagacity aus! Sie ist seit Jahren mit Deppe in der Lehre verbunden und „bewahrt alle seine Sprüche und denkt darüber in ihrem Herzen nach". Tatsächlich kennt sie seine Ideen fast besser als er selbst und führt den gesamten Schülerkreis fort, den er in Hamburg hinterlassen hat, als er nach Berlin kam. Hin und wieder kommt er vorbei, um zu sehen, wie es ihnen geht, gibt ihnen Unterricht, überprüft, was sie gemacht haben, und bringt Fräulein Timm alle neuen Stücke, die er entdeckt und gefingert hat. Sie kommt auch gelegentlich nach Berlin, um ihn zu besuchen, nimmt jeden Tag Unterricht, füllt sich mit möglichst vielen neuen Ideen und kehrt dann auf ihren Posten zurück. Zusammen bilden sie ein sehr starkes Paar, und ich denke, es ist eine hervorragende Veranschaulichung Ihrer Theorie, dass Männer Frauen in ihrer Arbeit mit ihnen assoziieren sollten und dass „Männer schaffen *und* Frauen *perfektionieren sollten*".

Deppe macht Fräulein Timm und Fräulein Steiniger zu seinen Partnern und Mitstreitern bei seinen Ideen, und die Folge ist, dass sie all ihren Einfallsreichtum einsetzen, um sie an andere weiterzugeben. Dies erspart ihm viel von der mühsamen technischen Arbeit und lässt ihm die Freiheit für die höheren Sphären der Kunst, da sie die Anfänger aufnehmen und für ihn vorbereiten. *Er hat sie zu großartigen Lehrern gemacht*, und sie setzen ihre Gaben ein, um *ihn zu fördern*. Ich zweifle nicht daran, dass seine Methode durch sie fortgeführt wird, und selbst wenn er sterben sollte, wäre sie für die Welt nicht verloren. Andererseits hat er ihnen etwas gegeben, wofür es sich zu leben lohnt. – Seltsam, dass der *praktische Nutzen* dieser Verbindung mit Frauen dem männlichen Geist nicht öfter in den Sinn kommt!

Ich gehe also eine Zeit lang nach Hamburg, um bei diesem Fräulein Timm zu lernen, da ich glaube, dass sie meine Hand schneller entwickeln wird als Deppe. Deppe hat mich immer dazu gedrängt, aber ich wollte es nie tun, da ich sie nicht persönlich kannte und ihn nicht verlassen wollte. Nachdem ich sie jedoch ausprobiert habe, finde ich, dass er Recht hatte, wie *immer*! Im Moment wirft sie ihr ganzes Gewicht auf mein Handgelenk, das hoffentlich geschmeidiger wird! Sie hat eine Hartnäckigkeit und Beharrlichkeit, die einen fast verrückt macht, aber am Ende „viel" lernen lässt. Ich glaube, mein größtes Problem all die Jahre war ein steifes Handgelenk und ein schwerer Arm. Ich habe zu schwer auf Handgelenk und Arm gedrückt, obwohl das ganze Gewicht und die ganze Kraft nur auf den Fingerspitzen liegen müssen und Handgelenk und Arm ganz leicht und frei sein müssen, wobei sich die Hand um das Handgelenk drehen muss, als wäre es ein Drehpunkt.

Pyrmont ist ein exquisiter kleiner Ort, und ich bedauere, ihn verlassen zu müssen. Zuerst bin ich vor Einsamkeit fast umgekommen, aber jetzt, wo ich ein paar Bekannte hier habe, genieße ich es. Es ist ein modischer Badeort, der jedoch hauptsächlich von Damen besucht wird. Auf einen Mann kommen etwa hundert Frauen! Die erste Woche, die ich hier verbrachte, wohnte ich bei Herrn S., fand es aber zu teuer, suchte nach einer anderen Unterkunft und lebe jetzt bei einer lustigen alten Jungfer. Ich lebe gerne mit alten Jungfern zusammen. Ich finde, sie sind viel ordentlicher als verheiratete Frauen und sorgen dafür, dass man sich wohler fühlt. Da die Saison nun vorbei ist, ist dieses Haus ziemlich leer und sehr gepflegt. Ich nahm zwei Zimmer im dritten Stock, klein, aber sehr gemütlich und mit einer schönen Aussicht auf die Hügel.

Wir haben gerade die schönste Beleuchtung erlebt, die ich je gesehen habe. Es war ein Sonntagabend – hier nennt man ihn „Goldener Sonntag", obwohl ich nicht weiß, warum sie ihn so *nennen*. Ich nahm die Information jedoch an, ohne nach den eigentlichen Ursachen zu fragen, und ging abends mit den anderen hinaus, um in der Allee zu spazieren. Die Allee ist nicht ganz eben, sondern fällt allmählich von den Quellen zu einem Brunnen ab, der sich am anderen Ende befindet. Reihen und Reihen japanischer Laternen waren über die Bäume geschmückt. Wenn man den Weg entlangging, sah man die Girlanden eine unter der anderen. Der Brunnen wurde von Gasdüsen hinter dem Wasser beleuchtet. Man konnte das Wasser erst sehen, wenn man ganz nah herankam, und aus der Ferne waren nur die Reihen der Gasdüsen sichtbar. Wenn man sich ihm jedoch näherte, schien der Wasserschleier darüber geworfen zu sein, wie der schaumige Tüll über einer Braut. Es war sehr faszinierend anzusehen, und ich ging immer wieder ein paar Schritte zurück und kam dann wieder zurück. Als ich mich entfernte, verschwand der wässrige Schleier, und als ich mich näherte, nahm er wieder Gestalt an. Es erinnerte mich an den Charakter mancher Menschen, bei denen man von Anfang an die hellen Seiten sieht und glaubt, sie so gut zu kennen, aber wenn man näher kommt, selbst in den Momenten größter Vertrautheit, fühlt man immer einen Schleier zwischen sich und ihnen – ein dünnes, ungreifbares Etwas, das man nicht vernichten kann, selbst wenn man hindurchsehen *kann*

.

Wir gingen lange die Allée auf und ab und hörten dem Orchester zu, das spielte. Die prächtigen großen Bäume sahen schöner aus als je zuvor, ihre unteren Äste wurden von den Laternen beleuchtet und ihre oberen verschwanden geheimnisvoll im Schatten. Endlich brannten die Kerzen in den Laternen eine nach der anderen aus, die Allee hüllte sich in Düsternis, und wir beendeten diesen poetischen Abend in gewohnt prosaischer Manier, indem wir nach Hause zurückkehrten und zu Bett gingen!

KAPITEL XXVIII.

Musik in Hamburg. Kammermusik studieren. Abwesenheit von Religion in Deutschland. Südamerikaner.Deppe noch einmal. Ein Konzertdebüt. Nachtrag.

HAMBURG, *1. Februar 1875* .

Hamburg ist eine schöne Stadt, obwohl ich es hier so schrecklich öde und töricht *habe* – teils, weil meine Pension so ungemütlich ist, teils, weil ich mir bei meiner Ankunft vorgenommen habe, keine Bekanntschaften zu machen und nichts als zu studieren. Ich bin bei meinem Entschluss geblieben, obwohl ich nicht sicher bin, ob es kein Fehler ist, denn in unserer alten Stadt gibt es eine äußerst elegante und luxuriöse Gesellschaft. [J]

Das Leben hier ist jedoch solide und materiell und die Musik ist auf einem Tiefpunkt. Die Konzerte der Philharmoniker sind erbärmlich, und selbst zu den wenigen Klavierkonzerten, die es gibt, geht niemand. Die kleine Laura Kahrer, jetzt Frau Rappoldi , die ich in Weimar bei Liszt gehört habe, wollte schon immer mit ihrem Mann, der ein hervorragender Geiger ist, hierher kommen, aber sie hat es nicht gewagt, weil alle Musiker ihr gesagt haben, dass sie es tun würde ihre Ausgaben nicht begleichen. Sie spielte auch in der Philharmonie, aber seitdem wird es in der Philharmonie kein Klavierspiel mehr geben. Niemand kümmert sich darum, es sei denn, Bülow oder Rubinstein oder Clara Schumann sind die Darsteller. Ich fand, dass Frau Rappoldi großartig gespielt hat, aber ich war der Einzige, der das so *fand* . Sie hat hier völlig versagt. Alle waren ihr gegenüber verärgert. Zur Kritik hieß es etwa so: „Frau Rappoldi spielte ganz hübsch und damenhaft , aber sie hatte keinen Ton usw." Armes Ding! Als Schubert sie am nächsten Tag besuchte, weinte sie bitterlich, und das würde auch gut so sein. Schubert ist einer der Direktoren der Philharmonie, und durch ihn bekam sie die Chance zu spielen. Auch er fühlte sich wegen ihres mangelnden Erfolgs furchtbar zerrissen. „Das ist es, was man bekommt", sagte er zu mir, „wenn man Leute empfiehlt. Wenn sie keinen Erfolg haben, trägt *man* die ganze Schuld dafür." Er hatte das Gefühl, er hätte sich die Finger verbrannt! Ich glaube, das ganze Geheimnis des mangelnden Erfolgs von Frau Rappoldi lag darin, dass sie nicht hübsch *aussah* . Sie war so schäbig gekleidet und ihre Haare sahen aus wie die einer Feejee -Insulanerin. Die Leute lachten sie aus, bevor sie anfing. Zu wahr! – „Kleid macht Leute." [K]

Deppes Liebling Fannie Warburg gab hier letzten Monat ein Konzert und bekam ebenfalls eine ziemlich schlechte Kritik, und zwar aus demselben Grund, nämlich: die Leute haben nicht das musikalische Gespür, um sie zu schätzen – zumindest meiner Meinung nach. Die Bewegung ihrer Hände auf dem Klavier ist Anmut in Person und die Elastizität ihres Handgelenks ist wunderbar. Ihr Anschlag verwirklicht Deppes Ideal, „die Noten wie Wassertropfen von den Fingerspitzen fallen zu lassen", vollkommen und sie führt es mit der linken Hand, wenn das überhaupt möglich ist, besser aus als mit der rechten! Jedenfalls gibt es *keine* Unterschied. Es ist ein himmlischer Genuss, ihr zuzuhören, und man hat das Gefühl, als ob man sie für immer weitermachen lassen möchte. Und doch glaube ich nicht, dass sie eine große Karriere machen wird. Sie hat nicht genug Feuer, um dem Publikum die Unermesslichkeit ihrer Darbietung bewusst zu machen. Keine Eile – keine *Hingabe* ! Sie hat auch keine *Präsenz* , sondern ist ein schüchternes, sanftmütiges, kindliches kleines Mädchen – die Fügsamkeit selbst, aber eine *gemachte* Spielerin, sozusagen, keine spontane. So ist das Leben! Für mich ist ihr Spiel die reinste Musik – „ *die reine Musik* " – und je größer der Saal, desto mehr rollt ihr *Ton* heraus und erfüllt ihn!

———

HAMBURG, 1. März 1875 .

Ich wünschte, ich könnte Deppes System für die Veröffentlichung niederschreiben, aber es ist sehr schwierig, eine angemessene Vorstellung davon zu vermitteln. Fräulein Timm erzählt mir, dass er es erst vor relativ kurzer Zeit selbst bis zu seinem heutigen Stand perfektioniert hat (obwohl er schon lange eine Vorstellung davon hat), und das erklärt, warum es nicht bekannt ist. Er wurde vollständig in Hamburg begraben, wo es keinen Raum für Kunst gibt. Ich glaube, sein Ehrgeiz besteht darin, eine Schule für dieses exquisit reine und perfekte und fast idealisierte Klavierspiel zu gründen, das als Gegengewicht zu dem wärmeren und sinnlicheren vorherrschenden dienen kann – *Bildhauerei* im Gegensatz zur *Malerei* !

Ich habe diesen Winter hauptsächlich *Kammermusik studiert* , das heißt Trios, Quartette usw. Fräulein Timm gibt mir eine Ausbildung, wie ich sie noch nie zuvor hatte. Sie hat das erstaunlichste Talent fürs Unterrichten und hat es zu einer Wissenschaft gemacht. Ich spiele bei ihr nichts im richtigen Tempo, immer langsam, langsam, *langsam* . Sie seziert wirklich jeden Ton und zeigt mir, wann und warum er nicht gut klingt. Meine ganze Aufmerksamkeit gilt jetzt dem *Ton* . Ach, M., *das ist* das Besondere am Spielen! – Die *Seele* , *die in der Tonart steckt, einfach durch Berühren* hervorzubringen , wie es die großen Meister tun. – Es ist die höchste Kunst des Pianisten, obwohl das Publikum sie im Glanz der Klavierpyrotechnik oft vergisst.

Ich beende gerade Beethovens drittes Trio, Op. 1. Der letzte Satz ist das Schönste! Er lässt mich an einen Wald im Frühling voller Vögel denken. In einem Moment hört man viele klatschende kleine Spatzen zwitschern und schnattern, dann kommt ein seltener Wildvogel mit einer Art Kadenz, und dann kommen andere und pfeifen und rufen. Es ist bezaubernd und die perfekteste Nachahmung der Natur, die man sich vorstellen kann; fröhlich –

so fröhlich! Wie nur Beethoven sein kann, wenn er zu spielen beginnt. Alles ist auf dem Flügel. Es ist natürlich außerordentlich schwierig, denn wie all diese reine, klassische Musik muss es mit äußerster Perfektion ausgeführt werden, um irgendeine Wirkung zu erzielen. Ich bin so vernarrt in es, dass ich mich fühle, als wäre ich beschwipst, wenn ich mit dem Üben fertig bin!

Diese Beethoven-Trios sind an sich schon eine wahre Fundgrube. Jedes scheint sich von den anderen völlig zu unterscheiden. Insgesamt sind es zwölf, und Deppe möchte, dass ich sie alle lerne. Stellen Sie sich vor, was für eine Arbeit! Diese enorme Menge an Literatur, die man braucht, um ein Repertoire aufzubauen – die Trios, Quartette, Quintette, Konzerte usw. –, ist es, die so lange dauert, bis man ein vollendeter Künstler ist. Und dann müssen Sie noch die vielen Stunden bedenken, die man mit *Studien vergeudet*, nur um seine Hand in die Verfassung zu bringen, diese Meisterwerke zu spielen. Oh, die Mühe ist unermesslich! Ich frage mich oft: „Welcher Dämon hat mich hier in Versuchung geführt?“, während ich am Klavier sitze und mich abmühe. Ich spiele den ganzen Tag, mache nachmittags einen Spaziergang mit L. und falle abends ins Bett und schlafe wie ein Murmeltier – das heißt, wenn mein härtestes Bett und mein fröstelnder Raum mich schlafen *lassen*. Das ist mein Leben, Tag für Tag. Ich sehe die Leute im Haus nur beim Essen.

Ich bin die einzige Frau in dieser Familie. Alle anderen Internatsschüler sind sehr junge Männer, fast Jungen, die hier sind, um Deutsch oder Wirtschaft zu lernen. Es gibt drei Südamerikaner, einen Portugiesen, einen Brasilianer, einen Russen und einen Franzosen. Ich höre die ganze Zeit Spanisch und Französisch, aber kein Englisch, und mit dem Deutschen ist es sehr verwirrend. – Mir tun all diese jungen Leute sehr leid, ihr Leben ist so karg und unangenehm und so völlig frei von jeglichem Einfluss, der es beeinflussen kann sie besser oder glücklicher machen. Was unsere Vermieterin betrifft, so bräuchte es einen Balzac, um einer solchen Kombination gerecht zu werden. Sie ist eine gute Haushälterin. Die Küche ist ausgezeichnet und mein Zimmer (wenn es warm ist) ist angenehm. Tatsächlich ist der Standard der Hauswirtschaft in Hamburg viel höher als in Berlin. Die Dinge sind *viel* zierlicher. Aber ihre Fähigkeit, einem auf andere Weise körperlich und geistig Unbehagen zu bereiten, ist unübertroffen. Wäre mein Aufenthalt nicht auf unbestimmte Zeit und ich schon einmal umgezogen, würde ich nicht hier bleiben. So wie es ist, ziehe ich es vor, es in Kauf zu nehmen, anstatt die Mühe und die Kosten einer Änderung in Kauf zu nehmen; Außerdem habe ich herausgefunden, dass man, wenn man einmal seinen eigenen häuslichen Kreis verlassen hat, in der Regel in jedem Haus mindestens eine äußerst unangenehme Person zu ertragen hat.

Meine Meinung über die menschliche Natur hat sich seit meiner Auslandsreise nicht verbessert, und ich glaube, dieser Winter hat mich von meiner natürlichen Neigung zum Skeptizismus geheilt. – Ich weiß jetzt nur zu gut, was aus dem Charakter von Menschen, sowohl Männern als auch Frauen, werden kann, wenn sie weder in sich selbst noch in ihren Mitmenschen religiös sind. Ich nehme an, dass es in Deutschland Religion *gibt* , *aber ich* habe sehr wenig davon gesehen, weder bei Protestanten noch bei Katholiken, und die Folgen halte ich für einfach schrecklich! Sehen Sie, es gibt *keinen* angemessenen Grund, der Befriedigung *irgendeines* Impulses Einhalt zu gebieten – ich bin zu dem Schluss gekommen, dass Eifersucht das nationale Laster der Deutschen ist. Jeder ist auf jeden eifersüchtig, egal wie absurd oder grundlos. Alte Frauen sind eifersüchtig auf junge, und selbst Schwestern in derselben Familie sind in einem Ausmaß aufeinander eifersüchtig, das ich nicht geglaubt hätte, wenn ich es nicht gesehen hätte.

HAMBURG, *Ostersonntag 1875* .

Was das Konzertieren betrifft, bezweifle ich, ob es grundsätzlich das Beste ist, die gesamte musikalische Ausbildung nur bei einem Meister zu absolvieren, wie es beispielsweise Fannie Warburg getan hat; Denn meine Erfahrung lehrt mich, dass fast alle Meister einem etwas geben können, aber keiner kann einem alles geben. Wenn ich mit meinem jetzigen Licht mein Studium noch einmal beginnen könnte, würde ich zunächst drei Jahre bei Deppe bleiben, um dem Geist der Musik, von dem ich hoffe, dass er in mir ist, die äußere Form und Perfektion eines Künstlers zu verleihen. Als nächstes sollte ich ein Jahr bei Kullak studieren, um meinem Spiel ein brillantes *Konzertgewand zu verleihen* , und schließlich würde ich zwei Spielzeiten bei Liszt verbringen, um die letzten unbeschreiblichen Gnaden hinzuzufügen – (denn niemals, *niemals* sollte ein Künstler ein Musical fertigstellen Natürlich ohne zu LISZT zu gehen, solange er auf dieser Erde ist!) – Das Problem ist jedoch, dass ein Meister sich immer verletzt fühlt, wenn man ihn für einen anderen verlässt! Niemand kann den Vorwurf ertragen, dass er einem *nicht* „alles geben“ kann.

Aber in Wahrheit werde ich immer ungeduldiger, zu Hause zu sein, wo ich alleine lernen und mir so viel Zeit nehmen kann, wie ich für nötig halte, um meine Stücke auszuarbeiten. Deppe und Fräulein Timm sind in einer Sache wie Kullak. Sie geben mir nie genug Zeit, sondern beeilen mich so von einer Sache zur nächsten, dass es mir unmöglich ist, ein Programm vorzubereiten . Deshalb habe ich meinen Plan, im Frühjahr ein Konzert in Berlin zu geben, aufgegeben. Sie haben eine Reihe von Ideen und ich eine andere, und ich sehe, dass ich nie in der Lage sein werde, vor Publikum zu spielen, bis ich die Meisterkurse aufgegeben und meinen eigenen Weg begonnen habe. Zwei Menschen denken nie genau gleich. Meister können dich auf die Straße bringen, aber sie können dich nicht zum Gehen bringen. Das müssen Sie selbst tun. Wie Dr. V. sagt: „Wenn Sie etwas tun wollen, müssen Sie es *weiter* tun. Sie dürfen nicht aufhören – schon gar nicht!" Das Konzertspielen ist, wie alles andere auch, *Routine* und muss nach und nach und vielleicht mit vielen halben Misserfolgen erlernt werden. Aber wenn die „große Öffentlichkeit" einen nur lange genug als Schüler dulden will, muss man irgendwann Erfolg haben. Auf jeden Fall ist die IT für mich jetzt wahrscheinlich der beste und einzige „Meister"!

Am Mittwoch kehre ich für eine Weile nach Berlin zurück, in die amerikanische Pension, Taubenstraße Nr. 15 , wohin Sie alle wie früher verweisen können. Dieser Winter war eher ein Kontrast zum letzten. Damals habe ich ausschließlich unter Nordamerikanern gelebt, während ich hier fast ausschließlich unter Südamerikanern bin. Letztere gibt es in Hamburg in Hülle und Fülle, und Sie haben keine Ahnung, wie faszinierend viele von ihnen sind – so hübsch und so strahlend. Sie alle haben ein Talent für Musik und Tanz. Ihre Musik hat einen durch und durch leichten Charakter, doch sie verfügt über *Rhythmus* und Anmut in bemerkenswertem Maße. Wenn ich sie spielen höre , denke ich immer an George Sands' Beschreibung in ihrem Roman „ *Malgré-tout* " über den Künstler Abel – den Helden des Buches und einen großartigen Geiger. Sie sagt: „ *Il racla un air sur son violon avec entrain .*" – Genau das machen diese Südamerikaner – „ *racler !*" Sie spielen alle Klavier, so wie bei uns der Neger die Geige spielt, scheinbar ohne Unterricht, und einfach weil „es ihre Natur ist". Ich erkannte sofort, woher Gottschalk sein „Banjo" und „ Bananier " hatte und welchen eigentümlichen Stil seine Kompositionen im Allgemeinen hatten, und da ich so viele Südamerikaner getroffen habe, kann ich mir gut vorstellen, warum er so viel Zeit in Südamerika verbrachte . Ich selbst sehne mich danach, dorthin zu gehen. Ich denke, es muss ein faszinierender Ort für einen Künstler sein.

Einer der Südamerikaner hier im Haus ist ein fünfzehnjähriger Junge namens Juan di Livramento, oder besser gesagt Juan Moreiro Aranjo di Livramento! (Sie alle haben etwa ein Dutzend Namen im hochtrabenden Stil der Spanier.) Dieser Junge ist ein neugieriger Junge. Er ist groß und geschmeidig, mit den prächtigsten dunklen Augen, die ich je gesehen oder mir vorgestellt habe, dichtem, seidigem schwarzem Haar, das ganz um seinen Kopf geschlungen ist, einem zarten und sehr ausdrucksstarken Gesicht und einem klaren olivfarbenen Teint – ein perfekter Typ eines Spaniers . Er scheint dazu geboren zu sein, den Bolero zu tanzen, wie Belinda in Mrs. Edwards' Roman. Es ist das Schönste, ihn das tun zu sehen – und tatsächlich tut er es bei allen Gelegenheiten ohne Rücksicht auf Anstand, da er ein völlig gesetzloser Mensch ist. Er steht häufig vom Esstisch auf, wirft sich die Serviette über die Schulter, schnippt mit den Daumen und beginnt in der Ecke des Raumes zwischen den Gängen einen Tanz. Es muss so etwas Alltägliches sein, dass niemand überrascht aussieht oder ihm Aufmerksamkeit schenkt. Wir essen spät, und da es viele Gäste gibt, dauert es immer etwas, die Teller zu wechseln. Juan, der wie so viel Quecksilber ist, kann in diesen Pausen nie still sitzen. Wenn man ihn bittet, die Glocke für den Diener zu läuten, springt er wie ein Blitz auf, zieht heftig daran und nutzt dann die Gelegenheit, um in der Ecke zu tanzen oder zumindest ein paar Possen zu machen, indem er sein Bein nach vorne wirft die Rückenlehne seines Stuhls und stieg rittlings darauf. Dies ist seine übliche Art, seinen Sitz wieder einzunehmen.

An den Tagen, an denen er nicht tanzt, redet er ständig. Er redet so lange auf Spanisch, bis Herr S. verzweifelt ist und versucht, ihn zur Ordnung zu bringen. Es ist eine Regel, dass bei Tisch Deutsch gesprochen werden muss, aber Juan hält es für ausreichend, wenn er die Regel nur so weit anwendet, dass er nicht Spanisch, seine Muttersprache, spricht. Er geht zur Schule, lernt dort natürlich Englisch und Französisch und versucht immer, ein paar Bemerkungen in diesen Sprachen herauszuholen. Er redet völlig falsch, aber das bringt ihn nicht im Geringsten in Verlegenheit. – Vor allem sonntags ist Juan völlig unbändig, denn dann geht Frau S. zum Essen und verbringt den Abend bei ihren Eltern, und Herr S. muss für die Ordnung sorgen. Er ist ein nachsichtiger alter Mann und hat Juan sehr gern, so dass dieser nicht die geringste Angst vor ihm hat, und als sie eine ihrer Szenen haben, sterbe ich fast, während ich versuche, mein Gesicht ernst zu halten.

„Du sollst am Tisch KEIN Spanisch sprechen", sagte der arme alte S. neulich wütend. Spanisch ist für ihn Jargon, und Juan redete es schon seit einiger Zeit aus vollem Halse über Herrn S. hinweg zu seinem Freund Candido, der ihm gegenüber saß. Juan wusste sehr gut, dass das bedeutete, dass er Deutsch sprechen musste, aber stattdessen begann er mit Fremdsprachen und sagte auf Englisch zu Herrn S.: „Sprechen Sie Russisch (Do you speak Russian)?"

Herr S., für den Englisch ebenso unverständlich ist wie Spanisch, antwortete natürlich nicht auf diese brillante Bemerkung. Juan fuhr fort: „Der Frühling kommt', ein Gedicht von James K. Blake", und dann begann er mit viel Gestikulation zu rezitieren:

„Der Frühling kommt, der Frühling kommt,

Vögel singen, Insekten summen;

Blumen lugen aus ihrem Schlaf,

Bäche entgehen dem Wintereinbruch usw."

Ich will nicht so tun, als ob ich den Rest sagen könnte, da seine Aussprache völlig unverständlich war. Herr S. verdrehte die Augen und protestierte nicht weiter, da er feststellte, dass er nur „vom Regen in die Traufe" gekommen war, da Juan eine historische Anekdote namens „Die tote Wache" erzählte, die er gelegentlich anstelle des Gedichts verwendet.

Nach dem Essen ist er normalerweise sehr liebevoll, geht um den Tisch herum, schüttelt denen, die noch sitzen, die Hand oder legt ihnen den Arm um den Hals. Dann wirkt er wie ein sanftes wildes Tier, das kommt und seinen Kopf an einem reibt, und man kann nicht anders, als ihn zu lieben. Sobald jedoch T. oder irgendjemand auf dem Klavier einen Walzer spielt, verfällt er sofort in Tanzhaltung. Er ist so leichtfüßig, dass man ihn nicht hört, und oft bin ich überrascht, wenn ich gedankenlos aufschaue und Juan auf einem Zeh balancieren sehe wie einen Balletttänzer und seine großen Augen sanft auf mich strahlen wie zwei Sonnen. Das ist höchst eigenartig. Es gibt *keine* Augen wie die spanischen Augen. Sie haben nicht nur so viel *Feuer* , sondern wenn ihre Besitzer in sentimentaler Stimmung sind, können sie eine Mattigkeit und eine Art Hängen in sie legen, die unwiderstehlich ist. So ist Juan, und obwohl er zu jung ist, um sentimental zu sein, *sieht er* so aus. In einem Moment steht er in Flammen, im nächsten schmilzt er vollkommen dahin . – Neulich hat Frau S. ihn wegen seiner extremen Lebhaftigkeit zur Rede gestellt. – „ *Junge* ", „du darfst nicht so durchs ganze Haus schreien. Du bist wirklich eine Plage." Juan war darüber beleidigt und begann sich zu verteidigen. „Warum schimpfst du mit mir", sagte er. „Ich bin immer gut gelaunt . Ich schmolle nie und finde nie etwas auszusetzen. *Ja, immer vergnügt* (Ja, immer gut gelaunt) und bereit, jeden zu unterhalten, und ich werde nie wütend." Frau S. gab zu, dass das wahr sei, meinte aber gleichzeitig, es sei gut für ihn, daran zu denken, dass wir nicht alle taub seien. Juan zog sich verärgert zurück . – Nun, ich nehme an, Sie sind es leid, von ihm zu hören, aber diese Südamerikaner sind ein Typ für sich, und ich hatte das Gefühl, als müsste ich zum Wohle der Familie einen von ihnen ansprechen.

––––––

BERLIN, *18. April 1875* .

Seit meiner Rückkehr genieße ich es außerordentlich, was ich wohl an meinen letzten Unterrichtsstunden bei Deppe denken muss. Nach dem Studium bei Fräulein Timm weiß ich viel besser, worauf er hinaus will. Die Technik scheint sich für mich wie ein Band zu entfalten. Alle ihre *Misshandlungen hatten* also einen Zweck! Gestern spielte ich ihm eine Sonate von Beethoven vor und er sagte: „Gott gebe, dass du mir noch einige Zeit überlassen bleibst! Jetzt fängst du wirklich an, mein Schüler zu sein." – Und tatsächlich, nachdem er seine Technik so lange bei Fräuleins studiert hat Timm und Steiniger, es scheint mir schwer, dass ich ihn verlassen muss! Ich wünschte, ich könnte auf unbestimmte Zeit bleiben und mich seiner rein *musikalischen Seite* hingeben und von all seinen tiefgründigen und schönen Ideen profitieren. So einen Lehrer *gab* es noch nie ! Wenn ich nur seinen Standard erreichen könnte, wäre ich vollkommen glücklich. Glückliches Mädchen – dieser Steiniger! Denk daran! Sie hat *neun* Konzerte, die sie jederzeit aufführen könnte. Das ist das überwältigende Repertoire, das er seinen Schülern bietet

– so umfassend und vollständig in jeder Hinsicht. Er kennt die gesamte Klavierliteratur und ist ständig auf der Suche nach der einen oder anderen neuen oder alten Perle, mit der er einen überraschen kann.

Ich finde, dass Deppe dieses Jahr in Berlin viel mehr Anerkennung findet als zuvor. Er hat hier gerade eine neue Oper inszeniert, die für großes Aufsehen gesorgt hat, und er ist ständig mit großartigen Werken beschäftigt. Zum Glück habe ich ihn entdeckt, als ich es tat! denn er nimmt weniger Schüler auf als je zuvor. Er sagt, er könne keine Menschen unterrichten, die kein Verständnis für ihn haben. Neulich überreichte er dem Herzog von Mecklenburg eine wunderschöne Ouvertüre seiner eigenen Komposition, der sie persönlich entgegennahm und Deppe als Zeichen seiner Anerkennung eine exquisite Anstecknadel schickte. Wenn der einfache, kleine Deppe *das* in seinen Schal stecken lässt, wird er ein echter Hingucker sein!

Nun zu einer Neuigkeit! Eines Abends letzte Woche bezahlte ich einen Anruf bei meiner Französischlehrerin, Mademoiselle D., und spielte für sie und für eine Freundin von ihr, die sehr musikalisch ist und selbst Unterricht gibt. Sie sagte sofort sehr entschieden, dass ich „im Konzert gehört werden sollte". Ihr Bruder ist Direktor der Philharmonischen Gesellschaft in einem Ort namens Frankfurt an der Oder – einer kleinen Stadt nicht weit von hier. Was sollte sie tun, außer ihrem Bruder über mich zu schreiben, und was sollte *er* tun, als mich sofort anzuschreiben, damit ich in der ersten Maiwoche bei einem Philharmonie-Konzert dort mitspiele? Da ich vor meiner Abreise aus Deutschland so sehr darauf bedacht war, bei einem Konzert mitzuspielen, und dennoch keine Möglichkeit sah, dies zu tun, gehe ich natürlich hin und bin seiner Schwester sehr dankbar, dass sie darüber nachgedacht hat. Aber es ist immer das Unerwartete, das Ihnen hilft!

———

BERLIN, 13. Mai 1875 .

Nun, mein Lieber, mein kleines Debüt war ein voller Erfolg, und ich hatte eine Zugabe und bekam nach jedem Stück herzlichen Applaus. Ich fuhr am Montagmorgen weiter nach Frankfurt, und als ich dort ankam, war Herr Oertling , der Philharmonikerdirektor, mit einer Droschke am Bahnhof, um mich abzuholen . Wir fuhren zum Deutschen Haus, einem ausgezeichneten Hotel, wo mir ein großes und komfortables Zimmer gezeigt wurde. Hier ruhte ich mich bis zum Abendessen aus, und nach dem Abendessen, gegen fünf Uhr, kam Herr Oertling zurück. Er nahm mich mit zum Haus eines musikalischen Freundes, der mir seinen Flügel leihen sollte, und dort probierten wir unsere Sonate. Sobald Oertling seine Geige berührte, erkannte ich, dass er ein herausragender Künstler war, und das inspirierte mich sofort. Sein Spiel hat mich direkt mitgerissen und ich denke, ich habe gut gespielt.

Auf jeden Fall schien er vollkommen zufrieden zu sein und sagte: „Wir hätten diese Sonate spielen können, ohne sie zu proben." Nachdem wir die Sonate beendet hatten, spielte ich etwa eine Stunde lang alles Mögliche. Es waren ziemlich viele Leute anwesend, um meine Kräfte zu beurteilen. Herr W., der Besitzer des Klaviers, war ein hervorragender Kenner der Musik und machte einige ausgezeichnete Kritiken und Vorschläge. Wir blieben dort zum Abendessen, aber ich ging früh ins Hotel zurück und ging gegen halb zehn zu Bett, wo ich bis acht am nächsten Morgen wie ein Murmeltier schlief.

Nach dem Frühstück kam Oertling zu mir, um mit mir die Klaviere eines renommierten Herstellers von Klavieren auszuprobieren. Ich habe dort drei oder vier Stunden gespielt. Der Name des Herstellers war Gruss, und seine Klaviere waren die besten Klaviere, die ich je gesehen hatte; fast so kraftvoll wie ein Flügel und mit einem hervorragenden Klang und Spielwerk. An der Wand hing ein gerahmtes Zeugnis von Henselt . Es scheint, dass Henselt jedes Jahr nach Frankfurt fährt, um dort eine russische Dame zu besuchen, die die Grandezza des Ortes und eine große Mäzenin der Künstler ist. Am Nachmittag holte mich Oertling ab, um in der Halle zu proben. Alles verlief wunderbar und ich kehrte gut gelaunt ins Hotel zurück. Als ich für das Konzert, das um sieben Uhr beginnen sollte, fertig war, erschien Oertling erneut im Abendkostüm und überreichte mir einen Blumenstrauß. Wir fuhren durch strömenden Regen zur Halle. Trotzdem war es überfüllt, denn er hatte die Zusicherung gehabt, zu drucken, dass das Konzert „durch den Auftritt einer amerikanischen Virtuosin namens Miss Amy Fay brillant sein würde. Diese junge Dame hat bei den größten Meistern studiert und die meisten davon gehabt." voller Erfolg bei ihren Konzertreisen!" Haben Sie das jemals getan? – Sie können sich vorstellen, wie ich mich fühlte, als ich es las und sah, dass von mir erwartet wurde, dass ich auftrete, als ob ich mein ganzes Leben auf der Bühne gestanden hätte! Oertling hatte das Programm mit Bedacht zusammengestellt . *Zuerst* kam unsere Sonate , so dass ich mich sofort hineinstürzte und nicht warten und zittern musste! Dann kamen zwei Stücke des Orchesters; Als nächstes rundeten meine drei Solos hintereinander und eine Symphonie von Haydn das Programm ab . Die Sonate verlief sehr reibungslos. In meinem ersten Solo habe ich gelegentlich eine Note verpasst, aber mein zweites war ohne Ausrutscher, und mein drittes – Chopins Sextenstudie – wurde wiederholt, obwohl ich das Tempo zu schnell annahm. Allerdings sagte die Frau Exzellenz von X., sie habe es oft von Henselt gehört , ich habe es aber „genauso gut gespielt wie er". Das ist natürlich absurd, aber als *Kompliment nicht schlecht zu betrachten* ! Sie alle sagten: „Schade, dass Henselt nicht da war!" Ich sagte mir: „Was für ein Segen Henselt nicht war!" – obwohl ich viel dafür geben würde, ihn zu sehen, da er nach Liszt der größte Klaviervirtuose der Welt ist.

Nach dem Konzert begleiteten mich Oertling und einige der Musiker ins Hotel, wo ich bis zwei Uhr morgens bei Tisch sitzen und auf meine Gesundheit mit Champagner trinken musste! Denn Sie wissen ja, wenn die Deutschen einmal mit so etwas anfangen, nimmt es kein Ende. Sie tranken auf meine Gesundheit, und dann tranken sie auf meinen zukünftigen Auftritt bei der Ersten Philharmonie in der nächsten Saison, und dann tranken sie auf unser häufiges Wiedersehen usw. usw. Als sie fertig waren, musste ich darauf antworten. Also stieß ich auf den Herrn Direktor an, und ich stieß auf den Klavierbauer an, und ich stieß auf das Orchester an, und was noch alles. Endlich wurde ich freigelassen und konnte auf mein Zimmer gehen. Am nächsten Morgen reiste ich nach Berlin ab, wo ich rechtzeitig zum Abendessen ankam, und sobald ich bei Tisch erschien, begrüßten mich die Gäste mit einem lauten Applaus! – Ich fand das ein sehr angenehmes *Finale* .

Ich übersetze Ihnen die Kritik aus der „*Frankfurter Zeitung und dem Allgemeinen Anzeiger*"vom 11. Mai. Herr Oertling hat sie mir gestern zugesandt:

„Das Konzert der Philharmoniker, das letzten Freitagabend stattfand, muss als hervorragende Empfehlung der aktiven Mitglieder dieses Vereins an die Öffentlichkeit gewertet werden. Denn nicht nur das Spiel der Pianistin Fräulein Amy Fay bereitete allen großen Freude." Ich liebe und verstehe Musik, aber auch an den Interpretationen des Orchesters gab es nichts zu bemängeln Das Konzert wurde mit der Sonate Es-Dur für Violine und Klavier von Beethoven eröffnet. Die Gesamtwirkung des Werkes war sehr sympathisch und zeigte eine durchdachte Interpretation seitens der Künstlerin Besonders deutlich wurde ihre Konzeption in Raffs „Capriccio" und in Hillers „Zur Guitarre ", das das Publikum auf ihren Rückruf als Zugabe gab, und wir können dem Lehrer der jungen Dame, Herrn Ludwig Deppe aus Berlin, nur gratulieren , über einen solchen Gelehrten.

[Zwei Wochen nach dem Konzert traf sich der Verwandte, an den die meisten der vorstehenden Briefe gerichtet waren, mit dem Schreiber in Berlin, und die Korrespondenz endete. Im darauffolgenden September kehrte meine Schwester nach sechsjähriger Abwesenheit nach Hause zurück . – Meine Schwester hofft, dass kein amerikanisches Mädchen, das dieses Buch liest, davon voreilig dazu verleitet wird, das zu versuchen, was sie selbst unternommen hat, nämlich in Europa von einer Amateurin zur Künstlerin ausgebildet zu werden. Die Seiten haben nur einen flüchtigen Blick auf die Prüfungen und Schwierigkeiten gewährt, denen ein Mädchen begegnen kann, wenn es allein in einem fremden Land Kunst studiert, aber sie sollten deshalb nicht unterschätzt werden. Der Klavierunterricht hat sich in Amerika seit dem Datum des ersten der vorstehenden Briefe enorm entwickelt, und nicht nur Berühmtheiten wie Dr. William Mason, Mr. Wm. H. Sherwood und Mrs.

Rivé King, sondern auch verschiedene andere brillante oder hervorragende Pianisten in diesem Land sind ebenso in der Lage, Schüler für die technischen Anforderungen des Konzertsaals auszubilden wie alle Meister, die im Ausland zu finden sind. Amerikanische Lehrer verstehen das amerikanische Temperament am besten und sind daher für amerikanische Schüler bei weitem die besten, bis sie das Schülerstadium hinter sich gelassen haben. – Nicht handwerkliches Geschick, sondern musikalische Einsicht und Auffassungsgabe, ein breiteres und tieferes musikalisches Verständnis und „Konzertstil" sind das, was der junge Künstler jetzt in dieser wunderbaren und einzig wahren Heimat der Musik suchen sollte – DEUTSCHLAND.] – ED.

FUSSNOTEN:

[A] Dies wurde vor der vollständigen Entwicklung des Thomasorchesters geschrieben. Der Autor hatte es erst in den Kinderschuhen gehört.

[B] Christus ist aus Fesseln und Tod auferstanden. Er verspricht der ganzen Welt Freude und Segen, die ihn dafür verherrlicht.

[C] In Mr. Longfellows Poems of Places gibt es eine Übersetzung von Geroks Gedicht zu diesem Thema:—

„Über dreihundert wurden an diesem Tag gezählt

Reiterlose Pferde, die sich dem Kampf anschlossen,

Über dreihundert Sättel, oh schrecklicher Anblick!

Wurden in diesem schrecklichen Kampf sofort geleert.

[D] Dieser Brief, der in *Dwight's Journal of Music* veröffentlicht wurde , ist derjenige, auf den auf S. 193 angespielt wird.

[E] Liszt wurde 1811 geboren.

[F] Im Deutschen der vierte und fünfte Finger.

[G] Siehe S. 220.

[H] Siehe S. 294.

[I] Jetzt Frau Sherwood.

[J] Die Großmutter des Autors war die Tochter eines führenden Hamburger Kaufmanns, der mit seiner Familie nach Amerika floh, als Napoleon dort einmarschierte.

[K] Frau Rappoldi ist mittlerweile eine Berühmtheit.